科技情报系列丛书

科技情报与危机管理

张士运　主编

北京交通大学出版社

·北京·

内 容 简 介

本论文集是以“百年变局形势下的科技情报创新与发展”为主题，其中的论文是从北京科学技术情报学会2020年学术年会论文征文中挑选出来的。入选的论文主要包括以下几个方面：面向中国特色新型智库建设的科技情报创新、面向科技安全的情报价值实现与功能拓展、科技情报创新与自有信息资源体系建设、智库化功能拓展的科技情报服务创新、新冠肺炎疫情对科技情报行业创新发展的影响及应对措施、新形势下的情报学科发展及科技情报工作变革研究等。这些都基本反映了一年来北京科技情报学界专家、学者对科技情报工作的理论探讨，科技情报科研人员在实际工作中的实践创新，运用技术的研发，公共服务平台的构建，产业创新体系的强化，科技情报工作理论的探索和经验总结。

图书在版编目（CIP）数据

科技情报与危机管理／张士运主编. — 北京：北京交通大学出版社，2021. 11
ISBN 978－7－5121－4586－3

Ⅰ. ①科…　Ⅱ. ①张…　Ⅲ. ①科技情报工作-文集　Ⅳ. ①G255. 51－53

中国版本图书馆CIP数据核字（2021）第218139号

科技情报与危机管理
KEJI QINGBAO YU WEIJI GUANLI

责任编辑：严慧明
出版发行：北京交通大学出版社　　电话：010－51686414　　http://www. bjtup. com. cn
地　　址：北京市海淀区高梁桥斜街44号　　邮编：100044
印 刷 者：北京虎彩文化传播有限公司
经　　销：全国新华书店
开　　本：185 mm×260 mm　　印张：15　　字数：375千字
版 印 次：2021年11月第1版　　2021年11月第1次印刷
定　　价：58. 00元

本书如有质量问题，请向北京交通大学出版社质监组反映。对您的意见和批评，我们表示欢迎和感谢。
投诉电话：010－51686043，51686008；传真：010－62225406；E-mail：press@ bjtu.edu.cn。

编 委 会

序

当今世界正经历百年未有之大变局，中华民族伟大复兴正处于关键时期。2020年全球遭遇了前所未有的新冠肺炎疫情危机，我们更要坚持用全面、辩证、长远的眼光分析当前形势，既要看到当今世界未有之大变局向纵深发展，也要看到危和机从来都是同生共存的。作为从事科技情报事业的科技工作者，我们更要努力在危机中育新机、于变局中开新局。

当前，新一轮科技革命和产业变革突飞猛进，科技研究范式正在发生深刻变革，学科交叉融合不断发展，科学技术和经济社会发展加速渗透融合，人类正在进入一个“人、机、物”三元融合的万物智能互联时代。党的十九大确立了到2035年跻身创新型国家前列的战略目标，把科技自立自强作为国家发展的战略支撑。立足新发展阶段，面向国家、首都重大需求，科技情报事业当勇担使命重任，贯彻新发展理念、构建新发展格局、推动首都科技情报事业高质量发展，在高水平科技自立自强中更有力地发挥科技情报战略支撑作用，为北京加快建设国际科技创新中心贡献力量。科技创新、情报先行，科技情报创新是缔造发展新动能的重要因素。基于此，北京科学技术情报学会在北京举办了以“京科情·育新机　开新局—创新驱动”为主题的学术论坛暨2020年北京科学技术情报学会年会。此论文集的出版就是该学术年会征集的优秀论文的集结，以期能进一步鼓励科技工作者扎根科研，多出具有创新意义与应用价值的科研成果。

当今世界百年未有之大变局加速演进，国际环境错综复杂，世界经济陷入低迷期，全球产业链、供应链面临重塑，不稳定性、不确定性明显增加。新冠肺炎疫情影响广泛深远，逆全球化、科技创新成为国际战略博弈的主要战场，围绕科技制高点的竞争空前激烈。我们站在一线的科研工作者必须时刻保持忧患意识，做好充分的思想和工作准备。在科技发展上，科技创新广度显著加大，宏观世界大至天体运行、星系演化、宇宙起源，微观世界小至基因编辑、粒子结构、量子调控，都是当今世界科技发展的最前沿。同时，科技的高速发展也带来了相应的新风险与新危机。面对新冠肺炎疫情的肆虐，生命安全、社会安全、公共安全、科技安全、国际贸易冲突等，时刻都在考验着我们的情报安全保障能力和突发事件应急响应能力。与此同时，我国原始创新能力不强、创新体系整体效能不高、科技投入产出效益较低、科技人才队伍结构有待优化等长期存在的难题越发凸显。面对国家信息安全，面对前所未有的信息危机，科技情报工作将会面临更多、更大的机遇与挑战，这就需要我们科技情报事业发展要抢占更高点！

随着北京加快推进具有全球影响力的国际科技创新中心建设，北京将围绕量子信息、人工智能、区块链、生命健康等新科技革命和产业变革前沿领域，推进关键核心技术攻关，以高质量、高发展、高创新的标准来推进城市和经济建设。北京科学技术情报学会自1979年成立至今的40多年来，依托北京市科学技术情报研究所的科技资源与科研队伍，拓展了战略情报、竞争情报、技术情报、安全情报四大业务板块，连续多年主办了一系列具有影响力的学术交流活动，致力于搭建科技情报学术研究交流平台，凝聚科技情报人才，普及科技情报知识，传播科技情报技能，为高校、科研院所与高科技企业服务，为广大科技工作者服务，并期望能打造出一系列深具影响力的品牌活动，成为全国科技情报领域重要的领跑者与先行者，坚持情报学与情报工作创新发展与国家富强、民族振兴、人民幸福同向同行。相信通过北京科学技术情报学会这个平台，能进一步提升首都科技情报研究和实践水平，增进科技情报界之间的交流与合作，促进北京市科技情报事业的不断发展与繁荣。

北京科学技术情报学会

2020年10月

目 录

情 报 类

场景与目标关系约束的域自适应无监督目标检测 …………… 徐传胜，郝一擎，安高云 / 3

科技情报创新与自有信息资源体系建设

——信息服务平台实践 ………………………………………… 代云红，刘行，郑瑞 / 14

中药经典名方研究现状、热点及趋势分析

——基于文献计量和知识图谱分析 ………………………… 王彦峰，张素娟，叶浅草 / 20

基于政策文本的我国科技“三评”政策分析 ……………… 凡庆涛，杨萍，刘洋，杜赟 / 30

新冠肺炎疫情对我国铁路运输业的影响 ………………… 陈佳宇，张素娟，郭建伟，燕娜 / 41

基于大数据交互的安全研究

——举例“船只” ………………………………………………… 郭建伟，燕娜，陈佳宇 / 48

“一带一路”科技创新行动计划下的我国电力行业发展战略研究 ………… 薛菲，翟杨 / 53

基于专利视角的我国抗呼吸道病毒行业 PEST 分析

………………………………………………………………… 张素娟，王彦峰，董洁，陈佳宇 / 59

疫情常态化下应急情报体系框架理论探析 ……………………………………………… 马燃 / 69

数据·资源类

京津冀区域协同发展信息安全标准研究 ………………… 燕娜，郭建伟，张云倩，陈佳宇 / 79

新冠肺炎疫情期间科研院所数据资源的网络服务研究

——以北京市科学技术研究院为例 ……………… 陈佳宇，郭建伟，燕娜，张素娟 / 90

基于物联网信息安全的应用研究 ……………………………… 郭建伟，陈佳宇，燕娜 / 95

社会医疗保障系统网络安全解决方案 …………………… 郭建伟，燕娜，陈佳宇 / 108

创新共同体视角下我国科技情报机构发展对策研究

………………………………………………………………… 燕娜，张云倩，郭建伟，陈佳宇 / 117

全媒体时代科学普及和科学传播的提升路径 ……………… 张素娟，陈佳宇，扆铁梅 / 124
基于自组织理论的中关村科学城创新集聚发展研究
…………………………………………………… 李梦茹，孟潇，孙若丹，金学慧 / 128
基于链环模型的北京新型研发机构创新模式研究 ………… 孟潇，李梦茹，孙若丹 / 134
基于科研工作流程的科研数据共享意愿因素再挖掘
——以德国 UNEKE 调研数据为例 ………………………………………… 周雷，杨萍 / 141

综 合 类

国家人工智能治理体系建设研究
——以中国与美国为例 ………………………………………………………… 许玥姮 / 157
重大赛事食品安全保障政策研究及启示 ………………… 燕娜，陈佳宇，郭建伟，翟杨 / 162
科技信息时代下的人力资源管理数字化转型 ……………………………………… 张晓静 / 169
HACCP 控制体系在体育赛事食品安全中的应用研究
…………………………………………………… 陈佳宇，燕娜，张素娟，郭建伟 / 173
北京市科技工作者状况调查站点经验做法与功能作用 ………… 邵颖，张惠娜，付宏 / 177
公立基础教育中应重视科技教育
——日本科技教育政策演变及应对“宽松教育”措施的启示 ……… 赵芳，刘彦君 / 185
英国公共卫生体系建设特点及科技社团在突发公共事件中的作用
………………………………………………………………… 王晓迪，筱雪，张炜 / 195
北京市科技工作者状况调查站点功能发挥问题及对策建议 …… 张惠娜，邵颖，付宏 / 199
基于突发公共卫生事件下中国各省市出台交通利民措施的思考 ………………… 张媛 / 205
科技声像情报实践应用研究 ……………………………………………………… 赵宏伟 / 210
B 市科技项目组织方式变化和预算方向变革分析 ……………… 刘平平，邵颖，杨新生 / 215
国外科技经费管理比较与分析 ………………………………… 刘平平，杨新生，邵颖 / 218
重大突发事件的科学传播体系问题研究及建议
——以新冠肺炎疫情为例 ………………………………………………… 叶浅草，王彦峰 / 228

情　报　类

场景与目标关系约束的域自适应无监督目标检测

徐传胜，郝一擎，安高云

（北京交通大学计算机与信息技术学院　北京　100044）

摘要：基于区域的目标检测受限于复杂的现实场景，且目标检测常用数据集包含的物体类别不足以概括现实生活中的常见物体，这导致训练的模型在现实应用时鲁棒性不足。为解决以上问题，本文提出了一种场景与目标关系约束的鲁棒目标检测算法。所提出的域自适应关系网络（relation network for domain adaption，RNDA），能在选择性对齐全局特征的同时严格对齐局部特征，为无监督模型提供导向信息，约束无关特征的表达。在 PASCAL VOC to Clipart 和 Cityscape to FoggyCityscape 数据集上的实验表明，所提出的模型的 mAP 可分别达到 38.6 和 34.9，这证明所提出的模型可减少不同域间的差异，有效实现无监督目标检测。

关键词：目标检测；残差网络；目标关系上下文；图推理；注意力机制；域自适应

计算机视觉任务包括低层图像处理和高层图像认知两部分。目标检测、分割和图像分类为高层图像认知的核心任务。目标检测算法性能的提高，不但可以为其他视觉任务提供精准的基础信息，还可推动与之相关的技术的发展。

目标检测方法主要分为两类：基于候选框的两阶段法，该方法首先使用某种策略选出候选区域（region of interest，ROI），然后对每个候选区域的特征进行分类和回归；基于回归的一阶段法，该方法直接使用卷积神经网络预测目标类别与位置。这两类方法虽然流程不同，但有一个共同点，即只关注图像 ROI 内的局部信息。此类方法通过不完整的目标特征来推断目标的完整状态，当被应用于目标模糊、目标被遮挡等复杂场景时，性能会下降，即准确率受环境光照、相机位置、相机性能等外部条件及物体自身形变等因素影响。

基于 CNN 网络的检测算法[1]验证了充分提取上下文信息对目标检测有很大意义，可辅助克服以上干扰。基于此，本文提出了一种用于无监督目标检测的域自适应关系网络（relation network for domain adaptation，RNDA）。该网络能将目标域图像的分布与源域图像的分布在全局特征上选择性对齐，在局部特征上严格对齐，以此获取更高的检测精度。

1　相关方法

针对物体形变、视角变化、遮挡、背光等复杂情况，若仅分析物体本身的视觉信息，会因信息量太少导致检测精度下降。上下文信息可以认为是语境信息，指所有影响场景及其中物体被感知的信息[2]。有研究表明，在检测模型中引入上下文信息，能丰富特征信息，改善目标检测算法的性能[2-4]。图像上下文信息可分为三类：局部上下文、全局上下文和目标关系上下文。也有研究者使用了其他分类法：A. Torralba 等人将其划分为空间上下文、语义上下文和尺度上下文[4]；Chen 等人将其简化为场景级上下文和目标关系上下文[1]。

在深度学习算法出现之前，物体关系被用于检验检测结果的正确性。DPM 算法使用共生模式调整预测框的置信度[5]，M. J. Choi 等人则考虑了空间位置和尺寸的约束[6]。

近来，基于深度学习的目标检测算法也开始使用上下文来提升模型性能。S. Bell 等人提出了 ION 网络，外部使用循环神经网络整合 ROI 周围的上下文信息，内部融合不同层的 ROI 特征[7]。A. Shrivastava 等人提出 CPF 网络，提供自上而下的上下文分割，通过分割迭代反馈[8]。Li 等人提出 AC-CNN 网络，将多尺度 CNN 特征作为局部上下文特征，利用 LSTM 聚集全局上下文特征，然后结合两种特征进行目标检测[9]。Ouyang 等人提出 Deep-ID 网络，将图像的全局上下文信息融入目标检测，同时构造了一个形变层，可解决姿态变化、目标形变和遮挡等问题[10]。C. Farabet 等人则在一个大窗口预测每个像素的位置标签，以达到融合目标周围上下文的目的[11]。此外，融合上下文的网络结构亦有很多，这些网络结构已成为目标检测的常用工具。K. Kuan 等人提出了一种候选区域平均池化的方法，利用场景中其他候选区域的上下文特征来增强待预测候选区域的特征表达[12]。Wang 等人提出 PCN 模型用于行人检测，其上下文分支引入了局部竞争机制以自适应地选择上下文尺度[13]。

域自适应的无监督模型[14-15]认为场景上下文中的整体布局信息和类别信息是实现跨领域检测的关键因素，即上下文在无监督模型中非常必要。相比于分类问题，域自适应目标检测还需预测目标位置。Chen 等人认为数据集的偏移通常发生在整体布局、场景明亮度等场景级别及目标的外观、类别等目标级别，基于此，他们提出 DA Faster R-CNN 网络，在场景和目标两方面缩小不同域间的差别[14]。

2 域自适应关系网络

对于目标检测，图像中的每个物体都需要被标注精确的边界框，这需要消耗大量的人力、物力。将在有标签域上训练的模型迁移到无标签域，是一个有效的替代办法，但不同数据集的差异性使得模型效果差异较大。

近来无监督的域自适应方法被提出用以改善数据集的差异，传统做法是完全对齐不同域之间的整体分布来减少差异[14-15]。对齐整体分布意味着对齐不同域之间的类别数目、物体之间的组合方式和场景分布，而严格地对齐不同分布只在非常相似的问题中才有效。如果两张图像整体差异非常大，那么严格对齐是不可行的，例如源域有多类物体，而目标域只有单类物体，严格对齐会丢弃一些固有属性信息。对齐纹理、颜色等局部特征，会提高精度，因为它能减小域之间的差异且不改变任何全局特征的关键性语义信息。

目标间的关系含有丰富的上下文信息，引入目标关系可以为无监督学习提供更多任务导向信息，减少模型中无关特征的表达。基于以上思考，本文提出了一种域自适应关系网络用于无监督目标检测。

2.1 网络结构

本文提出的域自适应关系网络旨在将目标域图像的分布与源域图像的分布在全局特征上选择性对齐，在局部特征上严格对齐。全局特征对齐网络可忽视整体不相同、易于区分源域和目标域的图像，重视整体相似、难以区分源域和目标域的图像。局部特征对齐网络严格对齐不同图像的局部特征，引入更多任务导向信息。模型可挖掘图像中目标在空间位置上和视觉外观上的交互信息，构建目标关系模块。该关系模块是轻量的、即插即用的，且不需要其他监督信息。图 1 给出了本文所提模型的整体架构图。

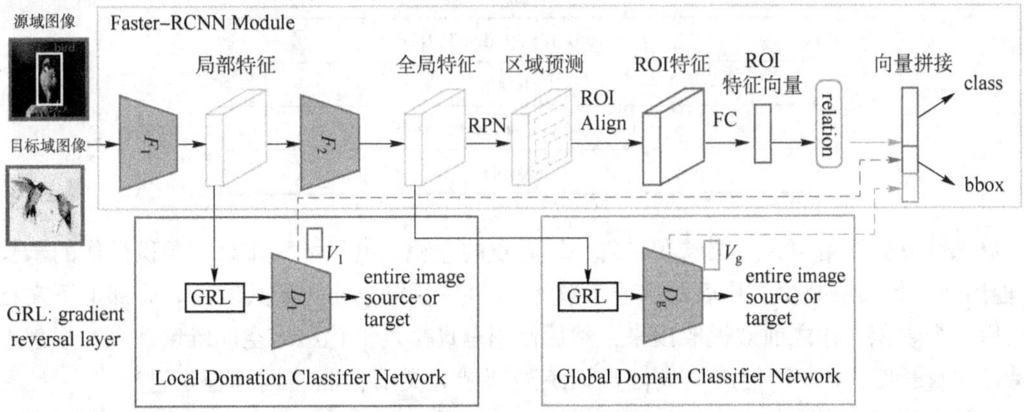

图 1　域自适应关系网络的模型架构图

本文所提 RNDA 以 Faster-RCNN 网络为基础检测器，提取特征的过程分为两步。第一步，首先将源域图像x^s及其标签y^s输入网络，到F_1层为止，此时被提取的特征为局部特征。局部特征作为局部域分类网络的输入，经过梯度反转层[16]与局部域分类器输出局部特征每一个空间位置特征的类别预测。运行局部域分类器时，会提取局部域分类器中间层的语义特征来与每一个 ROI 特征向量拼接。第二步到最后一层F_2为止，此时被提取的特征为全局特征。全局特征被送入全局域分类网络，经过 GRL 与全局域分类器输出整张图像的所属类别，提取全局域分类器中间层的语义特征。语义特征被传递到模型的最后一层，与每个 ROI 特征向量拼接。全局特征经过 RPN 层和 NMS 的处理，得到可能包含物体的 ROI。不同尺寸的 ROI 特征经 Align pooling[17]处理后经过两层全连接层变为向量形式。为了在无监督任务中引入更多任务导向信息，模型捕获了一系列目标在空间和视觉外观上的交互信息，在每一个全连接层后形成关系模块（relation module）。特征向量经过目标关系模块后的维度保持不变。最后进行线性分类和回归操作，确定每个 ROI 的类别和位置。本网络使用对抗生成学习的方式训练，特征提取网络在训练中学习如何对齐不同域的特征，域分类网络则学习如何正确地识别出图像类别。在对抗的过程中，特征提取网络和域分类网络不断优化。为了保证源域图像和目标域图像的训练数目平衡，在每次迭代中，输入一张源域图像后，紧接着输入一张目标域图像x^t，它们的损失被结合在一起训练。测试时无须运行域分类网络。下面详细介绍其中的局部域分类网络、全局域分类网络和目标关系模块。

2.2　局部域分类网络

局部域分类网络由一个梯度反转层和局部域分类器组成，该网络关注局部特征而不是全局特征。以 VGG16 作为骨架网络，将名为 conv3_3 的特征送入局部域分类网络。conv3_3 的感受野较小，只会涉及一些颜色和纹理特征，因此对齐此特征有助于缩小两个域间的差异。记提取局部特征的提取器为F_1，局部域分类器为D_1，F_1输出特征图的宽和高分别为 W 和 H。D_1是一个全卷积网络，通道维数为 1。D_1的网络结构见表 1。

表1 局部域分类器的网络结构

Local Domain Classifier
Conv1×1×256, stride 1, pad 0
ReLU
Conv1×1×128, stride 1, pad 0
ReLU
Conv1×1×1, stride 1, pad 0
Sigmoid

局部域分类网络包含三层卷积，每一层卷积的卷积核的尺寸为1×1，卷积操作的步长为1，输出通道数逐层减少，最后输出通道数为1，并使用Sigmoid函数激活。局部上下文特征在最后一个卷积操作之前被提取出来，然后使用全局平均池化压缩空间维度信息，局部上下文特征向量长度为128。使用损失函数训练局部域分类器，能使训练稳定进行[18]，且有利于对齐局部特征。损失函数定义如下：

$$L_{loc_s} = (WHn_s)^{-1} \sum_{i=1}^{n_s} \sum_{w=1}^{W} \sum_{h=1}^{H} D_l(F_1(x_i^s))_{wh}^2 \tag{1}$$

$$L_{loc_t} = (WHn_t)^{-1} \sum_{i=1}^{n_s} \sum_{w=1}^{W} \sum_{h=1}^{H} (1 - D_l(F_1(x_i^t))_{wh})^2 \tag{2}$$

$$L_{loc}(F_1, D_l) = (L_{loc_s} + L_{loc_t})/2 \tag{3}$$

式中：n_s，n_t分别表示源域图像、目标域图像的数目，$D_l(F_1(x_i^s))_{wh}$表示局部域分类网络对源域图像局部特征在每个空间位置上的分类结果。这个损失被设计为对齐不同域局部特征的每个感受野，每次迭代都会输入一张源域图像和目标域图像，然后分别计算各自的局部对齐损失。各局部对齐损失在总的对齐损失中占同样比重，最终的局部对齐损失如式（3）所示。

2.3 全局域分类网络

全局域分类网络由一个梯度反转层和全局域分类器组成。以VGG16作为骨架网络，名为conv5_3的特征图被送入全局域分类网络。全局特征涉及前景与背景的分布、物体的类别数目和物体的组合方式。如果域间差异非常小，那么严格地对齐全局特征不会严重降低模型的精度；反之，如果域间差异非常大，那么严格地对齐全局特征可能会丢失全局特征的一些固有属性，降低模型性能。因此，本模型使用一种全局域分类网络，在全局特征上有选择地对齐，具体效果如图2所示。易于区分的目标域图像在特征空间上远离源域图像，其间差异非常大；而难以区分的目标域图像在特征空间上靠近源域图像，其间差异很小。因此，全局域分类网络要训练域分类器使其关注难以区分的图像，忽略易于区分的图像。

在图1中，将提取全局特征的网络称为F_2，F_1与F_2合并称为F，全局域分类器为D_g，它可预测全局特征的域类别。优化F_2使得两个域的特征对于目标检测的任务没有任何差别，强化D_g使得全局域分类器能够明确地区分两个域的特征。

现有方法[14]中，全局域分类器的损失为交叉熵损失，如图2所示的Baseline域分类方法。虽然单个易于区分的图像的损失很小，但当易于区分的图像数量过多时，其总损失是不

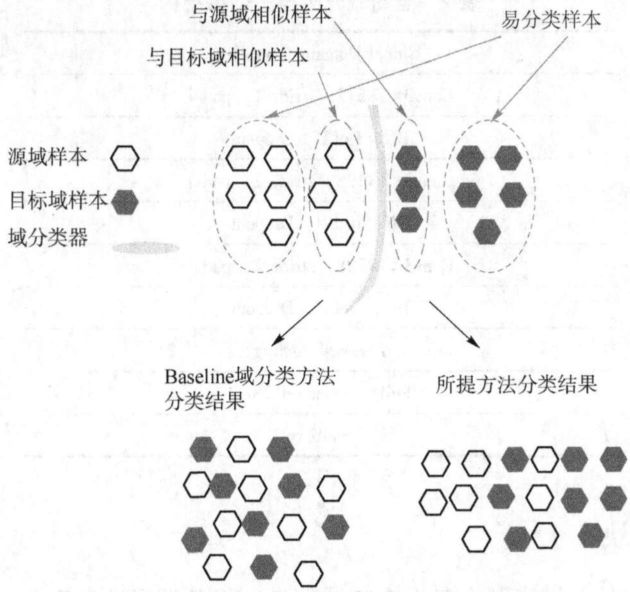

图 2　使用全局域分类网络选择性对齐示意图

可忽略的。因此使用交叉熵损失的全局域分类器会严格对齐所有图像。

理想的全局域分类器应忽略易于区分的图像，关注难以区分的图像。考虑到易于区分的图像的交叉熵损失即$-\log p$ 在总损失中的占比，添加一个权重因子$f(p_t)$，公式为

$$L = -f(p_t)\log(p_t) \tag{4}$$

当被预测图像的真实类别是源域时，$p_t = p$；当被预测图像的真实类别是目标域时，$p_t = 1-p$。其中，p 表示预测图像的类别为源域时的概率。要达到此效果，权重因子需随着 p_t 的增加而减小。因为当 p_t 较大时，表示被预测的图像是一个易于区分的图像，这就需要降低其损失在交叉熵损失中的占比。受 Focal loss[19] 启发，$f(p_t)$ 可定义为

$$f(p_t) = (1-p_t)^r \tag{5}$$

式中：r 控制易于区分的图像的损失在总损失中的占比。当 r 较大时，该损失被设计为更加重视难以区分的图像，忽略易于区分的图像。全局域分类器的损失被定义如下：

$$L_{\text{global}_s} = -(n_s)^{-1}\sum_{i=1}^{n_s}(1-D_g(F(x_i^s)))^r\log(D_g(F(x_i^s))) \tag{6}$$

$$L_{\text{global}_t} = -(n_t)^{-1}\sum_{i=1}^{n_t}(D_g(F(x_i^t)))^r\log(1-D_g(F(x_i^t))) \tag{7}$$

$$L_{\text{global}}(F, D_g) = (L_{\text{global}_s} + L_{\text{global}_t})/2 \tag{8}$$

式中：L_{global_s} 表示源域图像的全局域分类损失，L_{global_t} 表示目标域图像的全局域分类损失，两者在总全局域分类损失占比相同，故全局对齐损失表示为式（8）。

全局域分类器的网络结构见表 2。全局域分类器有三层卷积、一层全局平均池化和一个线性层。设置每一层卷积操作的卷积核的尺寸为 3×3，步长为 2，其后为 BN、ReLU 和 Dropout 层。然后使用全局平均池化压缩空间维度上的信息，在最后一个线性层之前提取全局上下文特征，其向量长度为 128。最后被压缩的特征经过一层全连接层和 Softmax 进行二分类，即区分其为源域还是目标域。

表 2　全局域分类器的网络结构

Global Domain Classifier
Conv3×3×512，stride 2，pad 1
BN，ReLU，Dropout
Conv3×3×128，stride 2，pad 1
BN，ReLU，Dropout
Conv3×3×128，stride 2，pad 1
BN，ReLU，Dropout
Average Pooling
Fully connected128×2
Softmax

2.4　目标关系模块

无监督目标检测的关键问题在于没有额外信息，任务学习没有任何导向性，这使得无监督模型的表现一般不如有监督模型。因此，本文引入图像中的目标关系信息来提高域自适应的无监督目标检测的性能。虽然已有研究表明建模目标之间的关系能够帮助检测目标[2-4]，但是如何有效建立目标之间的关系仍然是一个难点。这是因为待识别图片中目标的位置不固定、种类不统一、尺寸大小不一，甚至数目不同。基于卷积神经网络的模型结构规则且简单[17]，如何对图像中的不规则信息进行建模也是一个挑战。

受注意力模块的启发[20-21]，图像中的目标有二维空间分布、不同的形状和尺寸大小，因此目标关系建模不仅有视觉外观上的交互，还有空间位置上的交互。目标关系模块将单一的关系权重拓展为视觉外观权重和几何权重两部分。

1. 基础注意力模块——尺度点积注意力[20]

本模块的输入包括 queries、keys 和 values，其中 keys 的维度为d_k，values 的维度为d_v。点积在 query 和所有 keys 之间运行，获取相似度权重后使用 Softmax 函数归一化处理，然后与 values 相乘。给定一个查询 q、所有的 keys（矩阵 $\boldsymbol{K}$）和 values（矩阵 $\boldsymbol{V}$），输出值为

$$v^{\text{out}} = \text{Softmax}\left(q\boldsymbol{K}^{\text{T}}\left(\sqrt{d_k}\right)^{-1}\right)\boldsymbol{V} \tag{9}$$

2. 目标关系的计算

目标包含几何特征f_G和外观特征f_A。给定 N 个输入目标，所有目标相对于第 n 个目标的关系特征表示为$f_R(n)$，计算公式为

$$f_R(n) = \sum_m w^{mn}(\boldsymbol{W}_v f_A^m) \tag{10}$$

式中：目标关系特征$f_R(n)$是所有目标的外观特征加权和；$\boldsymbol{W}_v$ 是可学习矩阵，用于线性转换目标外观特征；关系权重 w^{mn} 表示其他物体对第 n 个物体的重要程度，如下式所示：

$$w^{mn} = w_G^{mn}\exp(w_A^{mn}) / \sum_k w_G^{kn}\exp(w_A^{kn}) \tag{11}$$

w^{mn} 由目标的视觉外观权重和空间位置权重计算而得到。视觉外观权重 w_A^{mn} 使用点积计算相似性：

$$w_{\mathrm{A}}^{mn} = \mathrm{dot}(\boldsymbol{W}_{\mathrm{k}} f_{\mathrm{A}}^{n},\ \boldsymbol{W}_{\mathrm{Q}} f_{\mathrm{A}}^{n}) / \sqrt{d_{\mathrm{k}}} \tag{12}$$

式中：$\boldsymbol{W}_{\mathrm{k}}$ 和 $\boldsymbol{W}_{\mathrm{Q}}$ 都是可学习矩阵，可将原始特征映射到子空间去计算相似度，映射后的特征维度都是d_{k}。空间位置权重 w_{G}^{mn} 的计算公式为

$$w_{\mathrm{G}}^{mn} = \max\{0,\ \boldsymbol{W}_{\mathrm{G}}(f_{\mathrm{G}}^{m},\ f_{\mathrm{G}}^{n})\} \tag{13}$$

式中：$\boldsymbol{W}_{\mathrm{G}}$ 是可学习矩阵。为了使得几何特征具有平移不变性，两个目标的相对几何特征为

$$(f_{\mathrm{G}}^{m},\ f_{\mathrm{G}}^{n}) = \left(\log\left(\frac{x_m - x_n}{w_m}\right),\ \log\left(\frac{y_m - y_n}{h_m}\right),\ \log\left(\frac{w_n}{w_m}\right),\ \log\left(\frac{h_n}{h_m}\right)\right) \tag{14}$$

式中：$(x_m,\ y_m)$ 和 $(x_n,\ y_n)$ 分别是两个目标的中心，$(w_m,\ h_m)$ 和 $(w_n,\ h_n)$ 分别是两个目标的宽和高。相对几何特征依据边界框回归目标修改，其中元素都使用 log 函数，有助于拉近目标之间的相对距离，理论上也有助于远距离目标关系的建模。

通常 $d_{\mathrm{k}} = 64$，最后第 n 个目标的外观特征为原始外观特征与目标关系特征的融合：

$$f_{\mathrm{A}}^{n} = f_{\mathrm{A}}^{n} + f_{\mathrm{R}}^{n} \tag{15}$$

2.5　网络训练过程

RNDA 在一次迭代训练过程中，首先输入一张源域图像，计算局部域分类网络损失、全局域分类网络损失、RPN 网络损失及 ROI 分类回归损失。RPN 网络损失与 ROI 分类回归损失合称为检测损失：

$$L_{\mathrm{cls}}(F,\ R) = -(n_{\mathrm{s}})^{-1} \sum_{i=1}^{n_{\mathrm{s}}} L_{\mathrm{det}}(R(F(x_i^{\mathrm{s}})),\ y_i^{\mathrm{s}}) \tag{16}$$

式中：F 表示特征提取器，R 表示 RPN 及 RNDA 的其他模块，$(x_i^{\mathrm{s}},\ y_i^{\mathrm{s}})$ 表示源域图像和对应的标签，n_{s} 表示源域图像的数量。

然后输入一张目标域图像，仅计算局部域分类网络和全局域分类网络的损失。源域图像的域分类损失和目标域图像的域分类损失合称为对抗学习损失。对抗学习损失由式（3）和式（8）定义的两个损失共同组成：

$$L_{\mathrm{adv}}(F,\ D) = L_{\mathrm{loc}}(F_1,\ D_1) + L_{\mathrm{global}}(F,\ D_{\mathrm{g}}) \tag{17}$$

将检测损失与对抗学习损失结合起来，得到网络的整体损失：

$$\max_D \min_{F,R} L_{\mathrm{cls}}(F,\ R) - m L_{\mathrm{adv}}(F,\ D) \tag{18}$$

式中：$L_{\mathrm{cls}}(F,\ R)$ 测量了输入源图像的预测值与标签真实值之间的差异，$L_{\mathrm{adv}}(F,\ D)$ 测量了图像的预测域类别和标签真实值之间的差异。显然这两个损失对于无监督目标检测均具关键作用。式（18）中的参数 m 为权衡因子，它控制检测损失和对抗学习损失的平衡。

3　实验及分析

3.1　实验配置

为了验证所提方法的有效性，本文在两种不同的域偏移上进行实验。第一种域偏移实验在 PASCAL VOC to Clipart 上进行，以 PASCAL VOC 2007 和 PASCAL VOC 2012 的联合训练验证集作为源域训练集，以 Clipart 的训练集作为目标域训练集，RNDA 在 Clipart 的测试集上测试。PASCAL VOC 是真实场景下采集的数据集，而 Clipart 是包含了动漫图像的人造数

据集，因此从 PASCAL VOC 数据集跨越到 Clipart 数据集是不相似域的自适应。第二种域偏移实验在 Cityscape to FoggyCityscape 上进行，以 Cityscape 训练集作为源域训练集，以 FoggyCityscape 训练集作为目标域训练集，RNDA 在 FoggyCityscape 的验证集上测试。Cityscape 数据集是真实场景下采集的数据集，而 FoggyCityscape 来源于 Cityscape 并使用深度信息改变了 Cityscape 中的天气状况，因此从 Cityscape 数据集跨越到 FoggyCityscape 数据集是相似域的自适应。

RNDA 可以 VGG16 或 ResNet 为基准模型。每次迭代时，随机选择一张图像作为一个 batch 来计算训练损失。在训练和测试的过程中，ROI 的数量被设置为 128，因为太多的 ROI 会导致显卡内存溢出。RPN 的 batch size 被设置为 256。用于平衡对抗学习损失和检测损失的权衡因子 m 被设置为 1，这表明域分类任务和目标检测任务同等重要。用于调节全局域分类损失的 r 因子被设置为 5。这里采用动量优化算法进行训练，训练 epoch 为 20，每个 epoch 的迭代次数为 10 000，初始学习率设置为 0.001，每训练 5 个 epoch 学习率缩小 10 倍，动量为 0.9，权重衰减系数为 0.000 5。此外，所有实验均在一块 NVIDIA TitanXp GPU 上完成。

3.2 性能比较

本文所提模型与以下四种模型进行了比较：Faster-RCNN[22]、BDC-Faster、域自适应的 DA-Faster[14]、SWDA[15]。在表 3 和表 4 中，G 代表使用全局特征对齐，I 代表使用实例级别对齐，CTX 代表使用上下文向量，L 代表使用局部特征对齐，R 代表使用目标关系模块。

由表 3 所列结果可以看出，通过使用全局特征对齐、局部特征对齐和目标关系模块，所提模型的性能比原始 Faster-RCNN 提高了 10.8%。而 BDC-Faster 因为在全局域分类网络中使用了交叉熵损失，mAP 降低了 2.2%，这说明在不相似域进行全面对齐会影响模型的精度。同理，DA-Faster 在图像级别和实例级别进行无差别对齐也降低了模型精度。

表 3 PASCAL VOC to Clipart 不同方法的性能比较

Method	Backbone	G	I	CTX	L	R	mAP
Faster-RCNN	ResNet101						27.8
BDC-Faster	ResNet101	√					25.6
DA-Faster	ResNet101	√	√				19.8
SWDA	ResNet101	√		√	√		38.1
RNDA	ResNet101	√					36.4
					√		31.2
						√	29.5
		√		√			37.5
		√		√	√		38.0
		√		√	√	√	38.6

从表 4 可以看出，通过使用全局特征对齐、局部特征对齐和目标关系模块，所提模型的 mAP 比原始的 Faster-RCNN 提高了 14.6%。不同于上面所说的，BDC-Faster 在全局域分类网络中使用了交叉熵损失，mAP 升高了 7.2%，这说明在相似域进行全面对齐不会影响模型精度。

表 4 Cityscape to FoggyCityscape 不同方法的性能比较

Method	Backbone	G	I	CTX	L	R	mAP
Faster-RCNN	VGG16						20.3
BDC-Faster	VGG16	√					27.5
DA-Faster	VGG16	√	√				22.5
SWDA	VGG16	√		√	√		34.3
RNDA	VGG16	√					29.1
					√		27.9
						√	24.1
		√		√			29.5
		√		√	√		34.4
		√		√	√	√	34.9

表 3 和表 4 中的消融实验结果也表明：所提模型的全局域分类网络、局部域分类网络和目标关系模块的单独实验结果均高于原始 Faster-RCNN。其中全局域分类网络带来的增长最多，目标关系模块也提升了模型的性能，这说明在无监督自适应学习中，引入目标之间的交互信息可为无监督学习带来有用的推理信息。另外，上下文特征的使用也提高了模型的 mAP。

4 结论

针对无监督模型可利用信息过少这一问题，本文提出了一种域自适应关系网络。通过对抗训练将目标域图像的分布与源域图像的分布在全局特征上选择性对齐，在局部特征上严格对齐。同时，利用尺度点积引入两种目标关系权重：视觉外观权重和空间位置权重，从而捕获目标在视觉外观和空间位置上的交互信息，构建目标关系模块，为无监督模型引入有益的导向信息，约束无关特征的表达。实验表明，对齐不同领域场景上下文中的布局等信息有助于无监督目标检测精确度的提升。

参考文献

[1] CHEN X, GUPTA A. Spatial memory for context reasoning in object detection [C] //IEEE Computer Society Conference on Computer Vision and Pattern Recognition (CVPR), IEEE, 2017.

[2] DIVVALA S K, HOIEM D, HAYS J H, et al. An empirical study of context in object detection [C] //IEEE Computer Society Conference on Computer Vision and Pattern Recognition (CVPR), IEEE, 2009: 1271-1278.

[3] GALLEGUILLOS C, BELONGIE S. Context based object categorization: a critical survey [J]. Computer vision and image understanding, 2010, 114 (6): 712-722.

[4] TORRALBA A. Contextual priming for object detection [J]. International journal of computer vision, 2003, 53 (2): 169-191.

[5] FORSYTH D. Object detection with discriminatively trained part - based models [J]. Computer, 2014, 47: 6-7.

[6] CHOI M J, TORRALBA A, WILLSKY A S. A tree-based context model for object recognition [J]. IEEE transactions on pattern analysis and machine intelligence, 2012, 34 (2): 240-52.

[7] BELL S, ZITNICK C L, BALA K, et al. Inside-outside net: detecting objects in context with skip pooling and recurrent neural networks [C] //IEEE Conference on Computer Vision and Pattern Recognition (CVPR), IEEE, 2016.

[8] SHRIVASTAVA A, GUPTA A. Contextual priming and feedback for faster R-CNN [C] // European Conference on Computer Vision. Springer International Publishing, 2016.

[9] LI J, WEI Y, LIANG X, et al. Attentive contexts for object detection [J]. IEEE transactions on multimedia, 2016, 19 (5): 944-954.

[10] OUYANG W, WANG X, ZENG X, et al. DeepID-net: deformable deep convolutional neural networks for object detection [C] //IEEE Computer Society Conference on Computer Vision and Pattern Recognition (CVPR), IEEE, 2015.

[11] FARABET C, COUPRIE C, NAJMAN L, et al. Learning hierarchical features for scene labeling [J]. IEEE transactions on pattern analysis and machine intelligence, 2012, 35 (8): 1915-1929.

[12] KUAN K, MANEK G, JIE L, et al. Region average pooling for context-aware object detection [C] //IEEE International Conference on Image Processing (ICIP), IEEE, 2017.

[13] WANG S, CHENG J, LIU H, et al. Pedestrian detection via body part semantic and contextual information with DNN [J]. IEEE transactions on multimedia, 2018.

[14] CHEN Y, LI W, SAKARIDIS C, et al. Domain adaptive faster R-CNN for object detection in the wild [C] //IEEE/CVF Conference on Computer Vision and Pattern Recognition (CVPR), IEEE, 2018.

[15] SAITO K, USHIKU Y, HARADA T, et al. Strong-weak distribution alignment for adaptive object detection [C] //IEEE/CVF Conference on Computer Vision and Pattern Recognition (CVPR), IEEE, 2019.

[16] GANIN Y, LEMPITSKY V. Unsupervised domain adaptation by backpropagation [C] // International Conference on Machine Learning, 2015.

[17] HE K, GKIOXARI G, P DOLLÁR, et al. Mask R-CNN [C] //IEEE/CVF Conference on Computer Vision and Pattern Recognition (CVPR), IEEE, 2017.

[18] MAO X, LI Q, XIE H, et al. Least squares generative adversarial networks [C] //IEEE International Conference on Computer Vision (ICCV), IEEE, 2017.

[19] LIN T Y, GOYAL P, GIRSHICK R, et al. Focal loss for dense object detection [J]. IEEE transactions on pattern analysis and machine intelligence, 2017: 2999-3007.

[20] VASWANI A, SHAZEER N, PARMAR N, et al. Attention is all you need [EB/OL]. https: //dl. acm. org/doi/epdf/10. 5555/3295222. 3295349.

[21] BRITZ D, GOLDIE A, LUONG M T, et al. Massive exploration of neural machine translation architectures [EB/OL]. https: //arxiv. org/abs/1703. 03906.

[22] REN S, HE K, GIRSHICK R, et al. Faster R-CNN: towards real-time object detection with region proposal networks [J]. IEEE transactions on pattern analysis and machine intelligence, 2017, 39 (6): 1137-1149.

科技情报创新与自有信息资源体系建设

——信息服务平台实践

代云红，刘行，郑瑞

（首钢技术研究院　北京　100043）

摘要：随着竞争情报理念在各行各业中不断地加深，对于情报服务的要求也与日俱增，从单纯的搜集竞争对手的信息制作情报产品，逐步演化为更加全面的知识管理体系。搭建便捷、实用、高效、共享的信息服务平台，是实现全面知识管理的重要实施手段之一。当前已经有很多具有前瞻性的组织在自行开发类似的服务平台，但在知识共享与平台服务两方面还有所不足。本文将依据在信息服务平台实践中的经验，就如何利用信息平台这一媒介，对组织内知识共享、潜在知识挖掘、提高信息服务质量等方面进行探讨。

关键词：信息平台；知识共享；情报服务

1　前言

习近平强调，创新是一个民族进步的灵魂，是一个国家兴旺发达的不竭源泉，也是中华民族最鲜明的民族禀赋。科技创新是提高社会生产力和综合国力的战略支撑，必须把科技创新摆在国家发展全局的核心位置，坚持走中国特色自主创新道路，敢于走别人没有走过的路，不断在攻坚克难中追求卓越，加快向创新驱动发展转变。习近平的这一重要讲话为实施创新驱动发展战略指明了方向。

企业围绕主营业务发展需求，瞄准核心技术掌握，加快科技支撑体系建设，强化一体化统筹和调控能力，推动内外部科技资源的整合和优化，促进研发能力的整体提升，对于推动自身转型发展意义重大。科技创新管理信息化是促进企业战略决策科学、业务运行高效及服务管理集约的重要手段。

基于对企业创新需求的实现，首钢技术研究院为解决集团内外部知识管理的需求，开始了全新科技情报信息平台的设计和搭建，并为此开展了大量的工作，在自有信息平台建设的过程中获取了大量宝贵的经验。

2　自有信息平台建设思考

2.1　什么是企业隐性知识

对于企业内部诸如论文、标准、专利等表层显性的文献资源，大多数企业已经做了充足的重视，对于这一类资源的分类、存档、共享等都做了相当多的工作，不少大中型企业已经拥有完善的信息资源平台，可以对这一类显性的文献资源实现统一的管理及检索功能，提高企业的核心竞争力。

但是对于一些非显性的知识资源，大多数企业所做的工作较少。对于这一部分隐性知识的挖掘与管理，也成为目前信息平台建设中着重进行改善的环节。

对于非显性的知识资源，存在的方式多种多样，很难去做具体的分类，如内部人员在参加各类会议、活动中得到的经验，课题研究过程中那些并未以论文形式体现的知识，跨部门间小范围群体内所掌握的各种形式的知识文档，甚至是个人在日常生活中所能触及的与工作有关的各方面知识等，全都以非正式、非结构化的方式存在，很难被系统加工、处理、存档、分享。这一部分知识，很大程度上与组织内个人的智力相结合，其作用通常会以人为单位进行转移。在很多企业中，这一部分知识便会随着人员的转移而消亡，甚至成为竞争对手的知识财富。因此对于这一部分知识的关注，是目前信息平台建设中应着重关注的技术要点。

2.2 如何通过信息平台挖掘隐性知识

对于上述提到的隐性知识，信息平台可以通过以下几种方式进行获取。

（1）制度化管理：对于会议、活动等，加强相关总结的管理，在流程上增加管理手段，如将会议总结、资料等材料的上传添加到费用报销的流程中，又或是对于这一类资料组织相关的评价工作，通过奖励机制鼓励研究人员共享这一部分知识。在实际工作中，在很多情况下由多人参加会议，要求每一位参会者提供完整丰富的总结显然并非必要，同时也会对硬件存储造成负担。在平台开发中，可以应用时下成熟的协同编写功能，使每一位参会者对同一次会议的总结记录进行协同编写，同时将每位参会者的撰写内容进行标记，侧面反映个人的参会效果。

（2）用户行为记录：在信息平台的设计原型中，跨平台的统一登录、统一检索、用户个人的个性化专题服务、日常咨询推送等功能都有涉及，在这一系列的操作过程中，后台会根据用户的使用习惯，自发对其内容所涉及的字段根据权重进行记录，进而在后台呈现出一种类似的知识路径的数据资料，从而对用户的研发路径进行记录跟踪。在实际操作层面，还可以植入笔记功能，让用户在阅览不同资料时可以自发生成个性化的知识笔记，便于在后续工作中对前期的知识工作进行有效的回顾，而这些笔记也将作为重要的隐性知识来源，根据具体情况来选择是否需要进行共享。

2.3 建设信息平台所需注意的几点问题

企业内的信息平台并不是什么新鲜的产物，相当多的企业已经拥有或在建信息平台。然而在设计思路上，很多科研院所、高校及其他国有企业都以功能导向出发，过分强调了信息平台的功能的实现，力求尽善尽美，事无巨细，却往往忽视了用户的体验，导致平台的用户体验较差，以至于平台的利用率较低。

另外，信息平台整合内部资源时，还应多加强部门间的沟通。表层的文献资料可以通过制度要求，但一些非正式的资料，如科研活动中采购的外部数据、个人多年积累的某一专业领域的持续性跟踪文档，都具有很高的研究价值，但这些资料很大程度上只在小范围内流转，很难被自主分享，这就需要通过激励机制或是企业文化层面的努力来推进，将小范围的智力资源分享到更大的范围，并加工成为可供学习、延传的智力资源，为组织整体服务。

实践过程中，系统功能的设计与测试往往占用较少的精力，更多的时间则是被用于梳理使用者各部门的实际需求及其实现，从最初的硬件选择、安全策略制定开始，至少需要数月时间的收集与不断的修正才能接近于满足使用的要求，距离“好用”这一目标还有相当长的距离需要逐步摸索，这也要求在类似信息平台的搭建的过程中，不仅需要各业务部门长期派驻专职人员进行项目的跟踪，还需要增加目标受众的全程干预，尽可能从用户的角度出发，使耗资巨大的信息平台能够被更广泛地使用，真正产生价值，助力组织软实力的提高。

3　自有信息平台建设特色介绍

3.1　指标数据库

正如先前所讲，组织内不同部门在日常的活动中都会产生大量的数据资源，其中有相当一部分以指标型数据呈现，就本行业而言，这一部分的数据通常包括经营指标、设备指标、行业数据等信息。根据自身所处环境的不同，数据的来源也存在差异，除去行业协会、政府统计、企业年报、社会责任报告等公开渠道外，有不少是通过购买或是交换的方式取得，自身具有一定的商品价值。从实际工作中发现，由于缺少内部的沟通交流，对于普遍的数据需求，各部门还存在重复购买的现象。

另外，单独的数据表格中的数据仅可在单一的数据表中进行提取，但是许多类似的数据表中存在接近的字段（如公司名称的缩写等），不能将各数据表中数据打通进行串联，对于其本身价值的挖掘也是一定程度的损失。受限于机器智能化的发展，不同表格中的字段存在差异，这还需要在数据导入时，规范不同表格间的字段与提取规则，重新设计表头的展示方式，使其能够进行符合逻辑的交叉调用，这也要求对现有数据除收集之外，还要进行大量的加工工作，使其可以入库调用，为广大的科研人员在研究活动中提供数据支撑。

在本指标数据库的建设中，对上述问题进行了重点考量。首先，根据收集的数据源专门设计了若干底层数据表，用来在后续对数据库中的数据进行更新，同时打通了不同数据来源的数据壁垒问题，可以做到不同来源数据间可以根据实际使用逻辑进行调用，在使用过程中根据个人的实际需求提取需要的字段进行比对。

其次，为便于科研人员的实际使用，在使用过程中对于根据已有选项生成的数据图表，提供数据导出功能，将新生成的图表以 Excel 文件的形式下载至本地，便于科研人员对其进行二次加工，以符合个人的实际使用需求。在图表的展示层，大量使用了当下简约生动的设计语言，使图表的表现更有说服力与品质感，并且考虑到很多组织在实际输出环境中只有双色打印的情况，视觉设计层面特别对双色打印的灰度区别进行了调整，以保证其观感。

再者，指标型数据中有一部分连续型数据具有一定的可续测性，本指标数据库采用了回归分析的方法对数据进行中短期的预测。依据相关关系中自变量的个数不同分类，可分为一元回归分析预测法和多元回归分析预测法。在一元回归分析预测法中，自变量只有一个，而在多元回归分析预测法中，自变量有两个及以上。依据自变量和因变量之间的相关关系不同，可分为线性回归预测和非线性回归预测。

根据可操作性，一般的系统开发绝大部分采用线性回归的方式，通过不同的数学模型和大量的历史数据进行测试，以最接近于现实值的数学模型作为预测的依据。诚然，采用非线性的方式对于结果的修正有着积极的意义，但其中参数的设计需要大量的人工干预，作为系统使用存在相当大的操作难度，因此目前采用线性回归的方式进行设计，结果仅作为对未来固定周期内结果的推断。图 1 为指标数据库页面展示。

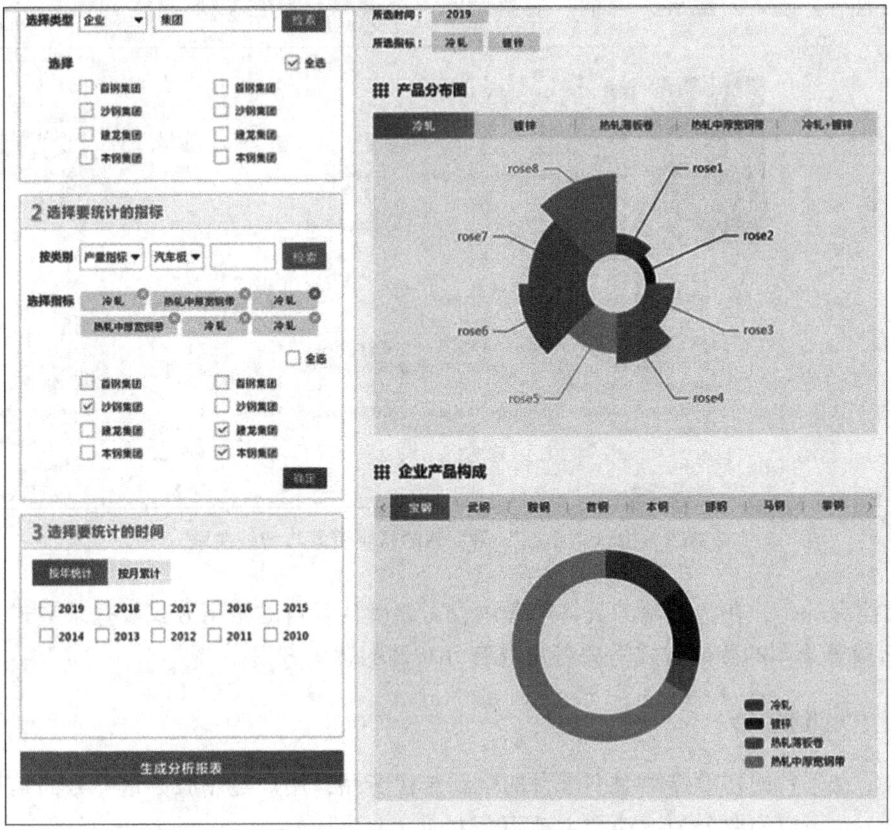

图 1　指标数据库页面展示

以每一个年份前三年数值的平均值作为主要参考基数，进行两次指数平滑，粗略使用 0.1，0.3，0.5，0.7，0.9 作为加权值，将这些加权值分别配到近一年、近三年、前一年同期等不同要素上，以最近十年的现实数据进行对照，得出两组较接近的数学模型。可以看出无论做出何种推测，前一周期内数值明显对下一周期的影响更大，以两种方案形成 A、B 两组模型，通过平均值可以得到更接近于实际的数值。

3.2　全资源统一检索

目前的信息平台已经支持跨平台、分布式、异构数据库环境的综合性文献处理，能够对外部相关网站、外购本地化数据库资源、内部信息资源和内部文件进行统一检索，为科技创新工作提供了较为快速、便捷的信息资源服务。

对于外部数据，提供了统一登录的功能，在统一的检索页面内检索出结果后，可以通过统一登录直接以登录状态跳转到第三方下载页面进行操作，节约工作人员的时间并提高用户体验。而对于内部数据，则做到了更加细致的处理，可调用的企业内部数据库包括内部标准库、内部专利库、内部专家库、内部期刊库、内部科技项目成果库、内部科技项目文献库、内部会议资料及会议总结库等，做到了内部资料的横向打通，将之前容易被忽略的资料信息再度激活，为广大的科研人员提供更加便利且丰富的检索服务。

在实际使用中，由于搭建了信息平台，对于集团内各分子公司的知识需求可以实现统一的管理，尤其是为资源的统一采购提供了可操作的空间，通过自身的议价能力来控制这一方面的采购成本。图 2 为检索“炼钢”后反馈的各类资源与智能关联。

图 2　检索“炼钢”后反馈的各类资源与智能关联

需要注意的是，在各资源的具体管理中，需要确认各自的租用方式及登录方式，限制并发数、IP 段等不同的登录方式需要各自具有针对性的解决方案。

3.3　用户定制服务

本次信息平台的建设作为对旧平台的全新迭代产品，用户定制服务这一方面是其主要的创新点之一，可以简要分为被动与主动两个方面。

在被动方面，平台本身已经预设了大量资讯板块，根据常见的分类设计了符合内部知识需求的专题服务、内部期刊、行业动态等模块。在登录状态下，科研人员在平台上单击这些资讯模块及通过检索窗口进行检索的用户行为都会在后台进行记录，根据一定算法逻辑对用户感兴趣的知识领域及渠道进行整理，与用户组中的个人账号绑定，使得该用户在登录状态下可以在首页预留的信息推送模块下直接获取到更贴近使用需求的内容。

在主动方面，平台也专门为用户提供了个人订阅的模块。在该模块下，用户可以自行设计若干检索策略，服务器定期会根据检索方式进行检索并推送有关结果到该模块下。同时用户还可以对个人感兴趣的会议、期刊等进行订阅，在该模块下进行统一展示，提高用户黏性。

4　总结

在自有信息平台的建设中，实际上还存在诸多的功能与问题，在此不做更多介绍，如安全策略、权限控制、单点登录、异地登录、跨平台协作等，这些都需要根据各自的需求来进行具有针对性的解析。

在这里所要说明的是，自有信息平台的建设，不单单是为研究人员的日常科研活动提供便利的简单工具，更是组织内外部知识的统一管理、应用及继承的有力工具，是经历时间洗礼后留下的宝贵财富，是组织中最重要的知识财富之一。因此，在平台的设计中，不仅要尽量满足对于功能性的需求，还要想方设法提高科研人员的使用频次，借此提高产品本身的价值。一个优秀的竞争情报人员，也同样肩负着组织知识管理的重责，还要扮演诸如运营人员、产品经理这样的角色，通过对本职工作的挖潜，为组织内外部知识的整体管理而不懈努力。

中药经典名方研究现状、热点及趋势分析

——基于文献计量和知识图谱分析

王彦峰[1,2]，张素娟[1,2]，叶浅草[1]

（1. 北京市科学技术情报研究所　北京　100044；

2. 国家中医药管理局传统药物专利信息资源重点研究室　北京　100080）

摘要：中药经典名方是近些年来的研究热点，本文以CNKI中国学术期刊网络出版总库（以下简称CNKI数据库）为数据源，收集了近15年来中药经典名方相关研究论文，使用知识图谱方法分析中药经典名方的研究现状、热点和趋势，为相关研究提供参考。本文以“经典名方”为检索词对CNKI数据库进行检索，时间范围为2008—2020年，对文献数据从发表年度趋势、研究机构、作者、期刊、关键词等方面进行计量学分析，得到有效文献共计330篇，发表文献数量总体呈上升趋势，且在2018年之后有一个爆发式增长。中国中医科学院是该领域发表论文数量最多的科研机构，中药经典名方的研究热点主要集中在本草考证、政策研究、重点方剂的研究等领域。随着国家对中药经典名方的重视和政策支持，该领域的科学研究发展迅速，指纹图谱、网络药理学等一系列新技术被应用于经典名方的研究当中，相关研究论文呈现爆发式增长。可以预期，未来相当长一段时间内，该领域将一直是中药研究的热点领域，中药经典名方的新药开发仍将保持高速增长的态势，值得相关科研人员给予关注。

关键词：中药；经典名方；文献计量学；知识图谱

经典名方是至今仍广泛应用、疗效确切、具有明显特色与优势的古代中医典籍所记载的方剂[1]。自古代以来，中药经典名方一直是我国人民防病治病和抵御瘟疫流行病暴发的重要方法和手段。近20年来，我国在应对新发、突发传染病的过程中，以经典名方为基础，创制了很多新药方，例如：2003年SARS期间推出的治疗病毒感染疾病的药物连花清瘟；2009年应对H1N1时创制的金花清感颗粒；在此次抗击新冠肺炎疫情中，基于经典名方研制出的三方：清肺排毒汤、化湿败毒方和宣肺败毒方，都在救治过程中发挥了积极作用。据不完全统计，目前上市品种中有超过200个经典名方直接被开发成现代制剂中药品种，服务于大众健康事业。

经典名方是中医药传承与创新的有效载体之一，关乎中医事业与中药产业的发展[2]。经典名方的研究、开发和利用是中药新药研发的重要源泉。本文采用文献计量学方法对CNKI数据库2008—2020年公开发表的、中医药领域经典名方的相关文献进行分析，旨在明确我国中药经典名方的研究现状、热点与趋势，为经典名方的进一步研究、相关新药研发和政策制定等提供参考。

1 数据来源与研究方法

1.1 数据来源

本文选用CNKI数据库为数据源，以“（SU=中药）AND（SU=经典名方）”构建检索式进行主题检索，搜索时间截至2020年11月。在删除与学术研究无关的文章（如发刊词、卷首语及新闻、消息、广告等）后，最终获得自2008年至2020年的全部期刊文献，共计330篇。

1.2 研究方法

运用文献计量学方法和知识图谱技术，使用VOSviewer软件开展中药经典名方研究现状、热点及趋势分析。首先将全部文献的标题、作者及其单位、文献来源、发表时间、关键词、摘要等信息存入endnote数据库进行管理，然后导出到Excel进行数据分析，最后使用VOSviewer软件包进行可视化分析。

VOSviewer是由荷兰莱顿大学L. Waltman和N. J. Van Eck研发的建立于可视化技术的处理文献知识单元的免费图谱工具[3]，该软件提供对数据的各种操作和显示，包括对图中节点、边和标签的调整、颜色变换及大小的调节，实时的布局算法可以对数据进行各种各样的布局。

2 经典名方研究的时区分布与研究力量

2.1 发文年度分布

2008—2020年发文总量共计330篇，总体上呈现逐渐增多的趋势（见图1），大致可以分为两个阶段：第一阶段（2008—2017年）为探索发展阶段，年发文量在20篇以下，基本处于稳定趋势；第二阶段（2018—2020年）为快速发展阶段，年发文量在20篇以上，年均增长率达到113.6%，且在2020年达到顶峰。

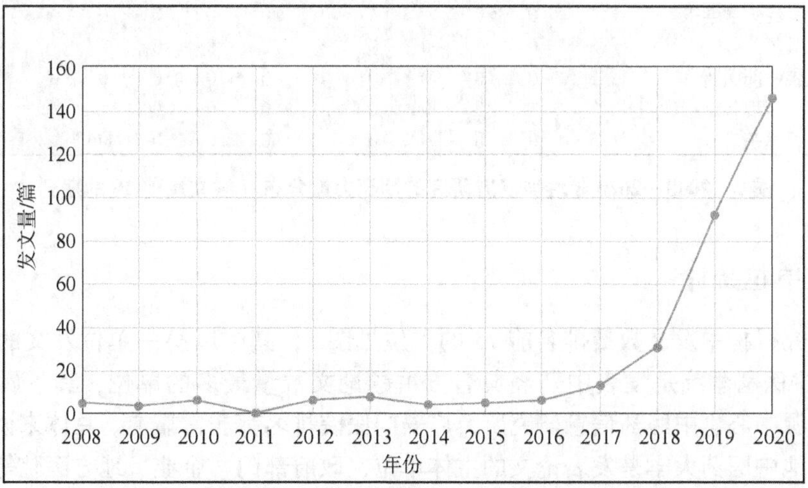

图1 2008—2020年CNKI数据库中经典名方研究文献年份分布

究其原因，2017 年之前，受有效性、安全性和合法性等原因[4]影响，中药方剂类新药注册申报的通过率一直较低，且新药申报的品种数呈逐年递减之势，2010 年申报 149 个，2015 年降低到 81 个[5]，相应地，研究人员对经典名方的关注度也较低。直到 2015 年 12 月，习近平强调，中医药学是中国古代科学的瑰宝，要继承好、发展好、利用好这一宝贵财富[6]。2016 年 2 月，国务院印发的《中医药发展战略规划纲要（2016—2030 年）》明确指出：要扎实推进中医药继承，加强中医药传统知识保护与技术挖掘[7]。中医药越来越受到国家层面的重视，特别是从 2017 年开始，国家简化古代经典名方中药复方制剂注册审批支持中药传承和创新[8]。2018 年 4 月，国家中医药管理局公布了《古代经典名方目录（第一批）》，同年 5 月，国家药品监督管理总局会同国家中医药管理局发布《古代经典名方中药复方制剂简化注册审批管理规定》[10]，经典名方复方制剂的研发从政策层面逐渐走向落地实施阶段。一系列政策法规的出台，对中药经典名方的新药开发产生重大影响，掀起了中药经典名方研究的热潮。2020 年 9 月，举行了首届经典名方开发专家共识峰会。可以预见，未来几年对中药经典名方的保护与开发研究仍将保持高速增长的态势。

2.2 发表期刊分布

330 篇文章被发布在 98 种期刊上，载文量前 10 的期刊见图 2。其中载文量最多的是《中国实验方剂学杂志》，《中国中药杂志》《中国现代中药》《中草药》上的发文也较多，以上 4 家期刊形成了第一梯队。由此可见，核心期刊是经典名方相关论文发表的主要载体，这从一个侧面说明经典名方相关的研究论文质量都比较高。载文量前 10 的 13 种期刊累计发文 202 篇，占总数的 61.2%。论文整体上以综述、理论研究为主，占总发文量的 36.46%。

排名	期刊	总数	2008	2009	2010	2011	2012	2013	2014	2015	2016	2017	2018	2019	2020
1	中国实验方剂学杂志	50	0	0	0	0	0	0	0	0	0	0	4	16	30
2	中国中药杂志	45	1	0	0	0	0	2	2	1	0	2	4	16	17
3	中国现代中药	29	0	0	0	0	0	0	0	0	0	1	3	2	23
4	中草药	23	0	0	1	0	0	0	0	0	0	0	5	5	12
5	药物评价研究	8	0	0	0	0	1	0	0	0	0	1	1	4	1
6	辽宁中医药大学学报	7	0	0	1	0	0	1	0	0	0	0	0	1	4
6	生物化工	7	0	0	0	0	0	0	0	0	0	0	0	4	3
6	中医杂志	7	0	1	1	1	1	0	0	0	0	1	1	0	1
9	南京中医药大学学报	6	0	0	0	0	0	0	0	0	0	0	0	4	2
10	世界中医药	5	0	0	0	0	0	0	0	0	0	0	0	2	3
10	中国民族民间医药	5	0	0	0	0	0	0	0	0	0	1	2	1	1
10	中国中医药现代远程教育	5	1	0	0	0	0	0	0	0	1	0	0	3	0
10	中医药管理杂志	5	0	0	0	0	0	0	0	0	0	2	1	2	0

图 2　2008—2020 年经典名方研究的期刊力量分布（载文量前 10 的期刊）

2.3 发文单位统计

所有研究机构中发文数量排名前 15 的单位见图 3，其中以第一单位发文的数量排名见图 4。中国中医科学院是发表中药经典名方主题论文数量最多的单位，其下属的中药研究所、中药资源中心、中医药信息研究所、广安门医院排名都非常靠前。总体来说，中国中医科学院和各地中医药大学是发表论文的主体单位，政府部门、企业、地方医院等其他机构也有相关论文发表。

排序	单位	总数	2008	2009	2010	2011	2012	2013	2014	2015	2016	2017	2018	2019	2020
1	中国中医科学院中药研究所	69	0	0	0	0	0	0	0	0	0	2	9	19	39
2	中国中医科学院	34	0	0	0	0	0	0	0	0	1	0	2	6	25
3	北京中医药大学	33	0	0	0	0	1	1	1	0	0	1	2	9	18
4	安徽中医药大学	31	0	0	0	0	0	0	0	0	0	0	0	8	23
5	中国中医科学院中药资源中心	30	0	0	0	0	0	0	0	0	0	0	2	6	22
6	湖南中医药大学	27	0	0	0	0	0	0	0	0	0	0	0	15	12
6	江西中医药大学	27	0	0	0	0	0	0	0	0	0	1	1	5	20
8	中国中医科学院中医药信息研究所	26	0	0	0	0	0	0	0	0	0	0	3	1	22
9	南京中医药大学	25	0	0	0	0	0	0	0	0	1	0	0	8	16
10	中国中医科学院中医药发展研究中心	22	0	0	0	0	0	0	0	0	0	0	2	0	20
11	山东中医药大学	18	0	0	0	0	0	0	0	1	2	0	1	10	4
12	天津中医药大学	16	0	0	0	0	0	0	0	0	1	1	1	8	5
13	华润三九医药股份有限公司	11	0	0	0	0	0	0	0	0	0	0	0	0	11
14	天津药物研究院	11	0	0	0	0	0	0	0	0	0	1	2	7	1
15	中国中医科学院广安门医院	11	0	0	0	1	1	4	2	0	0	0	0	0	3

图 3　文章所有单位中排名前 15 的年度发文热图

排序	第一单位	总计	2008	2009	2010	2011	2012	2013	2014	2015	2016	2017	2018	2019	2020
1	中国中医科学院中药研究所	24	0	0	0	0	0	0	0	0	0	2	4	7	11
2	中国中医科学院中药资源中心	23	0	0	0	0	0	0	0	0	0	0	1	3	19
3	湖南中医药大学	20	0	0	0	0	0	0	0	0	0	0	0	11	9
3	南京中医药大学	20	0	0	0	0	0	0	0	0	1	0	0	7	12
5	北京中医药大学	17	0	0	0	0	0	0	1	0	0	0	0	5	11
6	山东中医药大学	10	0	0	0	0	0	0	0	0	1	0	1	7	1
6	中国中医科学院广安门医院	10	0	0	0	1	1	4	2	0	0	0	0	0	2
8	天津中医药大学	9	0	0	0	0	0	0	0	0	1	0	1	4	3
9	成都中医药大学	7	0	0	0	0	0	0	0	0	0	0	0	3	4
9	国家知识产权局专利局	7	0	0	0	0	0	0	0	0	0	0	1	2	4
9	江西中医药大学	7	0	0	0	0	0	0	0	0	0	0	1	2	4

图 4　文章第一单位中排名前 15 的年度发文热图

2.4　作者分析

全部 330 篇有效文献涉及 1 065 位作者，人均发文 0.3 篇，其中发文数量排名前 2 的是中国中医科学院中药研究所的杨洪军和张卫，分别发表 35 篇和 31 篇，第 3 名是安徽中医药大学的彭华胜，发表 28 篇。根据普赖斯公式 $N=0.749\sqrt{n_{max}}$（N 为核心作者的最少发文量，n_{max} 为核心作者的最高发文量），在本研究中 n_{max} 为 35，经计算 $N\approx4.43$，则候选的核心作者群中作者的最少发文量 N 应超过 4，即发表 5 篇及以上的 49 位作者为该研究的核心作者。将每位作者近 12 年的发文量进行统计，选择发文量前 12 的作者得到图 5，颜色越深表示发文量越多，反之则越少。图 5 表明，大多数作者在近 3 年开始该领域的研究，研究成果集中出现在 2018 年以后，并在 2020 年达到最高。近年来该领域逐渐活跃，之前关注的人极少。

采用作者相关数据构建共现矩阵，将其导入 VOSviewer 软件后生成作者共现网络，见图 6。在共现网络中，作者节点之间的连线代表其合作关系，线条越粗表示合作越频繁，在该研究领域的合作就开展得越密切，多位合作密切的作者在学术研究上形成了相对稳定的研究团队，如图 7 所示。某位中药专家成为研究团队的核心，团队内部相互合作进行科学研究和论文的发表。另外，也存在少量研究人员成为团队间合作的纽带。

排序	作者	总计	2008	2009	2010	2011	2012	2013	2014	2015	2016	2017	2018	2019	2020
1	杨洪军	35	0	0	0	0	0	0	0	0	0	0	3	7	25
2	张卫	31	0	0	0	0	0	0	0	0	0	0	2	6	23
3	彭华胜	28	0	0	0	0	0	0	0	0	0	0	0	6	22
3	詹志来	28	0	0	0	0	0	0	0	0	0	0	0	6	22
4	李兵	27	0	0	0	0	0	0	0	0	0	0	1	3	23
5	张华敏	25	0	0	0	0	0	0	0	0	0	0	1	1	23
6	赵佳琛	23	0	0	0	0	0	0	0	0	0	0	0	3	20
7	蔡秋杰	22	0	0	0	0	0	0	0	0	0	0	2	0	20
8	金艳	20	0	0	0	0	0	0	0	0	0	0	0	0	20
9	翁倩倩	18	0	0	0	0	0	0	0	0	0	0	0	3	15
10	陈仁寿	10	0	0	0	0	0	0	0	0	0	0	0	2	8
10	陈周全	10	0	0	0	0	0	0	0	0	0	0	0	0	10
10	贺福元	10	0	0	0	0	0	0	0	0	0	0	0	6	4
11	熊兴江	9	0	0	0	1	1	4	1	0	0	0	0	0	2
12	白洁	7	0	0	0	0	0	0	0	0	0	0	0	2	5
12	曾琪	7	0	0	0	0	0	0	0	0	0	0	0	4	3
12	陈士林	7	0	0	0	0	0	0	0	0	0	0	1	1	5
12	程建明	7	0	0	0	0	0	0	0	0	0	0	0	2	5
12	杜守颖	7	0	0	0	0	0	0	0	0	0	0	0	2	5
12	樊启猛	7	0	0	0	0	0	0	0	0	0	0	0	3	4
12	刘安	7	0	0	0	0	0	0	0	0	0	1	0	2	4
12	王艺涵	7	0	0	0	0	0	0	0	0	0	0	0	0	7
12	严启新	7	0	0	0	0	0	0	0	0	0	0	0	4	3
12	周逸群	7	0	0	0	0	0	0	0	0	0	0	0	4	3
12	朱广伟	7	0	0	0	0	0	0	0	0	0	0	0	3	4

图 5　2008—2020 年作者发文量排名前 12 的年度发文热力图

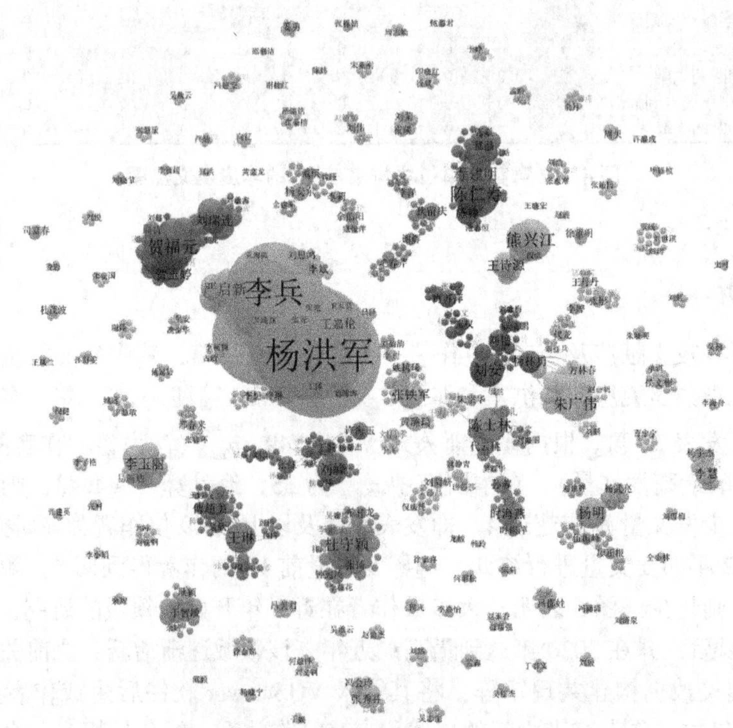

图 6　2008—2020 年发文作者共现网络

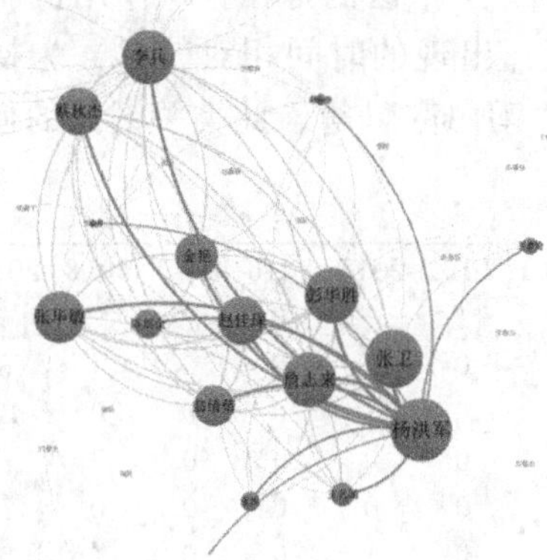

（a）杨洪军研究群体（中国中医科学院）

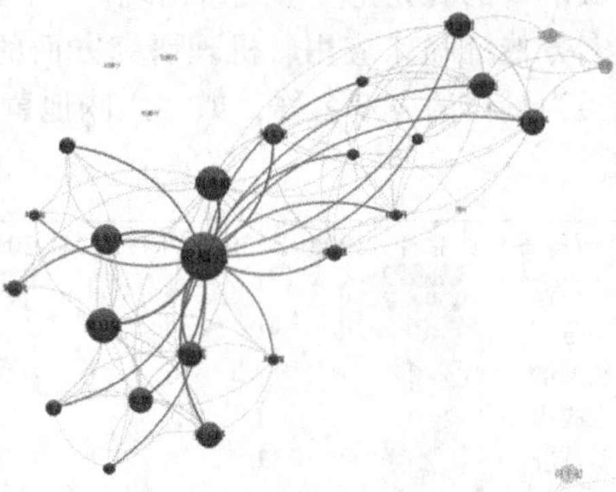

（b）贺福元研究群体（湖南中医药大学）

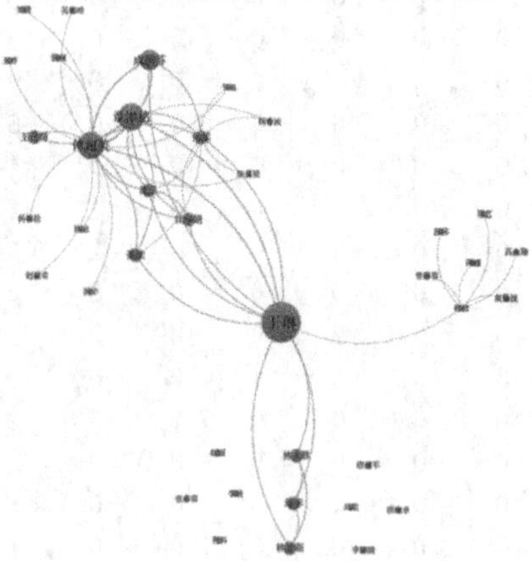

（c）王琳研究群体（成都中医药大学）

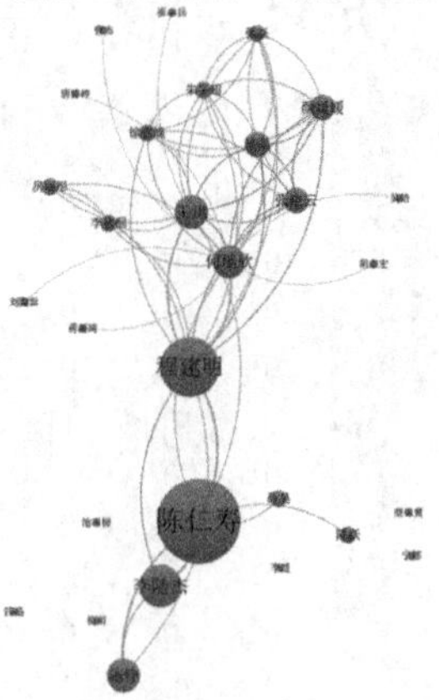

（d）陈仁寿研究群体（南京中医药大学）

图 7　重点研究群体共现网络

中国中医科学院是形成研究群体较多的单位，有杨洪军、陈士林、刘安等多个研究团队，每个团队内部有 5~10 名相对固定的研究人员。总体来看，重点研究群体包括：以杨洪军为核心的中医科学院中药研究所研究群体，以贺福元为首的湖南中医药大学研究群体，以王琳为首的成都中医药大学研究群体，以陈仁寿为首的南京中医药大学研究群体，他们都是发表论文较多的团队。每个研究群体均有自身的优势研究领域，例如，杨洪军团队以经典名方中涉及的主要药材品种的本草考证为优势研究领域，在 2020 年发表了大量研究论文。贺福元、王琳团队以经典名方质量控制、指纹图谱为优势研究领域。

3　热点分析

3.1　高频关键词词频统计分析

全部文献共使用 3 053 个关键词，去除重复后共计 842 个，高频关键词热力图见图 8。在图 8 中，关键词频数的高低由颜色的深浅来表示，颜色越深表示关键词出现的频数越高，反之，则越低，横向表示某关键词在时间维度上的变化趋势。在高频关键词中，除去“经典名方”“中药”等无意义的词汇之外，大致可分为 3 类。“本草考证”“指纹图谱”“质量控制”“制备工艺”等词汇在近 2 年国家经典名方相关新政策出台之后，为工业化生产做准备的研究论文中经常出现。“中药新药”“中医药疗法”“作用机制”等词汇为经典名方传统临床应用、机理研究方面的词汇，出现的时间相对较早，为持续性研究。第三类为具体的方剂名称，如“六味地黄丸”“泻白散”等，此类关键词的使用相对比较分散。

排序	行标签	总计	2008	2009	2010	2011	2012	2013	2014	2015	2016	2017	2018	2019	2020
1	经典名方	217	2	2	1	1	3	3	1	2	0	10	21	66	105
2	本草考证	33	0	0	0	0	0	0	0	0	0	0	1	8	24
3	指纹图谱	30	0	0	0	0	0	0	0	1	0	0	0	12	17
4	临床应用	20	0	0	1	0	1	1	0	0	0	0	2	5	10
4	物质基准	20	0	0	0	0	0	0	0	0	0	0	0	7	13
6	质量控制	19	0	0	0	0	0	1	0	1	0	0	1	6	10
7	中药	15	1	0	0	0	0	0	0	0	0	2	3	5	4
8	炮制	11	0	0	0	0	0	0	0	0	0	0	0	3	8
9	历史沿革	9	0	0	0	0	0	0	0	0	0	0	0	0	9
9	制备工艺	9	0	0	0	0	0	0	0	0	0	0	0	5	4
11	化学成分	8	0	0	0	0	0	0	0	0	0	0	0	4	4
11	剂量	8	0	0	0	0	0	0	0	0	0	0	1	1	6
11	配方颗粒	8	0	0	0	0	0	0	0	0	0	0	2	6	0
11	特征图谱	8	0	0	0	0	0	0	0	0	0	0	0	2	6
11	中药新药	8	0	0	1	0	0	0	0	2	0	0	2	3	0
11	中医药疗法	8	0	0	1	1	1	3	0	0	1	0	0	0	1
11	作用机制	8	0	0	0	0	0	0	0	0	0	1	3	2	2
18	甘草苷	7	0	0	0	0	0	0	0	0	0	0	0	2	5
19	基原	7	0	0	0	0	0	0	0	0	0	0	0	1	6
20	聚类分析	7	0	0	0	0	0	0	0	0	0	0	0	1	6
21	六味地黄丸	7	1	0	0	0	0	2	0	0	0	0	2	2	0
22	泻白散	7	0	0	0	0	0	0	0	0	0	0	0	2	5
23	质量标准	7	0	0	0	0	1	0	0	1	0	0	0	2	3

图 8　2008—2020 年高频关键词热力图

3.2　关键词共现可视化图谱

将全部关键词中的“经典名方”等无意义词汇除去后，使用 VOSviewer 进行关键词共现矩阵的构建（见图 9）。在图 9 中，词汇的大小显示出现的次数，连接 2 个关键词的线条的粗细代表共现频次的高低，连线越粗表示两关键词共现次数越多，反之越少。VOSviewer 对不同的词汇进行了聚类，将相同类别的词汇用相同颜色标识。关键词的共现代表 2 个关键词出现在同一篇文章的频次，反映了关键词之间关联程度的高低，关联程度越高的关键词在研究内容上更具相关性。关键词的共现分析能够准确反映中药经典名方研究中研究内容、研究方法和研究工具之间的关联关系。从共现的频次来看，“本草考证”类群数量最大，但是关键词相关性比较小，相对孤立；“指纹图谱”“临床应用”这 2 个类群数量较大，且与其他词语联系较多，说明这 2 个领域的研究范围相对较广。

3.3　高被引文献统计分析

对全部文章的被引数量进行排序，被引最多的前 10 篇文章见表 1。由于经典名方相关

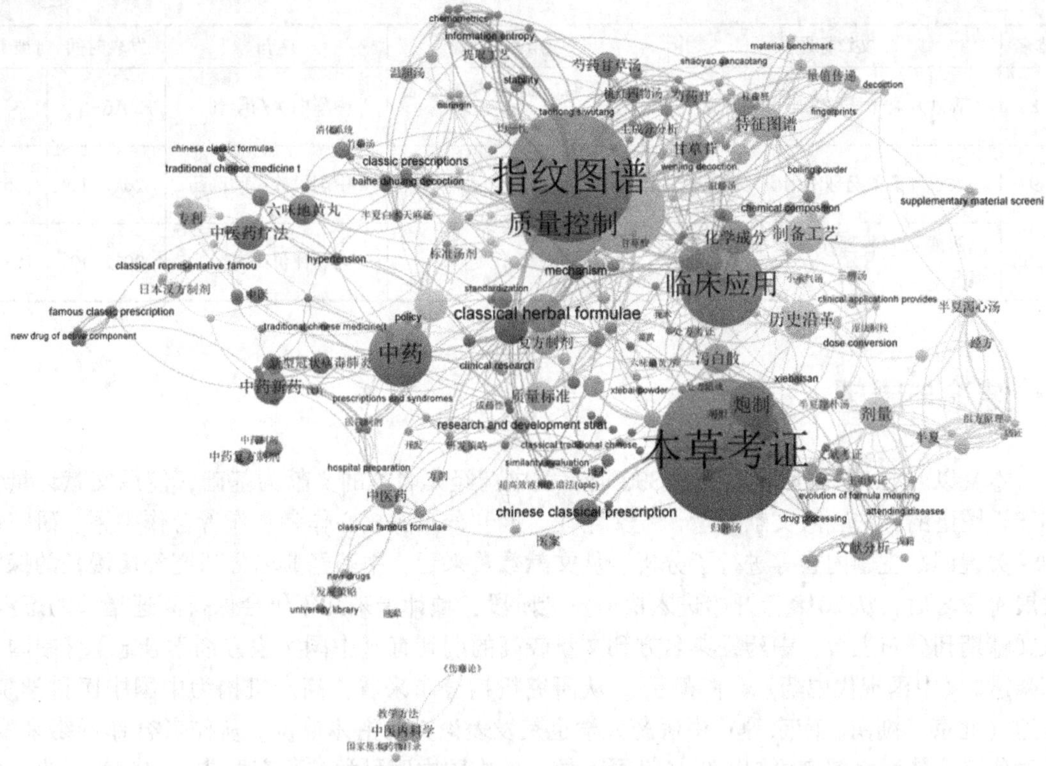

图 9　关键词共现可视化图谱

的大量研究论文是在 2019—2020 年发表的，发表时间太短，因此大多数文章的引用次数还不高。被引次数排名前 10 的文章多数发表得比较早，后期大量发表论文的研究群体的成果还没有进入其中。早期的研究多集中在具体方剂的临床应用上，以传统方剂新治疗应用的研究为主体。后期的质量控制、本草考证方面的文章明显已经转向了传统方剂的工业化生产研究，这也是经典名方研究热点发生转变的一个表现。

表 1　高被引研究论文前 10

排名	文章标题	作者	期刊	发表时间	被引
1	高血压前期的中医认识及治疗	刘巍、熊兴江、王阶	中国中药杂志	2013-07	112
2	论高血压病的中医认识及经典名方防治策略	熊兴江、王阶	中医杂志	2011-12	108
3	基于中医药防治新型冠状病毒肺炎的用药探析	刘菊、崔瑛、白明学、张红伟、金云隆	中草药	2020-02	72
4	论半夏白术天麻汤在高血压病中的运用	熊兴江、王阶	中华中医药杂志	2012-11	60
5	基于标准汤剂的中药整体质量控制模式探讨	杨立伟、王海南、耿莲、谭静、王立新	中国实验方剂学杂志	2018-02	60
6	经典名方研发策略	陈畅、程锦堂、刘安	中国中药杂志	2017-04	40
7	六味地黄丸（汤）现代研究新进展	赖益忠、黄倬伟	中医药信息	1999-01	37

续表

排名	文章标题	作者	期刊	发表时间	被引
8	香砂六君子汤的文献分析研究	吕美君、贾连群、王志丹、杨关林	中华中医药学刊	2016-07	37
9	大承气汤的药理作用研究概况	魏江存、陈勇、谢臻、黄少远、阙祖亮	中国民族民间医药	2017-11	35
10	西黄丸的药理作用及临床应用概况	戴一	药物评价研究	2012-12	27

4 结论与展望

本文以CNKI数据库检索到的330篇有关中药经典名方的文献为基础，使用文献计量学和知识图谱的方法，对文献数量、发文年代、期刊分布、核心作者、作者合作关系、研究机构、关键词、主题内容等进行了分析。从文献数量来看，中药经典名方研究经历漫长的探索发展阶段之后，从2018年开始进入快速发展阶段，预计未来几年仍会保持高速增长的态势。从文献期刊分布上看，中药经典名方刊文量较高的期刊有《中国实验方剂学杂志》《中国中药杂志》《中国现代中药》《中草药》。从研究机构分布来看，高产机构为中国中医科学院，各地（北京、湖南、南京等）中医药大学也是发表论文的主体单位。从作者合作网络来看，通过作者合作网络图谱可知，以杨洪军为核心的中国中医科学院研究群体、以贺福元为首的湖南中医药大学研究群体、以王琳为首的成都中医药大学研究群体、以陈仁寿为首的南京中医药大学研究群体等都是发表论文较多的团队，在中药经典名方研究方面有较大影响力。从高产作者来看，杨洪军、张卫和彭华胜等作者仅2020年发表论文数量就均超过20篇。

2018年之前，中药经典名方的研究主要围绕传统方剂新治疗的临床应用；2018年之后，国家药品监督管理局发布古代经典名方中药复方制剂简化注册审批管理规定，在国家政策的指导下，药企开启新药申报相关准备工作，与科研机构合作产生了一大批研究论文。从2018年起，与中药经典名方相关的文章数量快速增加，热点越来越集中在质量控制、指纹图谱等方面。随着中药经典名方新药申报在即，与新药申报相关的本草学考证研究论文异军突起，数量呈现暴发式增长，中成药生产相关的技术工艺将越来越多地出现在研究论文当中，研究热点从以方剂的临床应用转变为传统方剂的工业化生产。

《古代经典名方目录（第一批）》的发布，开启了挖掘中医药宝库精华的大门。经典名方的研发路径既包括经典名方中药复方制剂创新研发，也包括源于经典名方的中药新药研发，以及上市经典名方产品的二次开发[2]。科技成果只有完成科学研究、实验开发、推广应用的三级跳，才能真正实现创新价值，实现创新驱动发展。因此，经典名方未来的研究也必将与新药申报、生产质量控制、新药生产相结合，只有这样才能实现对中药产业的驱动价值。

习近平强调，要加强古典医籍精华的梳理和挖掘，建设一批科研支撑平台，改革完善中药审评审批机制，促进中药新药研发和产业发展。随着信息学技术的不断进步，通过知识图谱将文献资料进行可视化，建立以知识服务为特征的可分类检索、开放共享、决策支持的中医药数据库，也将成为中药研究发展的重要方向之一。

参考文献

[1] 全国人民代表大会常务委员会. 中华人民共和国中医药法 [EB/OL].(2016-12-25)[2020-10-28]. http://www. gov. cn/xinwen/2016-12/26/content_ 5152773. htm.

[2] 杨洪军，黄璐琦. 经典名方的研发：中医药传承发展的突破口之一 [J]. 中国现代中药，2018，20 (7)：775-779.

[3] VAN ECK N J，WALTMAN L. Software survey：VOSviewer，a computer program for bibliometric mapping [J]. Scientometrics，2010，2 (84)：523-538.

[4] 佟笑，陈玉文. 中药新药注册申请未获批准原因分析 [J]. 时珍国医国药，2017，28 (9)：2268-2269.

[5] 佟笑，陈玉文. 2010~2015 年我国中药新药注册申报审批情况分析 [J]. 中国医药工业杂志，2017，48 (1)：125-129.

[6] 习近平. 习近平致中国中医科学院成立 60 周年贺信 [EB/OL].(2015-12-18)[2020-10-28]. http://www. gov. cn/xinwen/2015-12/22/content_5026645. htm.

[7] 国务院. 国务院关于印发中医药发展战略规划纲要（2016—2030 年）的通知 [EB/OL].(2016-02-26) [2020-10-28]. http://www. gov. cn/zhengce/content/2016-02/26/content_ 5046678. htm.

[8] 国家食品药品监管总局办公厅.《中药经典名方复方制剂简化注册审批管理规定（征求意见稿）》及申报资料要求（征求意见稿）[EB/OL].(2017-09-22) [2020-10-28].

[9] 国家中医药管理局. 国家中医药管理局关于发布《古代经典名方目录（第一批)》的通知 [EB/OL].(2018-04-16) [2020-10-28]. http://www. gov. cn/zhengce/zhengceku/2018-12/31/content_ 5429153. htm .

[10] 国家药品监督管理局. 国家药品监督管理局关于发布古代经典名方中药复方制剂简化注册审批管理规定的公告（2018 年第 27 号）[EB/OL].(2018-06-01) [2020-10-28]. https://www. nmpa. gov. cn/zhuanti/ypqxgg/ggzhcfg/20180601163901361. html.

基于政策文本的我国科技“三评”政策分析①

凡庆涛[1,2]，杨萍[1,2]，刘洋[3]，杜赟[1,2]

（1. 北京市科学技术情报研究所　北京　100044；
2. 北京科技战略决策咨询中心　北京　100044；
3. 北京市科学技术研究院　北京　100089）

摘要：本文从政策文本视角分析我国项目评审、人才评价、机构评估国家层面相关政策的现状、问题并提出相关建议。在中央政府各部委门户网站检索并搜集48份与科技“三评”相关政策文本，基于政策文件数据，采用量化分析、内容分析方法展开研究。研究发现，2018年后，我国科技“三评”政策进入全面发展的重要阶段。政策类型以通知、办法、意见形式为主，针对性和权威性不足；政策发布主体呈现多元化特征，但政策之间统筹性和协调性不高。从政策文本看，政策类型过于集中、政策内容体系仍待完善、政策文本的可操作性不强、配套制度和细化措施亟待跟进完善等问题较为普遍。最后，本文从解决上述问题角度出发提出相关对策建议，以进一步完善我国科技“三评”政策体系。

关键词：科技“三评”政策文本；政策分析；内容分析法

1　引言

科技评估是指由科技评估机构根据委托方的要求，按照一定的原则程序和标准，运用科学、可行的方法对科技政策、科技计划、科技项目、科技成果、科技发展领域、科技机构、科技人员及与科技活动有关的行为所进行的专业化咨询和评判活动[1]。其中，项目评审、人才评价、机构评估（以下简称科技“三评”）一直是科技评估关注的重点。2019年7月，中共中央办公厅、国务院办公厅印发了《关于深化项目评审、人才评价、机构评估改革的意见》，是目前为止针对科技评价出台的改革规格最高、内容最全面、工作部署最系统的指导性文件。该意见将科研管理改革从计划层面推进深化到项目管理层面，将中央对人才评价的总体要求细化为科技人才评价的具体措施，并首次对科研机构绩效评价做出系统部署，提出了一系列创新性的政策和制度设计，为加快建设创新型国家和科技强国提供了有力的制度保障。

目前，国内学者针对科技评估政策的研究更多从国外视角展开，如杨飞、樊一阳从国家科技项目管理的角度对国外的科技评估政策进行概括，从科技评估法律、科技评估主体和科技评估机构三个维度对比了不同国家科技评估政策的特点，为我国科技评估政策的完善提出了相应建议[2]。黄建国、庞宇和崔紫晨等人对日本科技评估政策发展进行分析，发现中国

① 本文系2020年北京市科学技术情报研究所自立课题“科研团队评价的探索与优化”、2020年北京市科学技术研究院院级科研课题“院级重点实验室评估研究与应用”（项目编号：BZ2020017）的研究成果之一。

可从完善相应法律法规、推进评估能力建设、创新评估方法研究、强化评估结果的利用等方面加强和改进科技评估工作[3-5]。代霄彦等人通过对俄罗斯高校科研评估体系、评估标准、评估程序及其后续工作的深入解析，以及对俄罗斯高校科研评估实施的主要特点的分析，认为要赋予高校更多的科研评估自主权，科技评估应充分体现高校自身的特点，使科研评估的初衷是回归高校，并正确把握政府与高校在科研评估工作中的角色定位[6]。常文磊对英国科技评估政策进行了深入研究，指出我国对英国科技评估政策的借鉴之处有：建立非官方中介科技评估机构、对不同层次的大学进行分类评估、加强评估过程中的公正公开等[7]。刘娅介绍了英国高等教育系统科研评估制度的产生背景、工作思路、实施程序、工作方法、评审内容及标准，并对该项制度体现的科技政策导向、工作目标定位、工作模式转变、社会对该项制度的认识等进行了梳理和分析[8]。夏婷在对法国的科技管理体制进行研究之后发现，他们与我国有很多相似之处，如政府干预色彩都比较浓，而且两国的科技发展都遵循了市场经济体制和自由民主制度的原则[9]。

综上所述，国内学者对科技评估政策的相关研究集中于国外科技评估政策或制度的案例研究或经验借鉴，对国内科技评估政策的研究，尤其是科技“三评”相关政策的系统性研究尚属空白。科技“三评”相关政策是政府对项目评审、人才评价和机构评估进行宏观调控和微观约束的文本体现，对相关科技评估工作开展具有重要引导作用。因此，本文采用量化分析和内容分析方法，对搜集到的科技“三评”政策文本进行定量与定性研究，以揭示我国科技“三评”政策发展现状、问题，并提出对策建议，这对于改进我国项目评审、人才评价和机构评估现状，完善我国科技评估政策体系具有重要意义。

2 资料来源与研究方法

2.1 资料来源

本研究通过中央政府各部委门户网站（国务院、科技部、财政部、发改委、人社部等）检索与项目评审、人才评价、机构评估相关的公开政策或制度文本。为保证政策文本的科学性、客观性和权威性，对检索到的政策文本按以下标准进行筛选：①政策内容与科技“三评”工作密切相关；②仅采用国家层面的政策发布主体（国务院及其部委局等）发布的政策文本；③具备发文字号的规范性政策文件，主要为与科技“三评”相关的法律、法规、条例、细则、办法、意见等类型文件，排除批复、回函、政策解读等间接性政策文本。筛选后保留政策文本 48 份。表 1 给出了由 30 份与科技“三评”强相关的政策构成的文件集。

2.2 研究方法

本文采用了定量与定性相结合的研究方法。首先从数理统计开始，对国家科技“三评”相关政策的时间节点、发布形式和发布主体进行系统分析，梳理出我国科技“三评”政策发展的主要脉络。采取内容分析法对政策文本进行分析，梳理归纳政策主题内容。该方法具有对象广泛和量化呈现等特点[10]，适用于对定性资料进行定量分析。经过内容统计与主题归纳总结我国科技“三评”相关政策文本所反映的规律并梳理归纳出我国科技“三评”相关政策的内容框架。最后，结合我国政策现状和政策规律识别我国科技“三评”政策内容现状及存在的问题，并给出针对性建议。

表1　科技“三评”政策文件集（部分）

政策文件标题	发文字号
科技部　财政部　人力资源社会保障部关于印发《中央级科研事业单位绩效评价暂行办法》的通知	国科发创〔2017〕330号
科技部　财政部　发展改革委关于印发《中央财政科技计划（专项、基金等）绩效评估规范（试行）》的通知	国科发监〔2020〕165号
科技部办公厅关于印发《生产力促进中心绩效评价办法》的通知	国科办高〔2014〕9号
科学技术活动违规行为处理暂行规定	科学技术部令第19号
科技评估工作规定（试行）	国科发政〔2016〕382号
关于印发《科技部科技计划课题预算评估评审实施细则》（暂行）的通知	国科发财字〔2006〕405号
关于印发《科技部科技计划课题预算评估评审规范》的通知	国科发财字〔2006〕99号
国家重点研发计划重点专项项目预算评估规范	国科发资〔2017〕261号
国家重点研发计划管理暂行办法	国科发资〔2017〕152号
关于印发《国家软科学研究计划管理办法》的通知	国科发办字〔2007〕87号
国家科技计划项目评估评审行为准则与督查办法	科学技术部令第7号
国家科技计划实施中科研不端行为处理办法（试行）	科学技术部令第11号
国务院办公厅关于抓好赋予科研机构和人员更大自主权有关文件贯彻落实工作的通知	国办发〔2018〕127号
国务院关于优化科研管理提升科研绩效若干措施的通知	国发〔2018〕25号
关于印发《部门属社会公益类科研机构体制改革工作评估验收指导意见（试行）》的通知	国科发政字〔2004〕242号
关于深化职称制度改革的实施意见	中办发〔2016〕77号
中共中央办公厅　国务院办公厅印发《关于深化项目评审、人才评价、机构评估改革的意见》	中办发〔2018〕37号
教育部关于深化高等学校科技评价改革的意见	教技〔2013〕3号
关于破除科技评价中“唯论文”不良导向的若干措施（试行）	国科发监〔2020〕37号
科技部等6部门印发《关于扩大高校和科研院所科研相关自主权的若干意见》的通知	国科发政〔2019〕260号
教育部办公厅关于开展高等学校科技评价改革试点的通知	教技厅〔2014〕3号
中共中央办公厅　国务院办公厅印发《关于进一步加强科研诚信建设的若干意见》	中办和国办发〔2018〕
中共中央办公厅　国务院办公厅印发《关于进一步弘扬科学家精神加强作风和学风建设的意见》	中办发〔2019〕35号
关于加强我国科研诚信建设的意见	国科发政〔2009〕529号

续表

政策文件标题	发文字号
教育部　科技部印发《关于规范高等学校 SCI 论文相关指标使用　树立正确评价导向的若干意见》的通知	教科技〔2020〕2 号
教育部关于改进评审评估评价和检查工作的若干意见	教政法〔2014〕7 号
人力资源社会保障部关于改革完善技能人才评价制度的意见	人社部发〔2019〕90 号
中共中央办公厅　国务院办公厅印发《关于分类推进人才评价机制改革的指导意见》	中办发〔2018〕6 号
科技部印发《关于促进新型研发机构发展的指导意见》的通知	国科发政〔2019〕313 号
科技部　自然科学基金委关于进一步压实国家科技计划（专项、基金等）任务承担单位科研作风学风和科研诚信主体责任的通知	国科发监〔2020〕203 号

3　我国科技“三评”政策的整体分析

我国科技“三评”政策文本的发布时间、政策类型及政策发布主体特征所呈现的规律一定程度上反映了我国项目评审、人才评价、机构评估政策的发展情况，因此，本文对样本政策按其内外属性作进一步统计分析。

3.1　科技“三评”政策的演变发展

由图 1 可看出，我国科技“三评”政策开始于 1994 年国家科委发布的《国家级火炬计划项目管理办法（试行）》。此后，相关政策的出台相对缓慢，一直到 2003 年之前，仅 2000 年有 1 份相关政策，而其他年份均未有新政策发布。2003 年以后，国家对科技创新和科研管理工作更加重视，有关项目评审、人才评价和机构评估的相关政策和制度相继出台，除 2008 年外，其他年份均有 1~3 份政策出台，较好地支撑国家各项科技评估工作的开展。随着我国进入科技强国建设的关键期，国家对科技创新工作的支持力度不断加大，关键技术领域的项目资助、科技创新型人才培育和创新型科研机构建设迎来了蓬勃发展。2018 年《关于深化项目评审、人才评价、机构评估改革的意见》的出台，从政策层面为我国科技“三评”工作的开展指明了方向。有关项目评审、人才评价和机构评估的政策发文量迅速攀升并保持在较高水平。这样的发文规律，一方面反映出国家对科技“三评”工作的重视程度呈上升趋势，同时也反映出我国科技“三评”工作仍面临着许多现实困境，在支撑科技强国建设和创新驱动发展战略实施方面稍显不足，需要政府不断发文引导和规范。

3.2　政策类型

政策文本的类型不同，其产生的政策效力也会有所区别。科技“三评”的 48 份样本政策文件共涉及通知、意见、办法、规定、措施、规范、决定共计 7 种发文形式，呈现出多样化的特征。表 2 显示，通知、办法、意见这 3 种类型的政策文件最多，分别占政策总数的 35.42%、31.25%、22.92%，合计占政策总数的 89.59%。上述 3 种类型的政策相较于规定、

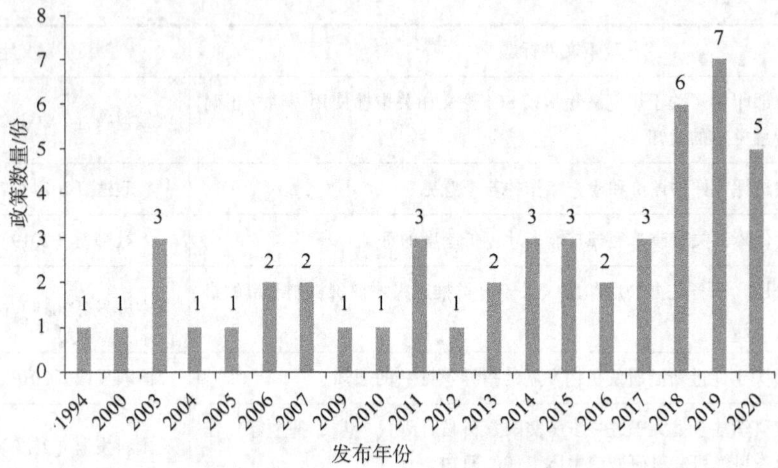

图 1　科技“三评”政策年发文变化趋势

条例、法等类型的政策而言，约束效力较弱，也不如后者影响面广。相对而言，针对性更强、更具体的规定、规范、措施等政策类型占比较低。可见，国家层面虽然已经发布了48份有关科技“三评”的政策文本，从不同程度对项目评审、人才评价、机构评进行规范和约束，但占比较高的通知、意见和办法类政策还是以引导为主[11]，可能使政策的调控作用较弱，执行力不足，具体落实相关政策的实施还主要靠地方政府和下级部门[12]。

表 2　政策类型分布

政策类型	数量
通知	17
办法	15
意见	11
规定	2
措施	1
规范	1
决定	1

3.3　发布部门

本文采集的48份样本政策共涉及17个部门，其中单独发文的政策共29份，联合发文的政策共19份。由表3可以看出，政策发布主体可以分为两类：第一类是中央办公厅、国务院，第二类是国务院直属机构及部门，如科技部、财政部、发展改革委、教育部、人力资源社会保障部等。科技部作为国家层面科技管理的核心与最高权力部门，其政策发布量远远高于其他部委。除单独发布相关政策外，科技部还会同财政部、人力资源社会保障部、发展改革委、解放军原总装备部、教育部、自然科学基金委等多个部门联合发布相关政策。

从统计结果可以看出以下几点。①项目评审、人才评价、机构评估是一个复杂且影响深远的课题，与科技评估相关的国务院、科技部、教育部等多个职能部门针对“三评”工作均发布了相关政策，说明我国科技“三评”政策涉及领域较多且多元化特征显著。②科技部、自然科学基金委、教育部是单独发文数量最多的3个发布主体。可以看出，不同部门的参与程度呈现差异化，但在中共中央办公厅及国务院的统筹下，基本形成了以科技部、教育部、人力资源社会保障部为主体，其他部门广泛参与、群策群力的政策发布主体体系。③联合发文的政策多达19份，占政策总数的39.58%，两部门联合发布的政策达9项，其中，中共中央办公厅与国务院办公厅、科技部与财政部是发布数量最多的两部门联合发布主体。3部门及以上联合发布的政策数量也非常可观，其中，联合发布规模最大的是《关于加强我国科研诚信建设的意见》，由科技部、教育部、财政部、人力资源社会保障部、卫生部、解放军原总装备部、中科院、工程院、自然科学基金委、科协10个部门或机构联合发布。

表3　国家层面发文部门统计

发文部门	数量	占政策总数百分比
科技部	25	52.08%
自然科学基金委	11	22.92%
财政部	11	22.92%
教育部	8	16.67%
国务院	7	14.58%
人力资源社会保障部	5	10.42%
中科院	3	6.25%
发展改革委	3	6.25%
解放军原总装备部	2	4.17%
工程院	2	4.17%
自然资源部	1	2.08%
卫生部	1	2.08%
科协	1	2.08%
科委	1	2.08%
国家中医药管理局	1	2.08%
国家卫生计生委	1	2.08%
国家民族事务委员会	1	2.08%

3.4　政策内容体系

为充分掌握我国项目评审、人才评价和机构评估的政策内容体系框架，本文剔除年代相对久远、内容相关性相对较弱的政策文本，仅保留30份政策内容与科技“三评”高相关的政策文本进行内容体系框架研究（见表1），对其他18份政策文本不做深入分析。通过内容分析法对这30份政策文本进行详细研读，可以将政策主题初步划分为7个主题类别（见表4）。

表4 科技“三评”政策的内容分布情况

政策主题	数量	百分比
科技“三评”工作的综合性指导意见、措施与规范	9	30.00%
科研不端与学术诚信	7	23.34%
科研项目管理与经费评估	6	20.00%
科技人才评估	3	10.00%
科研绩效评估	3	10.00%
促进新型研发机构发展的指导意见	1	3.33%
科研机构体制改革评估	1	3.33%

可以看出，政策主题主要涉及科技“三评”工作的综合性指导意见、措施与规范，科研不端与学术诚信及科研项目管理与经费评估等。专门针对科研机构评估的政策数量较为有限，仅《部门属社会公益类科研机构体制改革工作评估验收指导意见（试行）》的通知（2004）、《关于促进新型研发机构发展的指导意见》的通知（2019）这2条政策在促进新型研究机构发展、科研体制变革方面给出相关指导性意见。此外，在科技“三评”工作的综合性指导意见、措施和规范这一主题上，有多达6份政策给出了宏观性的指导意见，2份政策文本给出了相关操作规范和细化措施，可操作性及执行力较强。科研不端与学术诚信这一主题下的相关政策，主要针对当下我国科研面临的形势日益复杂，科研活动中出现的论文造假、学术诚信事件频发。为净化科研氛围和创造公正、公平的良性竞争与可持续发展环境，相关政策在近年密集出台，旨在解决科技评估中的导向性问题，如克服唯论文现象、加强科研诚信建设、弘扬科学家精神等。

4 我国科技“三评”政策文本存在的问题分析

4.1 政策类型过于集中

从国家层面有关科技“三评”的政策看，政策类型虽呈多元化特征，但主要为通知、办法和意见，相较于规定、条例、法等类型的政策而言，约束效力较弱，这类政策在具体落实和执行层面容易出现把控过于宽泛、与实际结合不够紧密的情况，导致指导意见无法得到有效落地，甚至出现“上有政策、下有对策”的替换性执行、“断章取义、为我所用”的选择性执行、搞“土政策”的附加型执行、“阳奉阴违”的象征性执行等各种乱象，致使政策的实际效果大打折扣，政策类型在保持类型丰富的基础上，亟待增加规范、条例与法等类型的政策供给。

4.2 政策内容体系待完善

在科技“三评”相关政策要素中，科研项目评估涉及面最广，其不仅与科研机构评估紧密相关，而且与人才评价也息息相关，相关政策文件多达18份。除项目评估评审外，针对科研机构评估的政策文件明显高于科研人员评估，说明以科研机构作为一个整体开展评估仍然是国家层面关注的重要基本单元，而专门针对科研人员评估的相关政策文件仅3份，与科研项目、科研机构评估要素相比较，差距较大。从政策内容也不难看出，有关人才评价的政策多涉及分类评价、突出品德、克服“四唯”等，在如何实现人才评价与项目评审、机构评估的有效衔接及体现科研“三评”政策的整体性和系统性上较为欠缺。多年来，我国科技“三评”的政策文件在层次、力度上还存在很多不足，科研机构对科技人才绩效评价、职称评审上更多的还是以科研项目、学术论文、科技奖项为主。此外，政策内容多以为科研机构、科研人员创造良性宽松环境为主，如增强科研机构与科研人员自主权等，缺少对其科研违规行为、科研不诚信及学术不端行为的惩罚等约束性政策，这也是科研诚信和学术不端事件多发的重要原因。

4.3 政策文本可操作性不强

当前，科技“三评”政策文本的类型绝大多数都是通知、办法、规定，其实质效力并不是很高，许多政策只是从宏观层面对科研“三评”工作给出指导性意见和措施，而并未对具体如何实施开展提供相应的细化政策。有关部门虽对政策内容进行了系统深入解读，但这些政策并不具备强制性和约束性，而且不同主体对政策的理解也会有差异。其次，现有针对科技“三评”的相关政策文本多次提及树立正确的评价导向和注重分类评价工作，强调规范论文指标使用、破除唯论文等相关举措及不允许将影响因子与奖励奖金挂钩等，但政策同时又鼓励发表高质量论文，强调同行评议在高质量成果考评中的作用，而如何界定高质量的标准并不明确。此外，现行的政策文本有关监督机制和奖惩机制的相关内容并不完备，尤其是惩罚相关政策工具的使用次数极低，这对于政策落实的质量及政策工具的有效使用都将产生不利影响。可见，现有政策虽然具有较强的宏观指导性，但显然不够细化，多数不具备可操作性。

4.4 配套制度和细化措施滞后

总体上，我国科技“三评”具体实施方面的法律法规布局依然欠缺。仅2006年科技部关于印发《科技部科技计划课题预算评估评审实施细则》（暂行）的通知、2006年科技部发布的《国家科技计划实施中科研不端行为处理办法（试行）》等少数政策以配套政策形式发布，使相关政策落实具有相应细化政策的跟进，但其关注点也集中于科研项目的经费使用与科研项目的组织实施环节中，对于机构评估和人才评价的关注较少。以《关于破除科技评价中“唯论文”不良导向的若干措施（试行）》为例，该文件中提及了强化分析评价考核导向，并对基础研究类与应用研究类科技活动的评价重点进行了描述，如针对基础研究类科技活动评价引入同行评议，重点评价代表作的学术价值与影响，但学术价值的确定不参考论文期刊影响因子，仅凭同行评议便做出判断，难免出现评审专家主观性影响而使评价结果不客观的情况。此外，对于应用研究、技术开展类科技活动，注重新技术、新工艺、新产品等形式的成果评价，与论文相比，其质量、贡献和影响的判断更为复杂，政策并未对此给出相应细则和标准。因此，相关政策规划的配套制度、实施细则及具体落地举措亟待出台。

5 对策与建议

当前，深入实施创新驱动发展战略，加快科技创新强国建设，进一步提升我国科技创新能力、完善国家科技创新体系已成为我国政府部门、科研机构和科研人员面临的重要任务。科研政策、人才政策、科技计划和创新环境是影响科研体系科学发展的关键性因素。当前，我国科研“三评”政策存在诸多现实问题，如权威性不够、针对性较弱及配套措施与细则的相对滞后等，表明我国科技“三评”相关政策仍有待改进优化。基于上述分析，本文提出以下几点优化对策建议。

5.1 协调运用多种政策工具

政府在利用政策工具进行宏观调控时，应充分发挥各种政策工具的特点，协调运用各类政策工具，这将有利于减少政策“碎片化”带来的不利影响，促进政策制定部门与评估实施主体间破除权责壁垒。政府出台的科技“三评”政策多以通知、办法、意见等基础性程度较高政策工具和推动构建良好科研氛围的环境型政策工具为主，其效能更多体现在管理层面和社会层面，如何扩大评估的社会影响，让更多不同层面的创新主体和社会公众认识、了解科技“三评”政策及提升其对科技“三评”工作的重视程度，迫切需要引导型和间接型政策工具的参与[13]。政府部门除提高激励奖励、扩大自主权等政策工具的使用比例，也应当注重政策工具的合理搭配，在现有的政策类型的基础上，增加科研机构评估和科技人才评价方面约束性政策工具供给，这将有利于政策工具结构更加合理，同时对深入推进科技“三评”的改革和创新也将大有裨益。

5.2 完善科技“三评”政策内容体系

通过政策文本分析可以发现，科技“三评”政策更多集中于科研项目的评估评审上，相关内容涉及科研项目的绩效评估、预算评估、行为准则等，贯穿于科研项目立项、项目检查、项目验收等全过程的管理，但专门针对科研机构评估和科技人才评价的相关法律规定还相对欠缺，如机构评价仅《中央级科研事业单位绩效评价暂行办法》和《关于促进新型研发机构发展的指导意见》，人才评价则仅《人力资源社会保障部关于改革完善技能人才评价制度的意见》和《关于分类推进人才评价机制改革的指导意见》，其他相关性内容则主要出现在综合性评价指导意见中，如在《科学技术评价办法》（试行）的通知中，仅第28条“突出国家目标与科学发展目标的有机结合，以科学前沿的原始性创新和集成性创新、对国家重大需求的潜在贡献以及优秀人才培养为评价重点”提及科技人才评价。因此，应当增加针对科研机构和科研人才评估的政策供给，进一步完善科技“三评”政策体系。此外，在科技“三评”的实施主体方面，建立公正合理的评估程序和评估标准是科技评估机构的首要任务，但当前国内科技评估机构多依附于评估委托者，独立性不强，其评估科研机构、科研项目和科技人才的结果也容易受到质疑。因此，政府部门还应当出台相应政策以促进第三方评估机构的健康发展，增强其独立性[14]。

5.3 增强政策工具可操作性

科技“三评”政策文本多从宏观层面对科技“三评”工作提出指导性意见和导向性措施，对于如何建立科学的评价规则及在实施层面如何科学制订标准、指标及办法并未给出详细解释，缺少配套性政策的跟进或补充，导致这类政策的可操作性不强。如2020年出台的《科学技术活动违规行为处理暂行规定》，对机构、工作人员、科研人员、评审专家、第三方机构或人员等不同主体的违规行为和情形进行了细分，并给出了针对科技活动各类违规行为的10条处罚措施，但只提出多数处罚仅“视违规主体和行为性质”而定，并未给出具体违规行为严重程度的判定标准及其对应何种类型的处罚。因此，政府应进一步协调不同政策工具的使用比例，优化各政策工具内部结构，提高政策的靶向精准度。首先，要完善科技评估法律法规，以国家法律的形式保证科技评估的效力，为科技评估活动的发展提供法律依据和保障[15]。其次，进一步细化各类型政策工具的目标规划、法律管制和策略措施等具体实施步骤和执行方案，通过制定实施细则和时间节点保证各项政策措施的落实到位，同时健全和完善相应的配套政策体系，提高政策目标的可度量性和政策措施的可操作性，做到目标可考核、措施可操作[16]。

5.4 提升政策工具的系统性和实质效力

在当前的体制下，科技管理部门不仅是政策的制定者，更是评估的决断者。因此，首先我们迫切需要第三方科技评估机构来改变当前科技决策、立项、组织和评估不分家的做法，进一步完善我国科技评估体系。其次，我国科技“三评”政策的制定者包括中共中央办公厅、国务院、科技部、教育部、发展改革委、财政部、工程院、自然科学基金委、人力资源社会保障部等多个部门，但每项政策工具都有特定的调节对象，有着各自的功能、效果、时间、范围和依存条件，各政府部门应当明确其在科技“三评”政策体系中的位置与职能定位，将相关工作进行细化并聚焦到具体实施上[17]。此外，要促进各机构、部门间的有效协调沟通，形成由中共中央办公厅、国务院、科技部、发展改革委、教育部、财政部、人力资源社会保障部及地方各级政府的协同机制，加强跨部门交流协作，使不同部门之间政策目标一致、政策措施相互配合[18]，在提高政策工具选择使用的合理性与系统性的同时，也可以提高政策工具的执行力和实施效力。

5.5 增加利益相关者参与政策制定的话语权

政府在科技“三评”政策制定中一直发挥着主导作用，通过各类型政策调控评价工作的实施，进而实现政策意向，这种方式虽有利于政策的系统性和整体性推进，但必须建立相应的机制赋予集权体制以提高治理效率，充分引入政策相关利益主体参与到政策制定的过程中。这样虽然会削弱政府对政策的宏观调控能力[19]，但将增强政策的适应性预期和制度网络的自我强化效应，同时也将有助于改变政策制定的原有路径，增强政策改革的动力[20]。近年来，国家多次提出扩大高校和科研院所科研相关自主权若干措施，减少高校、科研院所及企业研究部门对政府主导的相关政策路径过度依赖，使其在政策制定中的参与度与话语权得以增加，减少行政命令使用的过溢现象[21]。在此背景下，政府应当进一步简政放权，加强对高校、科研院所、企业、科研人员等利益相关方的政策诉求的关注程度，并积极吸纳各方参与到政策制定中来，为科技“三评”政策的制定注入新活力、新血液。

参考文献

[1] 谭春辉，谢荣，刘倩. 政策工具视角下的我国科技评估政策文本量化研究 [J/OL]. 情报杂志，2020，39 (10)：181-190.

[2] 杨飞，樊一阳. 中外科技评估制度比较研究 [J]. 科研管理，2016，37 (S1)：652-658.

[3] 黄建国，吕郦慷. 日本科技评估制度的特征及其对中国的启示 [J]. 中国科技论坛，2007 (4)：135-137.

[4] 庞宇，崔玉亭. 日本的政策评估体系和实践及其对中国科技评估的启示 [J]. 中国科技论坛，2012 (3)：148-155.
[5] 崔紫晨. 日本科技评估政策发展及其启示 [J]. 科技导报，2016，34 (4)：78-80.
[6] 代霄彦，郑慧莹. 俄罗斯高校科研评估政策及启示 [J]. 中国高校科技，2015 (10)：69-71.
[7] 常文磊. 英国科研评估制度（RAE）对改进我国哲学社会科学评价的启示 [J]. 黑龙江高教研究，2012，30 (10)：4-7.
[8] 刘娅. 英国高等教育系统科研评估制度最新改革及评鉴 [J]. 科技进步与对策，2013，30 (15)：150-156.
[9] 夏婷，宗佳. 法国科技评估制度简析及对我国的启示 [J]. 学会，2018，354 (5)：46-50.
[10] 田进，谢长青. 中国农业科技创新政策文本：基于政策工具：科技创新链的二维分析框架 [J]. 科学管理研究，2018，36 (3)：75-79.
[11] 李一亨，包国宪. 基于文本分析的我国游戏产业政策研究 [J]. 西北民族大学学报（哲学社会科学版），2018，223 (1)：94-102.
[12] 张镧. 湖北省高新技术产业政策研究（1978—2012）：政策文本分析视角 [D]. 武汉：华中科技大学，2014.
[13] 侯小星，香小敏，高燕，等. 试论科技评估标准化过程中应处理好的几个重要关系 [J]. 科技管理研究，2017，37 (15)：62-67.
[14] 黄崇江，刘霞. 科研院所科技评估体系的实证分析探讨 [J]. 科研管理，2018，39 (S1)：57-60.
[15] 康捷，袁永，邱丹逸. 日本科技创新政策评价制度建设经验及启示 [J]. 特区经济，2018 (6)：47-50.
[16] 严云鹰，陈菲. 政策工具视角下我国公立医院改革政策分析 [J]. 中国医院管理，2020，40 (8)：9-13.
[17] 何振宇，白枚，朱庆华. 2013—2017 年我国养老政策量化研究 [J]. 信息资源管理学报，2019，9 (1)：21-29.
[18] 潘丹，唐静，杨佳庆，等. 1978—2018 年中国农村环境管理政策演进特征：基于 206 份政策文本的量化分析 [J]. 中国农业大学学报，2020，25 (6)：210
[19] 潘懋元，朱乐平. 高等职业教育政策变迁逻辑：历史制度主义视角 [J]. 教育研究，2019，40 (3)：117-125.
[20] 周光礼. 公共政策与高等教育 [M]. 武汉：华中科技大学出版社，2010.
[21] 李运华，王滢淇. 新时代我国职业教育政策分析：基于政策工具视角 [J]. 教育与经济，2018，143 (3)：24-30.

新冠肺炎疫情对我国铁路运输业的影响

陈佳宇，张素娟，郭建伟，燕娜

（北京市科学技术情报研究所　北京　100044）

摘要：全国范围内暴发的新冠肺炎疫情给各行各业带来了巨大的影响，为分析疫情对我国铁路运输行业带来的影响，本文在近六年我国铁路旅客运输量和铁路货物发送量发展近况的基础上，分析了新冠肺炎疫情对我国铁路运输业的影响，并结合疫情期间铁路行业防控措施，对铁路行业应对突发事件给出一定的建议。

关键词：新冠肺炎疫情；铁路运输；客运量；货运量

1　引言

2020年初随着新冠肺炎疫情在湖北省武汉市的暴发，为防止疫情进一步扩散，随着武汉市宣传无特殊原因，不能离开武汉的“封城”政策后，湖北省先后多个地区也采取了相关措施，其火车站、长途汽车站、机场等出行通道均暂时关闭[1]。武汉是我国大型的交通枢纽站，路网辐射大半个中国，是国内水陆空交通枢纽的核心区，素有“九省通衢”之称[2]，武汉铁路局的这一措施直接导致了全国大部分城市全部或部分交通封锁，并严重影响了国家铁路运输的正常运营与人员、物资的有序流转。

2020年全国铁路投产铁路新线4 933 km，其中高铁2 521 km。截至2020年底，全国铁路营业里程达到14.6万km以上，其中高铁3.8万km[3]。年运送旅客36亿人，铁路作为大众化交通工具，成为人们出行的首选。铁路车站及铁路列车具有人员动态变化大、人员结构复杂、人口密度大等特征，是疫情防控时期的重点关注区域。同时，列车空间相对狭小，空气质量、微小气候等对疫情的发生和传播都可能起到一定的促进作用。因此，做好站车和旅客防控工作，阻断疫情通过铁路传播，对于全国疫情控制工作具有十分重要的作用[4]。疫情暴发后，按照党和国家的部署，全国各地迅速采取了各种类型的措施[5]。铁路春运高峰期间暴发的新冠肺炎疫情突发事件，给铁路运输业带来了一定的影响，对全国范围内的铁路客、货运输都产生了一定程度的影响。

2　近六年我国铁路运输业发展近状

2.1　铁路旅客运输量持续稳定增加

随着近几年我国铁路事业的快速发展，铁路时速的提高，高铁覆盖面的扩大，人们的出行习惯也不断发生改变，铁路逐步成为我国旅客出行的主要交通方式。图1为2015—2020年全国铁路旅客运输量及增长速度。在过去的六年内，除2020年外，铁路旅客运输量持续保持较高水平稳定增加，平均铁路旅客运输量增长率为9.18%。在2015—2019年期间，

2015 年比上一年同比增加最低，增加率为 7.5%；2016 年比上一年同比增加最多，增长率为 11.0%。全国铁路旅客运输量在 2019 年超过 36.60 亿人，对比 2018 年旅客运输量增加超过 2.85 亿人，同比增长 8.5%。此外，全国铁路旅客周转量也保持稳定的增长（见图 2），同年度的铁路旅客周转量增长速率稍微低于旅客运输量。全国铁路旅客周转量在 2019 年达到 14 706.64 亿人 · km，较 2018 年递增 560.06 亿人 · km，同比递增 4.0%。2020 年全国铁路旅客运输量达到 22.03 亿人，比上一年减少了 14.57 亿人，下降了 39.8%。2020 年全国铁路旅客周转量完成 8 266.19 亿人 · km，比上年减少 6 440.45 亿人 · km，下降 43.8%，如图 2 所示。

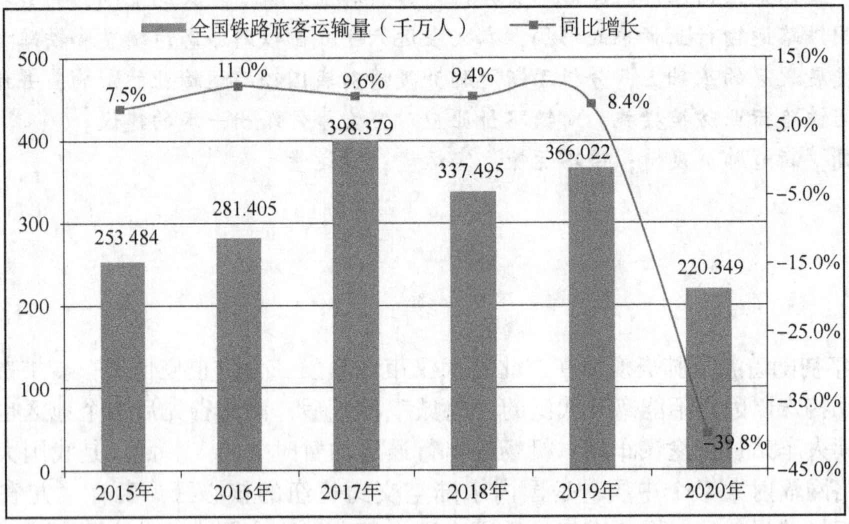

图 1　2015—2020 年全国铁路旅客运输量及增长速度

（数据来源：国家铁路局）

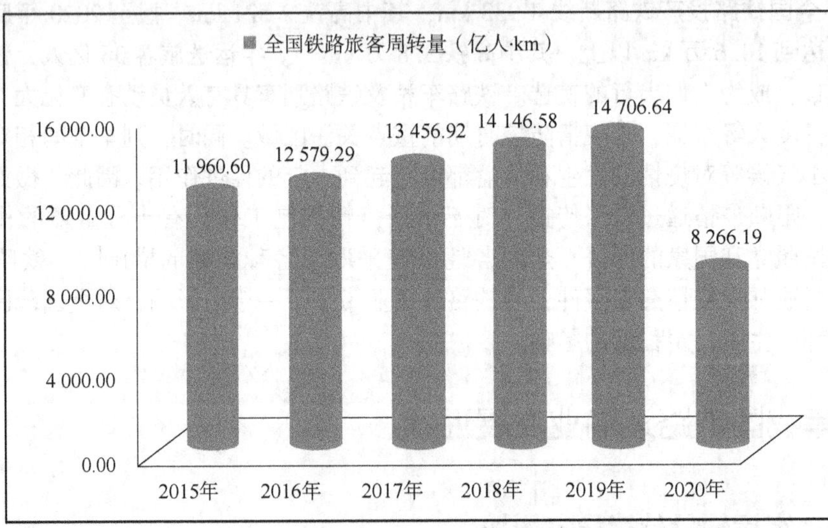

图 2　2015—2020 年全国铁路旅客周转量

（数据来源：国家铁路局）

2.2　铁路货物发送量逐年变化明显

2015—2020 年期间，铁路货物发送量逐年变化很明显，与保持持续稳定递增的铁路旅客运输量不同的是，铁路货运处于“动荡期”。我国铁路货运总发送量在2015年为33.58亿t，对比2014年下降达11.9%，创下中国铁路货运有史以来最大跌幅纪录。面对铁路货运下跌势头的动荡，货运改革势在必行。受政策环境影响，2015年和2016年货运发送量较上一年均出现下降，铁路货运发送量呈负向增长态势。2016年铁路货运总发送量约33.32亿t，为近六年内铁路发送量的最低值；2016年以后铁路货运发送量开始逐步回升，到2017年达到38.69亿t，对比过去的2016年增长10.7%，年增长率达到近六年最高峰。在新政策的带动下，铁路货运业逐步开始回温，截止到2019年铁路完成货物发送量达到44.12亿t，对比上一年增长7.2%。

与铁路货运发送量不同的是，在近六年内铁路货运周转量处于缓慢递增的发展态势，2015年全国铁路货运总周转量为近六年最低值，总周转量为23 754.31亿t·km；2019年全国铁路货运总周转量为30 217.36亿t·km，较2018年增加1 289.52 t·km，增长4.5%；2020年全国铁路货运总发送量完成45.52亿t，比上年增加1.40亿t，增长3.20%；全国铁路货运总周转量完成30 514.46亿t·km，比上年增加297.10亿t·km，增长1.0%。

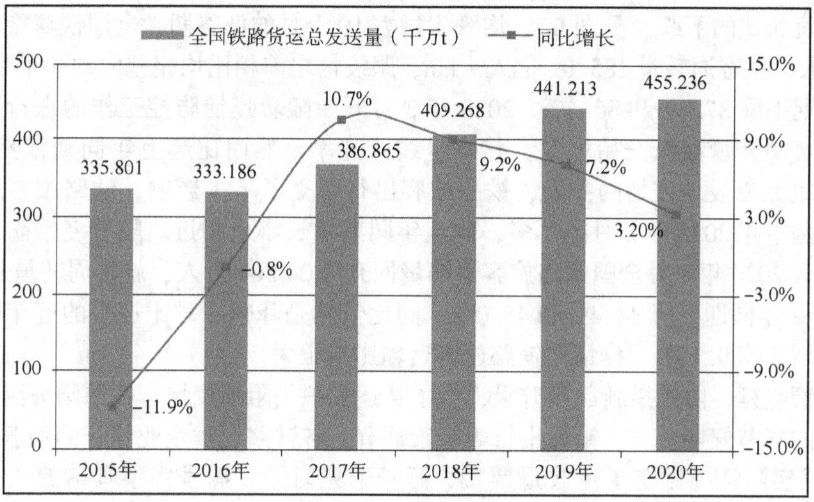

图3　2015—2020年全国铁路货运总发送量及增长速度

（数据来源：国家铁路局）

图4　2015—2020年全国铁路货运总周转量

（数据来源：国家铁路局）

3 新冠肺炎疫情对铁路运输业的影响分析

3.1 铁路旅客运输遭受重大冲击

2019 年 12 月疫情暴发初期，铁路客运行业并未受到较大影响，与无疫情影响的 2019 年 11 月一样，铁路旅客运输量和旅客周转量均处于递增期，较上年同期递增了 4.50%（见图 5）。2020 年 1 月随着中国新春佳节的临近，铁路客流原本进入高峰期，然而随着 2020 年 1 月 20 日新冠肺炎疫情开始暴发，为了全面配合各地方政府的疫情防控工作，2020 年 1 月 24 日开始国家铁路局推出铁路免收退票费政策，很多人取消了当年春节的出行计划，旅客发送量比上年同期下降了 4.3%。

铁路运输客流大、车站人员密集等因素增加了群众对选择铁路出行可能感染疾病的恐惧，2020 年 2 月伴随着春运的到来，往年同期原本应该处于峰值的铁路旅客运输量和旅客周转量出现跳跃式的下跌（见图 6），均跌入过去 10 个月的低谷期，全国铁路旅客运输量仅有 3 723 万人，旅客周转量 185.09 亿人 · km，跟疫情之前相比均相差大约一个数据级的量，比上一年同期下降 87.2%和 86.4%。2020 年 3 月开始随着疫情防控工作的进行，铁路旅客运输量和旅客周转量渐渐开始恢复，整体呈线式递增，然而比起上年同期依然呈负增长。2020 年 6 月北京新发地疫情的突发，铁路旅客出行量受了不少影响，铁路旅客运输量和旅客周转量上基本跟 2020 年 5 月差不多，比上年同期增长率也相近。随着疫情防控工作的不断进行，进入 2020 年 8 月全国铁路旅客运输量回升为 24 864 万人，旅客周转量 911.74 亿人 · km，比上一年同期下降 34.4%和 45.0%，同比依然是降幅。对比过去的五年内平均铁路旅客运输量增长率 9.18%，疫情对铁路旅客运输影响很大。

随着疫情蔓延，防控措施逐步升级，为了从运输源头阻断疫情，按照国务院及各地方政府紧急出台的春节假期延长、错峰出行等政策部署，各铁路运输企业停开的列车较多，铁路 12306 也根据实际情况制定了免收退票费、延长退票时限、隔号售票等措施。疫情暴发之后，铁路旅客运输遭受重大冲击。

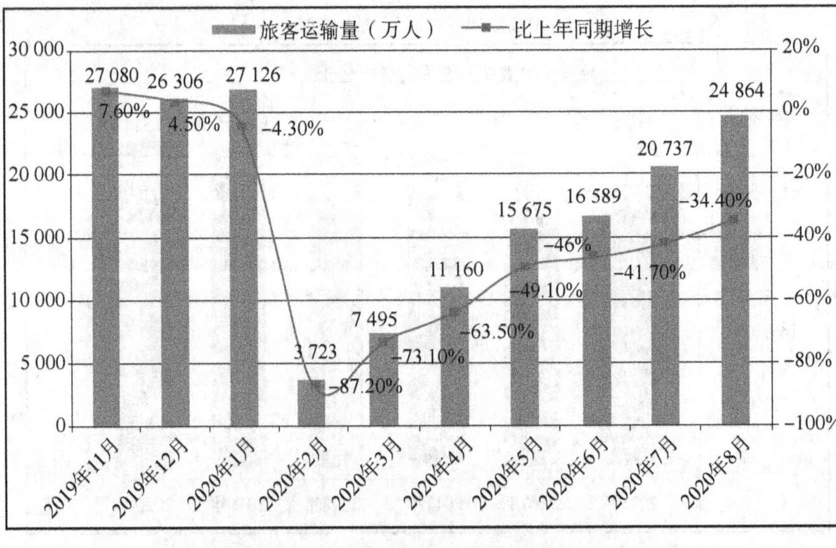

图 5 疫情暴发前后我国铁路旅客运输量及其增长量

（数据来源：国家铁路局）

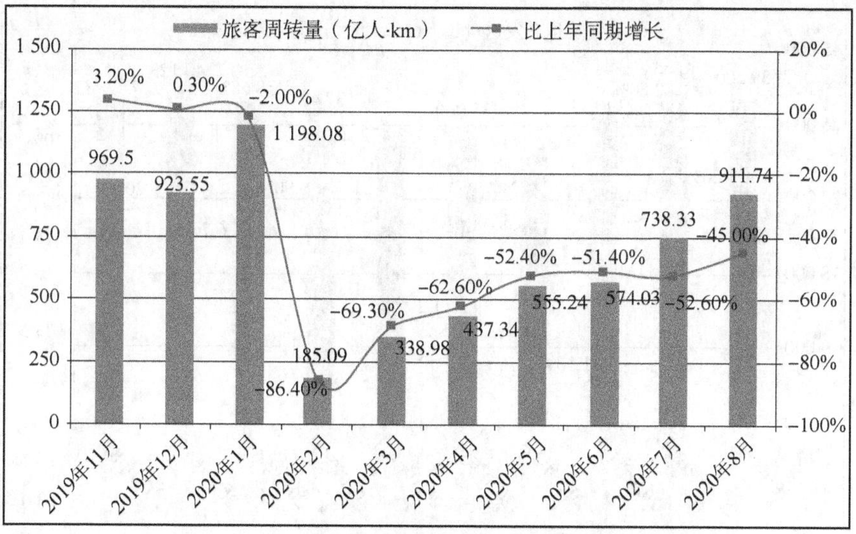

图 6　疫情暴发前后我国铁路旅客周转量及其增长量

（数据来源：国家铁路局）

3.2　铁路货物运输受影响较小

如图 7 所示，2019 年 12 月疫情暴发初期，我国铁路货运总发送量为 39 996 万 t，比 2018 年同期递增 12.8%；2020 年 2 月疫情全面暴发期，铁路货运总发送量达到近 10 个月内最低值 32 243 万 t，比上年同期增长 5.70%；2020 年 7 月铁路货运总发送量达到 40 123 万 t，比 2018 年同月份增长 6.70%；铁路货运总发送量分别在 2019 年 12 月、2020 年 2 月与 2020 年 6 月呈现三个小高峰，较上年同期增长值分别为 12.8%、5.7%和 6.9%；在 2020 年 1 月和 2020 年 4 月达到最低峰，较上年同期下降 1.10%和 2.60%，其余月份铁路货运总发送量比上年同期增长值均为正值，较上一年同期铁路货运总发送量均有所递增。

如图 8 所示，2019 年 12 月疫情暴发初期铁路货运总周转量为 2 763.03 亿 t · km，较上一年同期涨幅 10.0%，是当时近 10 个月内铁路货运总周转量的最大值；2020 年 2 月疫情全面暴发期铁路货运总周转量达到近 10 个月内最低值 2 121.94 亿 t · km，比上一年同期递增 3.70%；铁路货运总周转量在 2019 年 12 月、2020 年 2 月和 2020 年 6 月出现三个最高峰，比上年同期增长值分别为 10.0%、3.7%和 6.4%；在 2020 年 1 月和 2020 年 4 月出现两个最低峰，比上年同期下降 3.3%和 10.2%。此外，2020 年 3 月和 4 月铁路货运总周转量比上年同期增长值也为负值，分别下降了 5.1%和 2.4%。

受疫情的影响，工人无法按时返工，企业减产或延迟复工，服务业、制造业、基建业等基本完全停工，这导致物资需求大额度下跌，货运运输有显著的减少。在总需求减少的同时，粮、油、肉、蛋、蔬菜等生活必需品运输需求具有一定刚性，运输规模仍保持基本稳定[6]。为应对疫情，防疫物资运输需求明显增加，铁路部门开启了防疫物资运输的绿色通道，各地捐赠的食品物资及其他生活保障类的物资，都是通过铁路部门的运输顺利抵达各个地方。

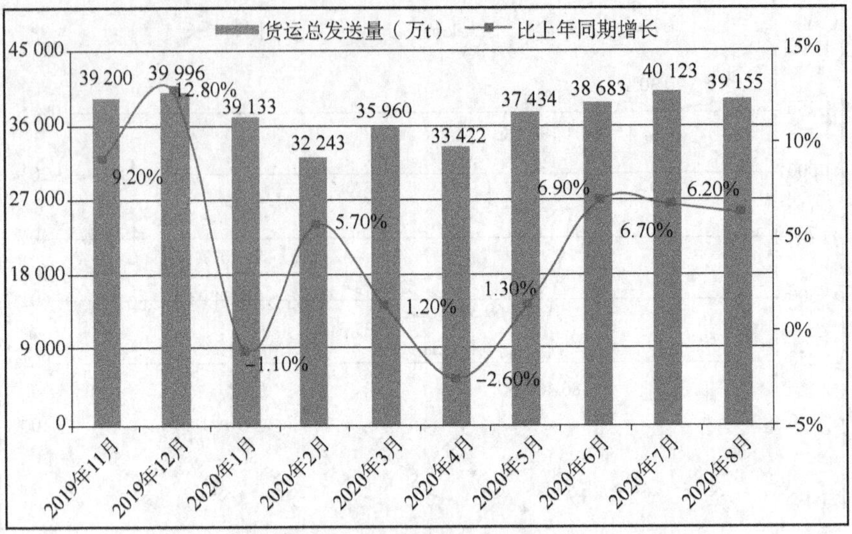

图 7　疫情暴发前后全国铁路货运总发送量及其增长量

（数据来源：国家铁路局）

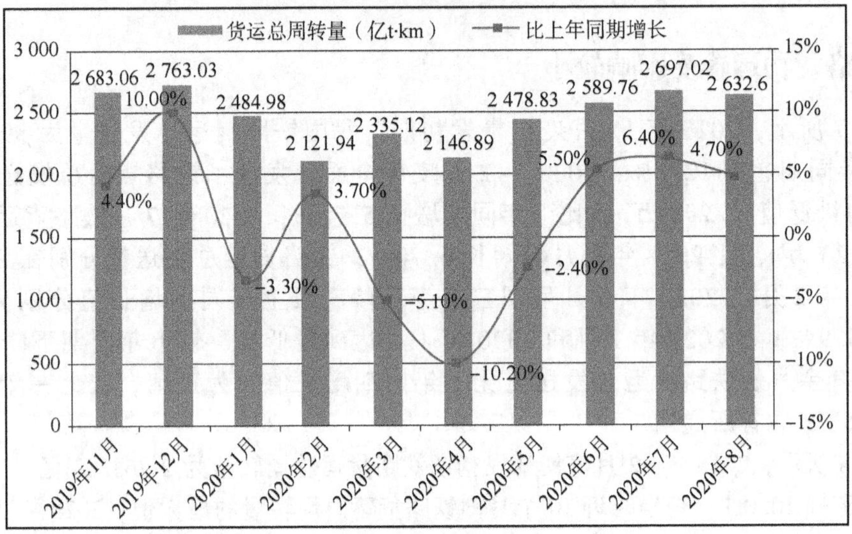

图 8　疫情暴发前后全国铁路货运总周转量及其增长量

（数据来源：国家铁路局）

4　铁路部门在新冠肺炎疫情防控中采取的措施

铁路作为目前社会普及度最高、公众需求量最大的交通方式，在疫情暴发后，根据政府相关部门对此次疫情做出的强力部署，铁路部门也按照疫情类型及发展情况给出了防控措施，配合相关省市暂停当地火车站列车的通行，比较有代表性的是武汉铁路局暂停湖北省内列车的始发和中转服务，陆续也停运了越南和蒙古等国间的国际铁路。此外，别省市地方铁路局配合疫情防控工作的开展需要，根据当地疫情和始发列车到达地疫情的防控等级情况暂停了部分列车。对于列车取消造成的退票问题，铁路部门前后五次推出免费退票和延长退票期限，最大限度地保证旅客的经济利益不受损害。

在铁路售票方面，增加了手机号码的必填项，便于后期旅客信息的及时跟踪；采取分散售票方式，隔座售票，不卖无座票，旅客到座率维持在50%左右，减少旅客的聚集性。在旅客进站和出站指定位置处设立了测温仪，对旅客进出站进行了智能测温，同时在地面标记了一米间隔线，提醒旅客相互之间保持安全接触距离，最大限度地减少旅客聚集[7]；大型火车站的快速进站口均进行了关闭，旅客均采集统一指定通道进出站；利用电子显示屏、周围广告栏和广播等向旅客宣传防疫相关知识及铁路防控措施；火车站进站安检和列车安检处均设有消毒用品，便于工作人员和旅客随时进行消毒，加强车站和列车的卫生管理，确保旅客出行安全。在行车服务方面，列车上的旅客间隔就座，食品供给采取送餐服务，减少旅客在车厢内的走动；每趟列车都预留了部分席位作为隔离区，列车出发以后乘务员会逐一进行测温，一旦发现发热旅客立即就近与其他旅客隔离开来，到站之后移交当地防疫部门。

5 结论及建议

铁路春运高峰期间暴发的新冠肺炎疫情，给铁路运输业带来了一定的影响，对铁路客运影响较为明显，而对铁路货运的影响不是很大。疫情暴发的第一时间，铁路部门配合各地政府部门做好铁路防控工作的同时，开启了防疫物资运输的绿色通道，同时对铁路工作人员的危机管理能力提出了要求。因此，应强化铁路运输相关人员的危机管理相关知识的学习和培训，为突发事件的处理预留足够的人力资源。

铁路部门在面对社会重大突发事件时的快速响应和合理部署，在疫情防控时期发挥了重大作用。铁路由于自身的特点，受公共事件的冲击影响很大，任何自然灾害、恐怖事件、传染病等危机均会给局部甚至整个铁路行业带来一定的影响。突然暴发的新冠肺炎疫情就像一块“验金石”，考验我国铁路行业统一协调危机管理事件的能力。快速准确分析和预估突发事件对铁路客运和货运的影响，是应对突发事件的有力保障。

参考文献

[1] 周健. 新冠肺炎疫情对交通运输行业的影响及政策建议［J］. 交通运输研究，2020，6（1）：13-18.

[2] 叶文卓. 打造九省通衢：武汉铁路枢纽的发展与展望［J］. 铁道知识，2010（1）：34-37.

[3] 国家铁路局. 2020年铁道统计公报［R］. 2021-04-13.

[4] 孟醒. 浅谈疫情防控工作对铁路运输部门的要求［J］. 中国地方病防治杂志，2020，35（3）：300.

[5] 李燕霞，丁芝华，欧阳斌，等. 新冠肺炎疫情对交通运输法规制度体系建设的影响及对策［J］. 交通运输研究，2020，6（1）：58-66.

[6] 孙闻鹏. 新冠肺炎疫情对河北省交通运输行业影响分析［J］. 交通与运输，2020，36（4）：96-100.

[7] 陈萍. 新型冠状病毒肺炎疫情对厦门交通运输业的影响和对策［J］. 物流科技，2020，43（5）：102-103.

基于大数据交互的安全研究

——举例"船只"

郭建伟[1,2]，燕娜[1,2]，陈佳宇[1,2]

（1. 北京市科学技术情报研究所 北京 100044；

2. 网络密码认证技术北京市重点实验室 北京 100044）

摘要： 随着我国水路运输行业的不断发展，水路物流已经成为我国的重要经济组成环节。为了提高水路运输过程智能化，提高我国水路运输的管理能力，采用互联网技术和物联网技术提升航运船舶的监管能力具有重要意义[1]。本文介绍了一种船用物联网的基本组成，并针对船用物联网中的信息安全问题进行研究，介绍船用物联网的信息加密技术，设计船用物联网的信息安全传输模块。

关键词： 船用物联网；信息安全；加密技术

1 前言

我国水路运输包括内河航运和海上航运，其中我国内河航运具有得天独厚的资源，黄河和长江流域自古以来就是我国重要的水路运输和商品贸易通道，促进了我国内部的经济发展。改革开放以来，我国的经济发展模式从内向型经济向外向型经济转变，与世界其他各国的商品贸易逐渐增加，我国也成为世界上进出口贸易大国。水路运输是我国交通运输体系的重要环节，也是我国经济发展的支柱产业，提高水路运输的综合管理水平具有非常深远的意义。

船联网是指将物联网技术应用于船舶航运场景中，结合射频识别、传感器等技术，对水路运输过程的船舶、集装箱、港口、航线信标等对象的属性进行设置，构建智能化的水上运输交通网络。船用物联网有助于提高航道的通信效率，保障船舶的航运安全，具有重要的经济价值。

2 业务实现

2.1 业务需求

目前船只运营数据管理中心管理的船只近 3 000 艘，管理的船只信息有两组。一组信息是由船只企业负责输入到船只终端设备里，设该组信息为数据 1。数据 1 包括：起运地点及码头、船只的吨位和运力、运货物品内容、起航时间、到港地点及码头等。另一组信息是船只从全球定位系统（GPS）或北斗卫星定位系统接收到的并被发送至船只运营数据管理中心平台的信息[2]，设该组信息为数据 2。数据 2 包括：（采集数据的）时间、（船只航行）速度、航向、经度和纬度等。

2.2 设备及用途

在每艘船只上都安装了船只卫星定位系统和船只终端设备。船只卫星定位系统负责实施采集本船只的定位数据，如：（采集数据的）时间、（船只航行）速度、航向、经度和纬度等[3]。船只终端设备将卫星定位系统采集的船只定位数据实时发送给船只运营数据管理中心。当船只起航时，船长指示船员将已经输入到终端的船只信息，即起运地点及码头、船只的吨位和运力、运货物品内容、起航时间、到港地点及码头等，通过人工操作按钮，启动数据发送系统，将数据发送给船只运营数据管理中心。

2.3 数据格式及现状

船只运营数据管理中心接收到的两组数据的格式都是固定的：一组由人工输入终端并在船只起航时，被发送到船只运营数据管理中心；另一组由船只的卫星定位系统在航行途中实时采集并被实时发送给船只运营数据管理中心[4]。

这两组数据现在都是以明文的形式传输给船只运营数据管理中心，其中：数据 1 仅被发送一次，数据 2 的发送频率为 2.5 次/min，即：船只每航行 200 m 就接收一次卫星定位系统的数据，并发送一次定位数据给船只运营数据管理中心，其中船只航行的速度是 30 km/h。

2.4 安全需求

将两组数据加密成密文传输，并进行数据签名和完整性验证，保证传输的数据可信和不可抵赖，同时保证数据传输的机密性，对船只进行认证识别，确认船只设备是否完好[5]。

3 解决方案

3.1 安全解决方案原则

每艘船只每分钟需要完成 5 次数据完整性验证和数据解密“任务”，3 000 艘船只每分钟就需要完成 15 000 次数据完整性验证和数据解密“任务”。另外，若每 10 min 对一艘船只进行认证识别，则每分钟就需要完成 300 次船只认证识别“任务”。总之，在船只运营数据管理中心平台端，每分钟需要并发处理 300 次船只认证识别任务，同时，需要完成 15 000 次数据完整性验证和数据解密“任务”[6]。

3.2 技术方案

船只物联网安全系统由船只终端安全系统和认证中心端安全系统两部分组成，架构如图 1 所示。

在船只终端嵌入一块安全芯片，在安全芯片里存储对称密码算法、船只认证识别协议、数据签名协议、数据加密协议、对称密钥生成算法、密钥种子（生成密钥的“基”）数据和船只的标识及企业信息等。船只终端设备通过连接安全芯片调用安全协议来实现船只终端的设备认证、上传数据的数字签名/数据加密[7]。

如图 1 所示，在船只运营数据管理中心平台端建立认证中心，它由日志/密钥管理一体

图 1　船只物联网安全系统架构图

机、认证一体机等组成。在物联网认证中心，存储全体船只用户的标识及企业信息，并以密文形式存储每艘船只用户标识对应的密钥种子数据等，并在物联网认证中心的几百块安全芯片里存储对称密码算法、船只认证识别协议、数据签名协议、数据解密协议和组合密钥生成算法等。物联网认证中心端实现对船只终端的设备认证识别、数据的签名验证/数据解密功能及密钥管理和日志管理功能。

在船只运营数据管理中心平台上部署有数据转发模块，该模块是船只终端数据收发系统和物联网认证中心之间沟通的桥梁，负责将船只终端上传的需要进行安全操作的数据转发到物联网认证中心，物联网认证中心再将对三个安全协议的处理结果返回给船只运营数据管理中心，如图 2 所示。

图 2　船只物联网安全功能流程图

物联网认证中心为监测船只是否正常工作，在船只终端设备里需要预先设置定时向物联网认证中心提交认证识别信息，即终端多长时间提交一次认证识别信息，以证明该船只在正常运行。在进行认证识别时，船只终端设备通过部署在终端上的安全芯片，产生一次一变的认证码，并通过传输芯片将认证码提交到船只运营数据管理中心，再由船只运营数据管理中心转发给物联网认证中心。物联网认证中心执行对船只终端的认证识别操作，并记录日志，返回认证识别的结果到船只运营数据管理中心。

船只终端设备在发送数据给船只运营数据管理中心前，首先将数据输入到与终端连接的安全芯片里，安全芯片中的数字签名协议和加密协议对数据进行数字签名和加密，并通过船只终端的传输芯片将数字签名、数据密文提交到船只运营数据管理中心，船只运营数据管理中心再将其转发给物联网认证中心，最终由物联网认证中心执行数字签名验证/数据解密操作，并记录日志，返回结果到船只运营数据管理中心。

物联网认证中心会对船只的认证识别情况进行记录。在船只运行期间，物联网认证中心会对该船只的认证识别情况记录进行定时审计。如果船只超过规定时间没有发送认证识别信息，或者发送的数据不合法，物联网认证中心会发出报警信息，提醒用户有船只发生异常情况，并显示出异常船只的列表。用户可以根据显示的异常船只列表查询异常船只的运行轨迹和发生异常的地点，从而采取应急措施。

4　船只物联网管理需要安全系统的必要性

在世界各地的船只起航时，需要将重要的信息（包括起运地点及码头、船只的吨位和运力、运货物品内容、起航时间、到港地点及码头等）传输给船只运营数据管理中心。同时，当船只起航后，每航行 200 m 也需要将船只的重要卫星定位数据（包括卫星定位的时间、航行速度、航向、经度和纬度等）传输给船只运营数据管理中心。但是，这些重要数据如果让敌对组织（或海盗）截获，敌对组织就能提前获取船只的情报，如：船只所运货物内容和吨位、船只所在地点和码头、船只起运具体时间和到港地点及码头，并实时了解到船只的航线和速度，这样敌对组织就能根据可靠情报有针对性地进行提前准备，对船只实施有效攻击。因此，船只物联网信息的安全十分重要，必须保证船只发送到船只运营数据管理中心的数据可靠、完整和保密，杜绝如此重要的物联网数据在无线传输过程中“裸奔”[8]。

5　总结

本文研究的安全解决方案能保证每艘船只发送到船只运营数据管理中心的数据可靠、完整和保密，同时，保证一旦有船只的终端设备出现问题，船只运营数据管理中心在第一时间能够收到警告信息。

参考文献

[1] 赵悦品，孙洁丽. 船用物联网中的信息安全传输系统［J］. 舰船科学技术，2020，42（20）：202-204.

[2] 王雍，张舒黎，石元兵，等. 北斗高精度数据传输安全研究［J］. 通信技术，2020，53（9）：2245-2251.

[3] 王晓鸣. 一种船载双模海洋数据卫星传输系统的设计与实现 [D]. 长沙：国防科技大学，2018.

[4] 陈红齐，吴益新. 北斗导航及 GPS 技术在航海定位中的应用 [J]. 设备管理与维修，2019（12）：225-227.

[5] 王方年，杨晓明. 基于数字签名的实时数据流认证方法研究 [J]. 计算机安全，2014（6）：2-5.

[6] 秦志光，吴世坤，熊虎. 云存储服务中数据完整性审计方案综述 [J]. 信息网络安全，2014（7）：7-12.

[7] 徐冠宁，赵桂芬. 基于“垂直认证”的区块链安全解决方案 [J]. 网络安全技术与应用，2020（7）：10-13.

[8] 王立坤. 物联网中安全数据融合技术研究 [D]. 南京：东南大学，2015.

"一带一路"科技创新行动计划下的我国电力行业发展战略研究

薛菲[1]，翟杨[2]

(1. 华电重工股份有限公司　北京　100070；

2. 北京市科学技术情报研究所　北京　100044)

摘要：自习近平提出共建"一带一路"倡议后，我国开创了全方位对外开放的新格局，电力行业也在重点推进与沿线各国的国际合作，寻求对外开拓海外市场、对内开放本地市场的发展新策略。本文概述了我国电力行业的发展历程，分析了"一带一路"背景下电力行业的发展机遇，包括政策导向倾向于发展绿色能源、国际进出口市场、跨国项目促进科技创新共同发展等；同时，也指出了"一带一路"背景下电力行业发展中存在的人才储备、科研投入、运行机制、合作经验等方面的不足。在"一带一路"科技创新行动计划的指引下，电力行业应尽快调整对外合作的战略布局和发展思想，构建国际化创新型人才体系，重视研发新能源，推动电力体制改革，采用本地化运营模式，在各国政策、标准、技术差异化的现状下探索求同存异的共同发展模式。

关键词："一带一路"；科技创新；电力行业

1　我国电力行业发展概况

电力工业作为基础性、公用产业，与我国的经济、社会、民生有着密切关系。我国政府不断通过政策导向推动电力体制改革。1997 年，电力行业开始出现改革的苗头，国家电力公司成立，实施"政企分开"。2002 年，"电力体制改革方案"正式开启改革，实施"厂网分开"。2003 年，尝试"政监分开"。2012 年，《关于 2012 年深化经济体制改革重点工作的意见》中再次提出"深化电力体制改革"后相继出台多项政策，大力推进新一轮电力体制改革，积极推进以市场为主导配置资源，支持清洁能源、分布式能源的建设，使电力行业走向稳定发展。

21 世纪以来，在我国坚持走"四化"道路的指引下，电力产业进入了较高增速发展阶段。2010 年以后工业化进程加快，"十二五"能源规划对能源结构进行了定位，提到在保持煤炭主体地位的同时要大幅提高水电、风电、生物质能、核电、太阳能生产规模。2012 年以后，煤炭价格受供需情况影响持续下跌，电力行业抓住有利的发展时机，从追求体量大向探索技术强的道路发展。2013 年，中国已取得了继电网、发电量、风电装机规模、发电装机容量等多项世界第一，电力行业已进入世界领先行列。

随着全球能源结构的不断变化，电力行业也在世界趋势和国家引导下不断调整发展策略。2014 年，习近平提出了要开展推动能源消费、能源供给、能源技术、能源体制改革和加强能源国际合作的“四个革命、一个合作”能源安全战略。电力行业受到国家政策和政府导向的支持，2015 年以后一直维持在较高的发展水平和平衡的供需水平上（见图 1）。随着世界各国不断挖掘、利用新型能源的价值，我国的能源行业特别是电力行业也在党中央高质量发展的要求下，积极探索安全、高效的清洁能源形态，并且注重高端技术及产品的研发和制造，从仿制、引进、自主研发到出口，依托科技创新的力量打响中国制造的品牌，在国际电力行业占据了重要、领先的地位。

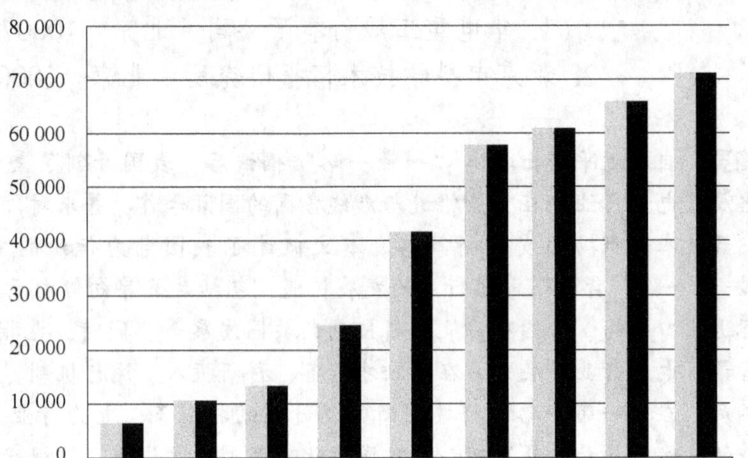

	1990	1995	2000	2005	2010	2015	2016	2017	2018
可供量（亿kW·h）	6 230	10 023	13 473	24 941	41 936	58 021	61 204	65 914	71 509
消费量（亿kW·h）	6 230	10 023	13 472	24 940	41 934	58 020	61 205	65 914	71 508

图 1　1990—2018 年电力行业可供量和消费量情况

（来源：《中国统计年鉴 2020》）

跨区输送能力的大幅提升为电力行业“走出去”开辟了新的发展路径。据 2018 相关数据显示，2017 年底全国跨区输电能力达到 1.3 亿 kW，在国内实现了除台湾以外的全国联网。2021 年 2 月 23 日，国家电网有限公司董事长、党组书记辛保安在《人民日报》经济版发表的《为实现“碳达峰、碳中和”目标贡献智慧和力量》一文中提出，到 2025 年国家电网公司经营区跨省跨区输电能力达到 3 亿 kW，输送清洁能源占比达到 50%。在“一带一路”倡议的指引下，电力行业与沿线国家大力促成跨国电力交易，已实现了与俄罗斯、蒙古、越南、缅甸、老挝等国的输电线路互联和电量交易。

2　“一带一路”背景下电力行业发展的机遇和挑战

2017 年 5 月 14 日，国家主席习近平在北京出席“一带一路”国际合作高峰论坛时提出了科技创新行动计划，推动了国际合作和科技创新融合发展。这对于电力行业来说，既是机遇又是挑战。

2.1　“一带一路”背景下电力行业发展的机遇

“一带一路”是一项关乎沿线各国经济、科技、民生等方方面面的系统工程，需要各国在共商、共建、共享的基础上积极推进。对于地区发展不平衡的电力行业来说，"一带一路"带来了多方面的发展机遇。

首先，"一带一路"为电力行业指明了绿色能源发展方向。2015 年，国家发展改革委、外交部、商务部联合发布的《推动共建丝绸之路经济带和 21 世纪海上丝绸之路的愿景与行动》（以下简称《愿景与行动》）中提出"推进跨境电力与输电通道建设，积极开展区域电网升级与合作；积极推动水电、核电、风电、太阳能等清洁、可再生能源合作"。2017 年，习近平在"一带一路"国际合作高峰论坛上提出建立"一带一路"绿色发展国际联盟，并为相关国家应对气候变化提供援助。我国在"一带一路"相关政策文件中不断强调了绿色能源的理念，为水电、核电、风电、太阳能等领域带来了发展机遇，也明确了电力行业的绿色能源的发展思路。

其次，"一带一路"促进了电力行业的国际合作。《愿景与行动》中提到要与亚欧非各国紧密联系、互利合作，让"一带一路"沿线各国经济焕发新活力。我国电力行业的设备、技术、投资、服务等企业纷纷响应"一带一路"的号召，将"中国制造"推广到海外。2017 年，中俄合资筹建的首个大型电源投资项目、中国在俄最大电力能源类投资项目——华电捷宁斯卡娅燃气蒸汽联合循环供热电站项目顺利通过试运行，正式投入商业运营。哈电国际通过投融资业务带动总承包从而带动主机出口，使哈电的产品走向国际。

再者，"一带一路"推动了电力行业的科技创新发展。在国外能源需求特别是对非水可再生能源需求不断增加的背景下，电力行业对外投资与合作的思路从劳动力输出开始向知识输出转变，风电、核电、光伏等新能源的技术研发和产品设计成为我国电力企业特别是设备输出厂商的发展重点。我国的电力行业专利申请一直处于世界前列（见图 2）。自"一带一路"倡议提出后，百余国家、国际组织、企业等纷纷大力响应，通过一些大型、重点项目的合作实施，带动行业从"中国制造"向"中国智造"发展，从而改善民生、促进经济和科技的发展。

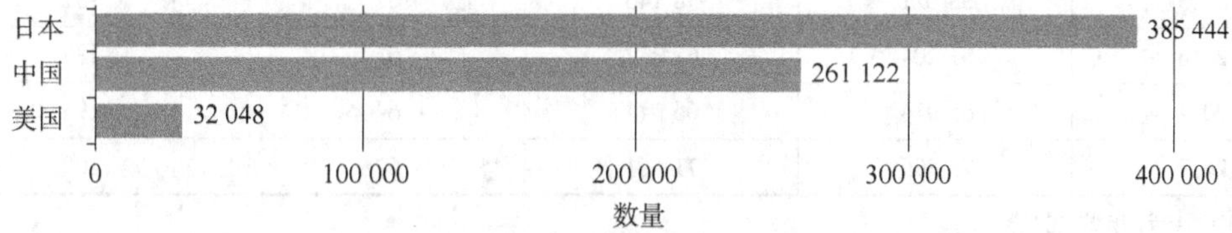

图 2 电力行业近 20 年专利申请人区域前三位

2.2 "一带一路"背景下电力行业面临的挑战

"一带一路"背景下我国电力行业取得了一定的成绩，同时受全球贸易战冲击及沿线各国经济发展不均衡、政策和标准不统一等多方面影响，面临着一定的挑战。

第一，人才储备缺乏。人才是经济活动的重要主体，人才所带来的人力资本在行业发展中占主导地位。在"一带一路"背景下，电力企业可能因为业务调整、项目量增加，人才结构、配置、布局将有较大的调整，比如在新能源专业的电力人才及对外贸易方面的市场营销人才需求方面，我国会面临现有的人才储备不足的情况。

第二，科研投入不足。技术水平不仅决定着一个行业的先进程度，也是企业资本转化的重要平台。科研投入的不足将导致电力企业专业度不高，进而影响其市场竞争力。比如某电力公司在进行相对难度较高的 EPC 工程总承包项目时，如果在科研方面的投入不足，一方面会影响科研工作进度，另一方面会因缺少土建、电控、预算、项目执行等相关专业的支持而导致企业竞争力的下降。

第三，运行机制不健全。运行机制就像链条一样连接着企业网络的各个环节。一些电力企业在“一带一路”背景下只抓产品出口、技术输出、投融资等单个环节，而忽视了企业管理、服务机制，导致企业运行链条破损或断裂，产品和技术质量不过关，项目策划不充分，执行和协调能力差，在国际竞争中可能出现市场信息渠道受阻、投标数量减少、采购成本提高等问题，从而降低企业的国际竞争力。

第四，国际合作有待加强。随着国内电力项目的急剧减少，国内企业都加快了走出去的步伐，纷纷加入了国际市场竞争。虽然我国在国际出口市场占据一定比例的份额，尤其是机电产品占有国际市场近五分之一的比重，但受市场需求和国际局势，特别是近年来中美贸易战带来的逆全球化趋势影响，电力行业走出去的脚步受到各国贸易保护措施的阻碍。从 1990—2018 年电力行业的生产量与进出口量的对比情况来看（见表 1），进口量和出口量仅为可供量的不足 0.1%，可见电力行业的产量绝大多数用于国内消费，国际合作有待大幅增加。

表 1　1990—2018 年电力行业进出口情况　　单位：亿 kW · h

年份	可供量	生产量	进口量	出口量
1990	6 230	6 212	19	1
1995	10 023	10 077	6	60
2000	13 473	13 556	15	99
2005	24 941	25 003	50	112
2010	41 936	42 072	55	191
2015	58 021	58 146	62	187
2016	61 204	61 332	62	189
2017	65 914	66 044	64	195
2018	71 509	71 661	57	209

来源：《中国统计年鉴 2020》。

3　“一带一路”科技创新行动计划下的电力行业发展战略

当前，国际经济形势严峻，贸易投资风险升级，在“一带一路”倡议带来的发展机遇下，电力行业应积极落实党中央提出的中国制造 2025、电力发展“十三五”规划、加快装备制造走出去等一系列方针政策，成为能源领域的中坚力量。根据“一带一路”科技创新行动计划中提到的科技人文交流、共建联合实验室、科技园区合作和技术转移等四个方向，电力行业应尽快调整对外合作的战略布局和发展思想，在各国政策、标准、技术差异化的现状下探索求同存异的共同发展战略。

3.1　构建国际化创新型人才体系，增加科技创新储备力量

人才作为核心力量是企业可持续、长远发展的重要因素，国际化专业人才的稀缺、人力

资源的不合理使用是阻碍电力行业高质量发展的重要因素。通过职务晋升、薪资加倍等福利待遇，对外吸引高层次专业人才；通过与“一带一路”国家的科研院所、高校实验室及电力行业的专家学者进行参观交流、短期调研、培训学习等方式，加强我国电力行业国际化人才的培养，将优秀的人才培养理念、无国界的先进科技观点渗入电力企业、研发机构，优化人才结构和配置，打造创新型、国际化电力行业，提高我国电力行业核心竞争力，以技术引领“一带一路”沿线国家共同发展。

3.2 重视研发新能源，促进绿色科技电力行业的发展

结合我国实际情况和国际新能源技术发展趋势，以低碳环保为主要方向，重点研发非煤能源、可再生能源等清洁能源技术，与“一带一路”沿线国家共享电力建设尤其是绿色能源应用的先进经验，与技术先进的国家共建产学研实验室、区域技术转移平台，推动技术革新和技术转移，加快推进研发成果落地；帮扶技术相对落后的国家，为他们提供环保、节能、高效、智能的电力设备。从技术创新到产业创新再到市场创新，逐步通过新能源技术革命推动“一带一路”沿线国家电力行业转型升级，从传统单一技术/产品发展模式向创新产业链模式转型；同时，培育相关产业发展，比如从民生角度结合“互联网+”社区、养老社区等新兴理念，在“一带一路”沿线国家建立电力资源循环利用、智慧节能的绿色环保社区；推动工业互联网、物联网、5G、移动支付等技术，在“一带一路”的开放条件下实现电力网络安全和电力智慧互联，共建可持续、互联互通、绿色环保的电力供给和消费环境。

3.3 推动电力体制改革，建立数字化监管机制

电力行业现有体制和运行机制中存在的重产品投资和出口、轻技术研发和监管等问题，导致了我国电力企业在对外交易中成本提高、利润降低，国际竞争力下降，电力行业面临着严峻的市场竞争压力。在“一带一路”的有利发展背景下，电力行业应解决现有运行机制中存在的问题，加快体制改革。一方面，我国大型电力企业多为国有电力企业，体制改革有利于增强国有经济影响力，更好地发挥领头羊作用带动民营电力企业发展，并且消除不平等的市场规则，各类企业公平参与竞争，提高市场活力，为参与“一带一路”国际贸易打下良好基础。另一方面，在多国主体共同参与的电力合作中，应建立电力监管机制，通过数字化监测手段，实现动态实时监测电力项目事前、事中、事后的各个环节；完善电力安全管理制度，出台市场准入通用标准，分清各方权责，形成安全生产责任体系，规避风险；借助“互联网+”技术，实现在线节能审查、运行监察、安全监控等，以数字互联的方式，打破地域界限，使“一带一路”沿线国家提高项目监管力度，破除交流障碍，提升合作效率。

3.4 采用本地化运营模式，加强国际开放合作

改变以往以产品输出为主的单一外贸模式，从电力行业的产业链角度找准我国与“一带一路”沿线国家相比，技术研发、人才、资源、市场、设施等方面存在的优势和劣势，灵活开展国际合作。我国用电需求处于稳定增长阶段，发电、输配电等传统投资方向放缓，重点转向用电环节、智能电网等领域；而“一带一路”沿线国家中有相当一部分属于发展中国家，人均用电量较低、技术水平较弱，对电力输入和建设有长期的需求，我国可参照自身的投资经验从传统环节投资做起，带动沿线国家电力快速发展。通过在当地设立海外分公司、收购、投资“一带一路”沿线国家电力企业的方式，使用当地的采购、运营、销售团

队，更加贴近本地需求和市场，保证原料和资源得到充分、有效利用，从生产和消费两个方面实现我国企业的先进技术与当地企业的市场优势融合发展，提高企业的海外知名度、品牌效应及合作双方的竞争力，以积极的引领和示范效应带动沿线各国的电力行业共同发展，实现国际合作本地化。

参考文献

[1] 2019电力行业发展分析报告［R］. 自动化行业年鉴，2019—2020，31-62.

[2] 胡承伟，汪莉杰. "一带一路"下江西机电企业如何"走出去"?：以江西伊发电力科技股份有限公司为例［J］. 产业创新研究，2020（1）：79-82.

[3] 于海江. 哈电集团：科技创新谋转变内外兼修促升级［J］. 电力设备管理，2017（3）：94-97.

[4] 王强. 济南L公司拓展美国市场研究［D］. 西安：西北大学，2018.

[5] 李军甫. 机电产业国际化人才问题研究：以北京市机电企业为例［J］. 商场现代化，2006（9）：60-62.

[6] 常非凡. "一带一路"水利水电走出去的机遇、挑战与对策［J］. 人民长江，2020，51（10）：144-149.

[7] 孙笑雨，王雷，辛会元. "一带一路"国家能源电力类本土应用型人才订单式培养的探讨［J］. 沈阳工程学院学报（社会科学版），2020，16（4）：118-122.

[8] 赵会荣. 中国与中亚国家共建"一带一路"：进展、风险与应对［J］. 俄罗斯学刊，2020，10（5）：5-24.

[9] 肖兰兰. 中国能源安全与绿色"一带一路"建设［J］. 阅江学刊，2020，12（5）：36-44.

[10] 宋明霞，陈宏. 走共生共赢的国际化之路：国家能源集团国华电力"一带一路"实践观察［J］. 国资报告，2020（9）：102-106.

[11] 《中国电力年鉴》编辑委员会. 2018中国电力年鉴［M］. 北京：中国电力出版社，2018.

[12] 习近平在"一带一路"国际合作高峰论坛开幕式上的演讲［EB/OL］. http：//www.xinhuanet. com//world/2017-05/14/c_1120969677. htm.

基于专利视角的我国抗呼吸道病毒行业 PEST 分析

张素娟[1,2]，王彦峰[1,2]，董洁[1,2]，陈佳宇[1]

（1. 北京市科学技术情报研究所　北京　100044；

2. 国家中医药管理局传统药物专利信息资源重点研究室　北京　100080）

摘要：呼吸道病毒感染是人类最常见的疾病，现代医学对于呼吸道病毒的防治尚缺乏特效药物，属于国内外的研发热点。本文以抗呼吸道病毒的专利申请文献为基础，将专利分析指标引入到 PEST 分析模型中，从 P、E、S、T 四个角度分析我国抗呼吸道病毒行业的发展现状，并提出相关的结论和建议。本文构建的 PEST 模型中的各个指标主要采用了定量分析方法，增强了客观性，可以从宏观上对我国抗呼吸道病毒行业的发展现状进行有效分析。

关键词：呼吸道病毒；PEST 分析法；专利分析；技术生命周期

2019 年年底，新冠肺炎疫情肆虐武汉，它汹涌扑来并迅速蔓延全国，这再次提醒我们加强呼吸道病毒疾病的医药研发迫在眉睫。由于流感病毒、冠状病毒等呼吸道病毒基因变异而新出现的变种病毒或病毒变异株，导致多次暴发全球局部区域大范围流行，各个国家迫切需要新的预防和治疗药物。

呼吸道病毒是指主要经由呼吸道传播，侵犯呼吸道黏膜细胞并引起呼吸道局部感染或呼吸道外组织器官感染的一类病毒。呼吸道病毒主要包括流感病毒、呼吸道合胞病毒、冠状病毒、人流感病毒、禽流感病毒、麻疹病毒、风疹病毒、腺病毒、鼻病毒、正黏病毒、副黏病毒及博卡病毒等。常见的呼吸道病毒感染大多呈现一般的呼吸道感染症状，其临床表现相似，且临床中常见多重病毒混合感染的病例。对呼吸道病毒引起的疾病的治疗，目前仍缺乏专属性强的药物。

本文以抗呼吸道病毒的专利申请文献为基础，将专利分析指标引入到 PEST 分析模型中，从政治（political）、经济（economic）、社会（social）和技术（technological）四个角度对我国抗呼吸道病毒行业的发展现状进行分析。专利文献作为技术信息最有效的载体，囊括了全球 90%以上的最新技术情报，是行业发展程度的重要指标，能够从不同角度有效反映技术发展阶段，因此从专利的视角对我国抗呼吸道病毒行业进行 PEST 分析具有重要的意义。

1　数据来源与方法

智慧芽是一款商业化的全球专利数据库，该检索系统深度整合了 1790 年至今的全球 126 个国家/地区的 1.6 亿专利数据，可以实现在线编辑，并一键导出专利数据，便于进一步开展多维、深度的专利分析。本文以智慧芽专利数据库为数据来源，采用 IPC 分类号和主题词相结合的方法，并利用主题词和IPC分类号排除、人工阅读检验等途径反复去噪，获得分析数据集合。本文涉及的主题词为呼吸道病毒、呼吸道合胞病毒、冠状病毒、腺病毒、风疹病毒、鼻病毒、副黏病毒、正黏病毒、腮腺炎病毒等；IPC分类号限制在A61P31/12（抗病毒）范围内，检索获取时间截止到2020年10月10日。剔除实用新型和外观专利及以动物饲料、兽药、口罩为主题的噪声专利，最终检索得到4 282件专利。

2 基于专利分析的PEST模型构建

PEST分析指宏观环境分析，它涉及对行业和企业造成影响的因素，包括政治、经济、社会和技术四个层面。由于专利是集技术、经济、法律等方面于一体的知识产权保护方式，专利信息能够有效地体现行业的发展现状，因此，本文将专利分析指标引入到PEST模型中并进行改进，使其具有现实可行性。P（political）是指行业的政策，在此层面分析国家对抗呼吸道病毒领域的发展发布的政策及国家对其财政投入等方面。这不仅可以探索现阶段我国抗呼吸道病毒领域的研发现状，还可以预测其领域下一步的发展策略。E（economic）是指整体经济，该层面旨在从整体趋势、专利价值等方面分析重点国家抗呼吸道病毒领域的总体发展态势。S（social）是指社会环境层面，通过分析专利地域分布和技术来源国了解我国抗呼吸道病毒专利分布情况和地区科技实力，并为下一步专利布局提供启示。T（technological）即技术，通过专利申请趋势和技术生命周期等方面分析我国抗呼吸道病毒专利技术发展历程，为我国抗呼吸道病毒领域技术研发提供思路和依据（见图1）。

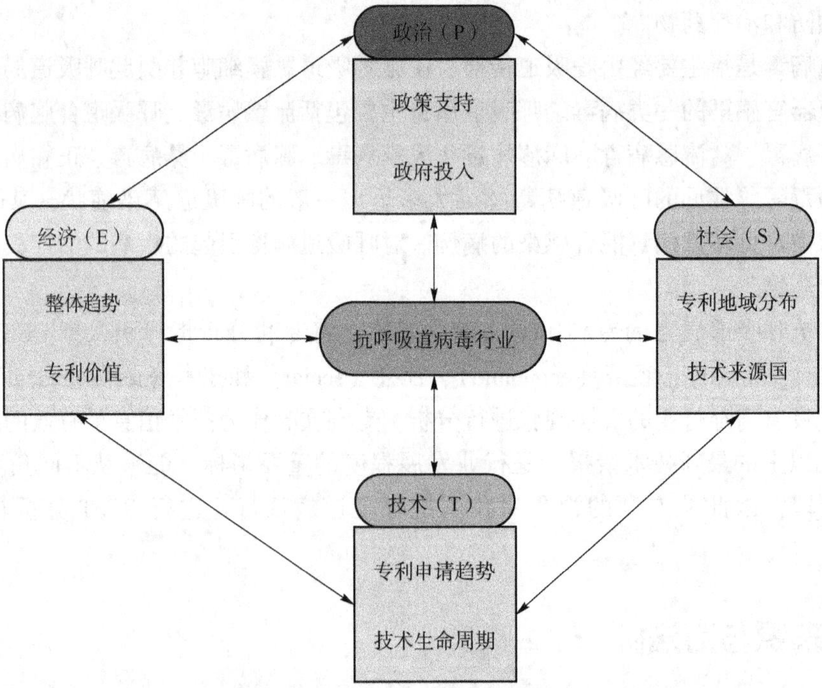

图1 基于专利分析的PEST模型

3 专利视角下抗呼吸道病毒行业 PEST 分析

3.1 P（political）分析

3.1.1 政策支持

2020 年，中国工程院院士钟南山和王辰在分析我国呼吸慢病现状时同时指出，中国总死亡人数的 87% 由慢性疾病引起，慢性呼吸道疾病占致死病因总数 11%。如果以伤残为变量调整的生命年计算，我国疾病负担最大的是呼吸道疾病，以呼吸慢病和肺癌导致的疾病负担最大。2008 年我国启动了“重大新药创制”科技重大专项，该重大专项是“为了实现国家目标，通过核心技术突破和资源集成，在一定时限内完成的重大战略产品、关键共性技术和重大工程”专项的实施，也在推动我国新药研发逐步实现从“仿制”到“创制”、从“跟跑”向“并跑”的转型。

近 5 年来，我国先后出台了千余件医药政策文件，适逢政策激烈变革孕育的大好机遇。以 2017 年为例，由国务院、卫健委、食药监局、人力资源社会保障部、发展改革委、工信部等部门参与发布的医药政策文件共计 400 余份，远超往年。文件内容涉及临床试验管理、新药审评审批改革、知识产权保护等方面，为促进创新药物研发和产业结构调整，以及满足公众临床用药需求起到了重要的推动作用。

此外，我国通过探索建立药品专利链接制度，来保护药品专利权人的合法权益；通过探索完善和落实药品试验数据保护制度，使得在一定数据保护期内原研药权利人可以对药品试验数据享有独占权，从而鼓励创新药研发。

3.1.2 政府投入

2018 年，我国 R&D 经费总量为 19 677.9 亿元，比上年增加 2 071.8 亿元，增长 11.8%，排名继续保持世界第 2 位；投入强度有持续提升，达到 2.19%，比 2017 年提高了 0.02 个百分点，表明我国越来越重视总体科技的发展。此外，我国政府不断加大对科技创新的投入力度。2018 年，国家财政科技拨款达到 9 518.2 亿元，占国家公共财政支出的 4.31%，比上年增长了 0.18 个百分点。

K 指数是指生物医药产业 R&D 经费支出与高技术产业 R&D 经费支出之间的比值，该指标能有效体现国家对该子行业的重视程度，进而可用来探究我国对抗呼吸道病毒领域的重视程度。图 2 是 2012—2018 年我国高技术产业、生物医药产业 R&D 经费支出情况与 *K* 指数折线图。从条形图中可以看出，我国高技术产业 R&D 经费逐年增加，到 2018 年我国高技术产业 R&D 经费支出突破 3 416.25 亿元，生物医药产业 R&D 经费支出突破 1 045.53 亿元。从折线图中可以看出，我国对抗呼吸道病毒领域的重视程度呈增长态势，到 2014 年达到顶峰，随后平稳下降。这说明随着科技的发展和医疗技术的成熟，我国抗呼吸道病毒领域的发展逐渐朝着平稳方向发展，而不像以往呈现突飞猛进的势头。

3.2 E（economic）分析

3.2.1 整体趋势

图 3 是 1990—2020 年全球不同国家抗呼吸道病毒专利申请趋势图，可以看出，中国和

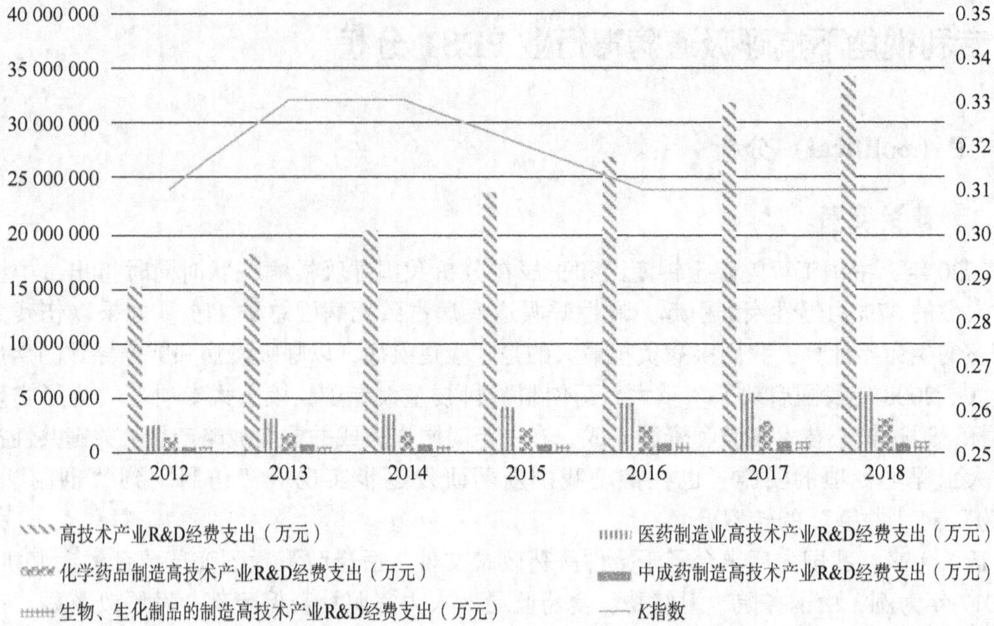

图 2　2012—2018 年我国高技术产业、生物医药产业 R&D 经费支出情况与 *K* 指数折线图

美国在抗呼吸道病毒领域相关专利较多。其中美国相关专利申请较早，并呈逐年上升趋势。从 2003 年开始，中国申请专利量高于美国，这可能与 2003 年我国 SARS 疫情的暴发有关，它加速了我国抗呼吸道病毒技术的研发。随后，中国专利呈现波动趋势。通过统计发现，近 5 年，中国专利申请量占比全球总量均超过 85%，说明我国在抗呼吸道病毒领域的专利量具有巨大的优势，为我国生物医药产业经济的发展奠定了巨大的基础。

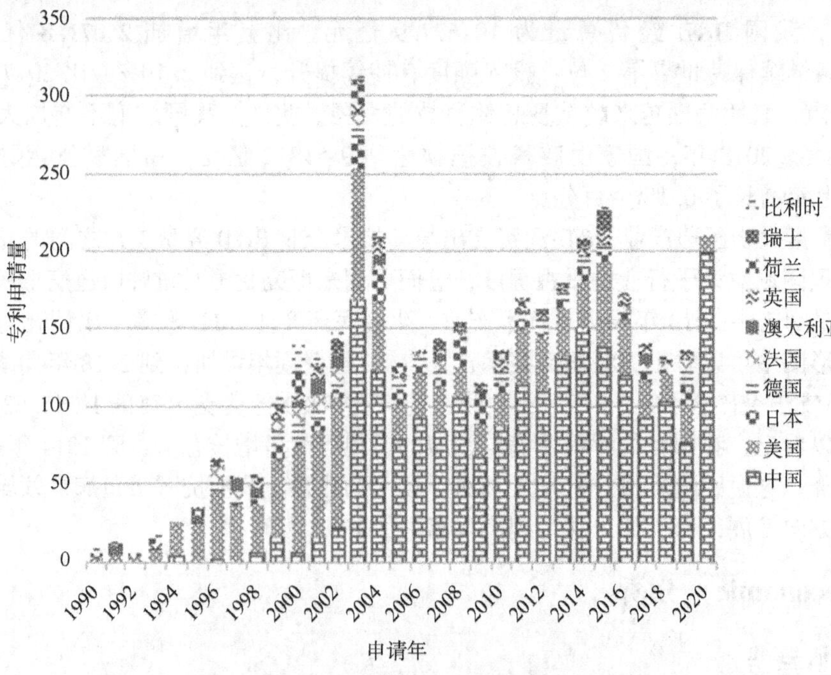

图 3　1990—2020 年全球不同国家抗呼吸道病毒专利申请趋势

3.2.2 专利价值

统计发现，截止到2020年10月10日，抗呼吸道病毒专利为社会创造的经济总价值为37 773.35万美元，总共有813组同族专利。表1为我国排名前10的市场价值专利，其中瑞斯比维特有限公司的“作为抗炎化合物的芳族杂环化合物”专利（申请号：CN110522731A）创造的市场价值最高，短短5年就为社会创造了978万美元的经济价值，其次为卡尔约药物治疗公司的“含酰肼的核运输调节剂及其用途”专利和萨穆梅德有限公司的“WNT信号通路的吲唑抑制剂及其治疗应用”专利，市场价值分别为809万美元和750万美元。从表1还可以发现，排名前10的专利的专利权人均为外国公司，说明中国在抗呼吸道病毒领域技术创新和研发人员实力方面，与其他发达国家还有一定差距。

表1　市场价值最高的专利（Top 10）

专利申请号	标题	当前申请（专利权）	简单同族	技术宽度	价值/万美元	申请年	过期年
CN110522731A	作为抗炎化合物的芳族杂环化合物	瑞斯比维特有限公司	66	6	978	2015	—
CN110372673A	含酰肼的核运输调节剂及其用途	卡尔约药物治疗公司	73	13	809	2012	—
CN106892916A	WNT信号通路的吲唑抑制剂及其治疗应用	萨穆梅德有限公司	74	14	750	2013	—
CN107417707A	1H-吡唑并［3，4-b］吡啶及其治疗应用	萨穆梅德有限公司	73	11	705	2013	—
CN101724075B	肽的重构和糖缀合	诺沃挪第克公司	88	23	603	2002	2022
CN101880283B	激酶抑制剂	百时美施贵宝公司	94	21	589	2003	2023
CN107252488A	口服给予的皮质类固醇组合物	阿普塔利斯医药科技公司	95	6	582	2010	—
CN101914109B	含硼的小分子	安纳考尔医药公司	101	6	567	2006	2026
CN103582640B	肼基1H-咪唑并喹啉-4-胺以及由其制成的缀合物	3M创新有限公司	30	4	536	2012	2032
CN110478479A	用于活的减毒病毒的方法和组合物	武田疫苗股份有限公司	67	3	527	2008	—

3.3 S（social）分析

3.3.1 专利地域分布

从整体上看，抗呼吸道病毒专利主要分布在中国，占比46.85%，且主要分布在我国东部沿海地区，即主要集中在北京、江苏、山东、广东、上海五省市，占全国专利数量73.84%，其他地区的专利分布较为均衡，如图4所示。

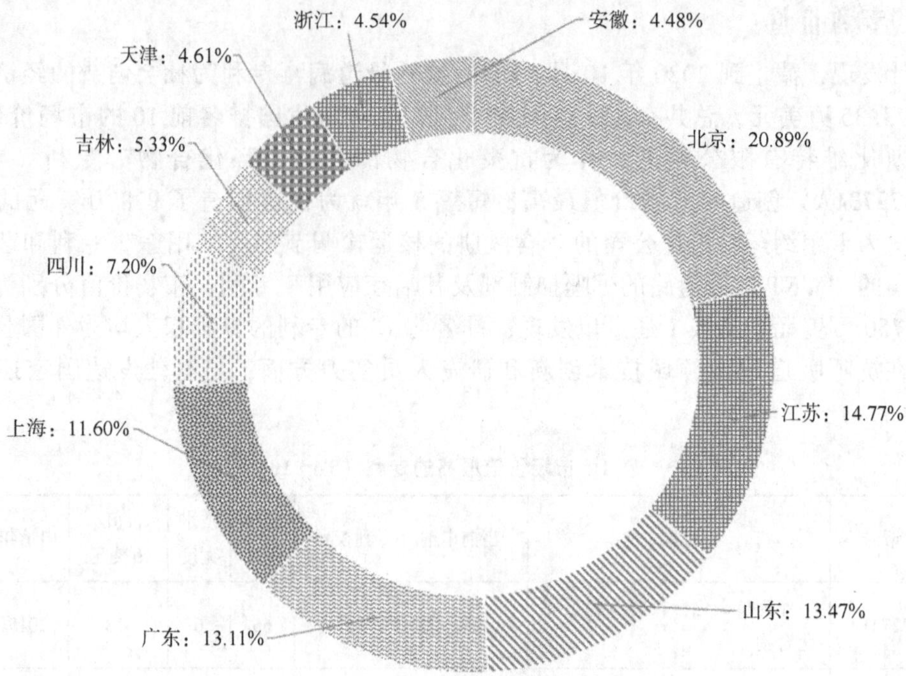

图 4　抗呼吸道病毒专利数量区域分布情况

3.3.2　技术来源国

不同国家的专利布局反映了某项技术未来可能实施的国家，通过对专利第一发明人的国别或组织进行统计，可反映出该专利技术的来源国家或组织。技术来源国家专利量与技术布局国家专利量之比可以反映不同国家在该领域的技术重视程度和专利保护策略。从表 2 可以看出，中国不仅是抗呼吸道病毒相关专利最主要的布局地，还是最重要的技术来源地，技术来源国家和专利申请国家的排序相一致，但是比例系数小于 1，表明中国对本国以外的国家进行抗呼吸道病毒技术专利布局还不够重视。美国发明人申请的专利 1 341 件，远远高于美国国内专利数量（128 件），可见美国除了在抗呼吸道病毒领域技术实力强外，还更加重视本国以外国家的相关专利布局。此外，日本、英国和德国同样也比较重视其他国家的专利布局，比例系数均大于 1，他们都在纷纷抢占中国市场。

表 2　抗呼吸道病毒专利技术来源和布局情况

国家	技术来源国家专利量/件	技术布局国家专利量/件	比值
中国	2 006	2 634	0.76
美国	1 341	56	23.95
日本	158	88	1.80
英国	124	92	1.35
德国	53	22	2.41
世界知识产权组织	45	81	0.56

3.4 T（technological）分析

3.4.1 专利申请趋势

专利申请状况可从总体上反映目标领域的发展动态，将抗呼吸道病毒技术领域的专利按照申请年份进行统计分析，如图5所示。1993年以前，全球专利申请量增长缓慢，随着世界人口增长和市场研发创新能力的增强，1993年以后相关专利整体呈现高速增长态势，并一直维持在高位区间，并于2003年达到顶峰。可能与2003年SARS疫情的暴发有关，国家和科研人员更加重视抗呼吸道病毒相关技术专利的研发。2004—2015年，相关专利申请呈缓慢式增长，这可能与抗呼吸道病毒相关技术研发比较成熟或者还未发现新的颠覆性技术有关。2015年至今，相关专利申请呈现下降趋势，进入了技术衰退期。自从新冠肺炎疫情暴发并肆虐全球以来，抗呼吸道病毒技术研发又成为全球研究热点，预测未来几年相关专利申请量又会呈现上升趋势。

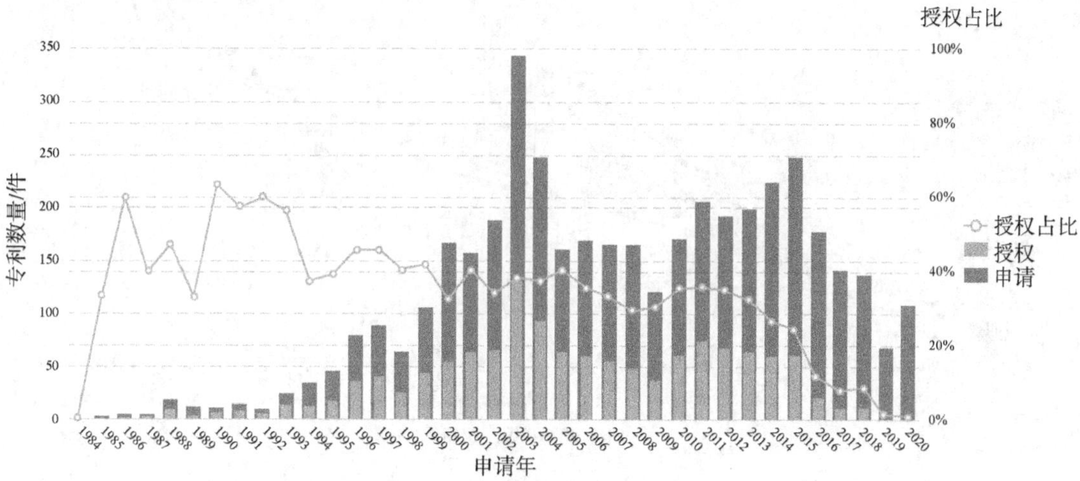

图5 抗呼吸道病毒专利申请趋势

3.4.2 技术生命周期

通过专利申请数量和专利申请人数与申请时间的关系分析，可以探究不同国家抗呼吸道病毒专利的技术生命周期，图6是1990—2020年间主要国家或组织抗呼吸道病毒专利技术生命周期。可见，不同国家或组织的抗呼吸道病毒专利技术生命周期类似，先后经历了技术引入期、成长期、衰退期和复苏期。在引入期阶段（1984—1997年），抗呼吸道病毒技术发展水平低，专利申请人和专利申请量都很少；受流感病毒和SARS疫情的影响，相关产业市场需求逐步扩张及国家、企业、科研机构的重视，抗呼吸道病毒技术创新得到快速提升，技术发展进入成长期阶段（1997—2003年），并在2003年达到峰值；2004年开始，专利申请数量和专利申请人数都骤降，快速进入衰退期，这可能与技术发展相对成熟且遭遇技术瓶颈有关；2010年开始，受甲型H1N1流感的冲击，技术又进入复苏期，随后又进入衰退期，呈现波动式发展规律。

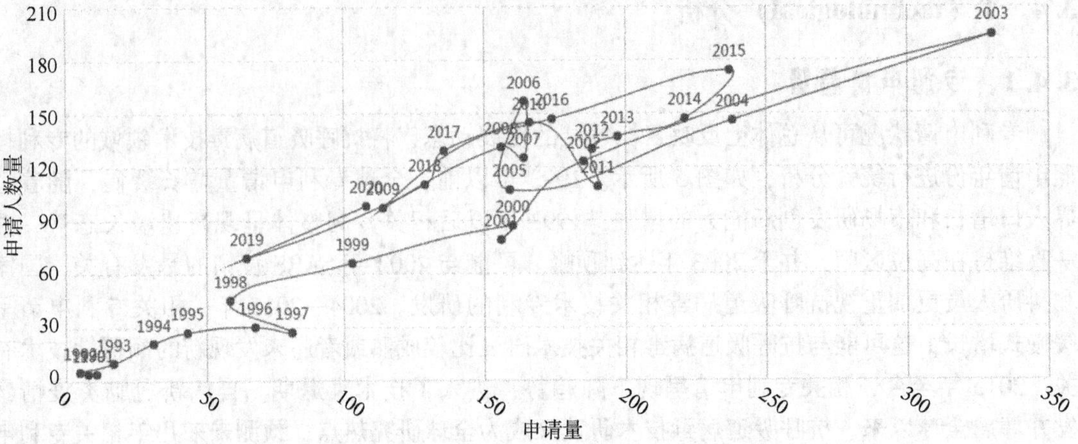

（a）中国

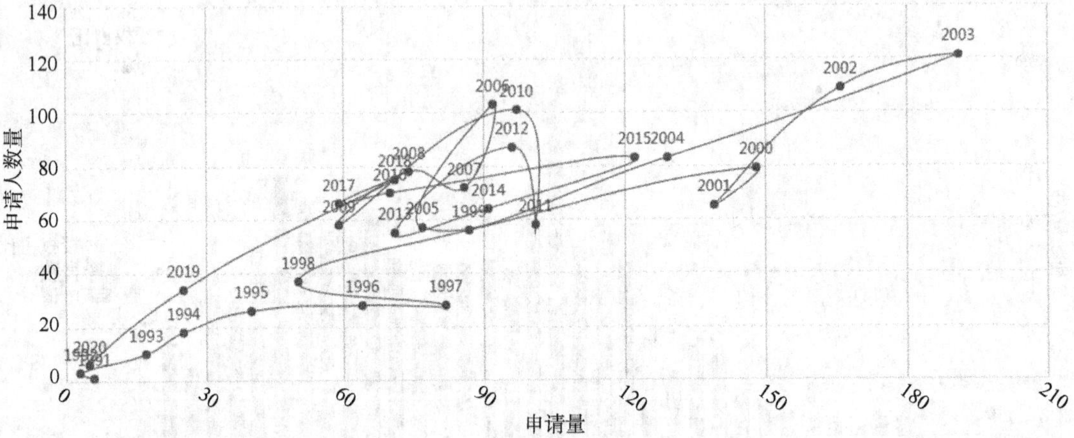

（b）世界知识产权组织

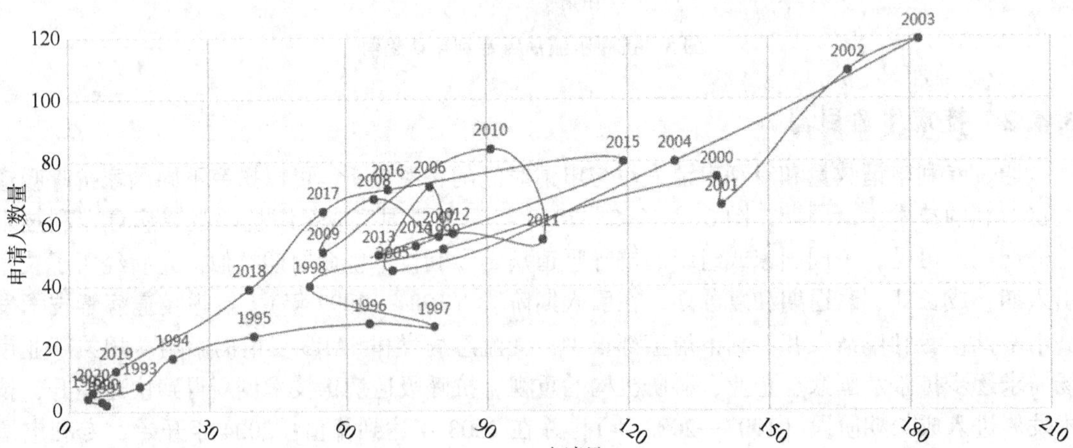

（c）美国

图 6　1990—2020 年间主要国家或组织抗呼吸道病毒专利技术生命周期

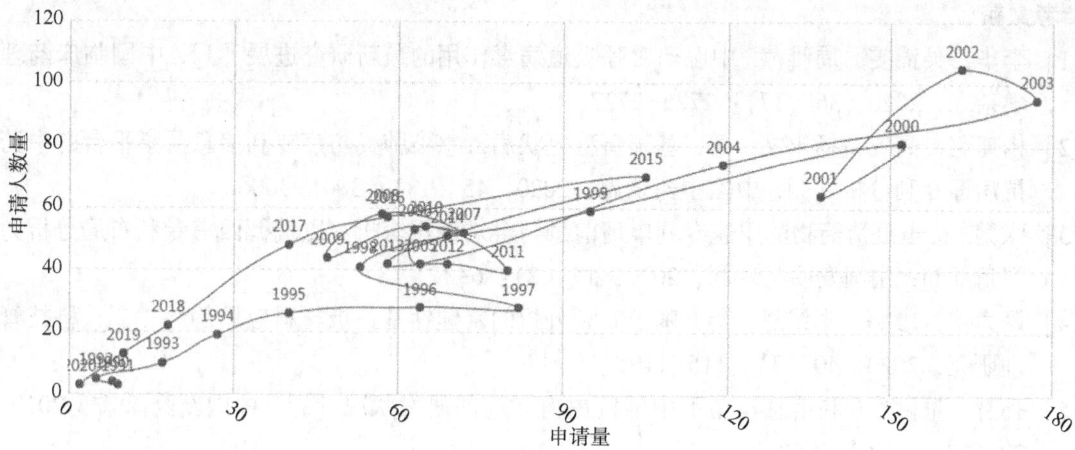

（d）日本

图 6　1990—2020 年间主要国家或组织抗呼吸道病毒专利技术生命周期（续）

4　结论与建议

本文采用专利信息和 PEST 模型相结合的方法对我国抗呼吸道病毒行业的发展现状进行分析，分别从政治、经济、社会、技术四个角度，识别和分析出我国抗呼吸道病毒领域的相关政策支持、政府 R&D 经费投入力度、不同国家专利技术发展整体趋势与专利价值、专利地域分布、专利布局国和技术来源国、技术申请趋势及技术生命周期，通过分析和研究得出以下几个结论和建议。

从政治政策角度看，在抗呼吸道病毒领域，我国在政策和 R&D 经费方面提供了大力支持，推动了我国抗呼吸道病毒行业快速发展。因此，高校、科研院所和企业要抓住机会，构建产学研相结合的研发模式，充分有效地利用好现有的资源，为我国抗呼吸道病毒行业的下一次突飞猛进做好准备。

从经济发展角度看，我国抗呼吸道病毒行业专利公开量独占鳌头，是生物医药产业经济发展的重要支柱，有力地促进了我国经济的发展，但是排名前 10 的高价值专利的专利权人均为外国公司，中国在抗呼吸道病毒领域技术创新和研发人员实力方面，与其他发达国家相比还有一定的差距。中国需要和国外多做一些科研学术交流，相互学习、借鉴经验，以提升我国研发人员的创新能力，多创造一些高价值专利。

从社会环境角度看，我国抗呼吸道病毒领域专利集中分布在北京、江苏、山东、广东、上海五省市，地域之间的分化严重。此外，我国抗呼吸道病毒领域专利申请在国外稍少，在国外专利保护范围很窄，表明中国对本国以外的国家进行抗呼吸道病毒领域专利布局还不够重视。因此，一方面需要在鼓励强省大力发展科研的同时，对科研弱省做好扶持，促进科研能力均衡化；另一方面加强科研人员的知识产权保护意识，重视专利和同族专利在国外的布局。

从专利技术角度看，我国抗呼吸道病毒领域专利技术经历了引入期、成长期、衰退期、复苏期。我国需继续保持创新意识，在现有的基础上持续创新突破，争取占领技术高位。

参考文献

[1] 李华，吴锦雯，周雅萍. 中医药对呼吸道病毒作用的最新研究进展［J］. 中国临床药理学杂志，2020，36（17）：2725-2727.

[2] 杨珂璐，高亚，杨丰文，等. 基于新型冠状病毒感染肺炎防疫专利信息共享平台的中药抗病毒专利分析［J］. 中国中药杂志，2020，45（13）：3001-3006.

[3] 张鹏. 抗击疫情药物的用途专利申请前景与合规使用探析：以瑞德西韦专利布局分析为视角［J］. 中国发明与专利，2020，17（2）：6-12.

[4] 谭力铭，廖婷，李维思，等. 基于专利分析的富锂锰基正极材料应用趋势［J］. 科技管理研究，2020，40（3）：115-119.

[5] 孙慧，董丽. 专利信息视角下中国抗白血病药的研发状况［J］. 中国新药杂志，2019，28（17）：2063-2068.

[6] 马永涛，沈芳，张雄辉，等. 抗呼吸道合胞病毒药物专利技术分析［J］. 药学研究，2019，38（3）：179-182.

[7] 马钦海，邢学锋，罗佳波. 清热解毒类中药抗呼吸道病毒研究进展［J］. 广东药学院学报，2016，32（5）：658-661.

[8] 陈本川，陈历胜. 近 5 年国内外首次上市的抗病毒药及其在中国的知识产权状态［J］. 医药导报，2009，28（1）：1-6.

疫情常态化下应急情报体系框架理论探析

马燃

（北京市科学技术情报研究所　北京　100044）

摘要：本文通过分析疫情防控期间的应急情报保障体系，为当前疫情常态化下完善应急情报保障体系提供理论支撑。根据应急情报的特征，本文分析出当前应急防控中应急情报保障体系存在的不足，并在此基础上构建多元化知识主体的应急保障体系理论架构。本文从保障对象、情报保障流程、情报主体和情报工作流程等几个方面论述了疫情常态化下应急情报保障体系中涉及的关键内容和理论机理。

关键词：疫情常态化；应急情报；保障体系；防控

1　引言

2019年年末暴发的新冠肺炎疫情是继2003年“非典”之后发生的传播速度最快、感染范围最广、防控难度最大的一次重大突发公共卫生事件，对社会安定和公众身心健康均产生了极大影响[1]。尽管目前我国的疫情防控形势持续向好，然而全球范围内疫情形势的发展却不容乐观。世卫组织总干事谭德塞在2020年6月的例行记者会上表示，虽然一些国家遏制疫情取得了进展，但在全球范围内，疫情正在加速传播，全世界还有很长的路要走。未来我们仍要同病毒共存，这将成为一个新的常态。人们应继续对疫情保持警惕，并采取积极的防护措施[2]。立足当前，科学精准打赢疫情防控阻击战，需不断补足短板，健全重大疫情防控体系机制，健全国家公共卫生应急管理体系。因此，加强疫情应急管理体系建设迫在眉睫。

当前学界关于突发事件中的应急情报研究主要集中在以下几个方面：①应急情报理论基础研究；②基于智慧城市，运用大数据、云计算和物联网等现代化技术融合的应急情报研究；③面向不同领域和案例的突发事件应急情报研究；④应急情报管理面临的问题和建议。如苏新宁等人认为，面向突发事件应急决策的快速响应的情报体系是一个以大数据为基、情报技术为力、情报流控制为策、应急决策为标的新型情报体系[3]；曾子明基于国内外政府应急管理情报体系发展和研究现状，阐释了城市突发事件智慧管控情报体系的构成要素，并对城市数据的感知、管理、挖掘和分析进行了阐述，提出了应急情报的预防和智能管控体系[4]；宋丹等人通过对美国图书馆和情报机构开展的自然灾害应急情报服务进行研究，认为两主体的服务流程高度相似，产品锲合度大，先进技术应用不断加强[5]，但同时也存在诸多不足，如因缺失制度支持导致工作开展难度大、理论研究不足导致服务范围模糊、人才角色定位导致不明确等问题；李纲等人指出，情报主体的认知偏差、突发事件信息系统的缺陷和协同问题等的存在，易造成情报失察，从而影响突发事件的应急决策。因此，要引入情报监督理念，并深入研究其在决策链中的作用机制[6-7]。可以看出，尽管很多学者从不同角度对应急情报进行了研究，但大多强调情报在应急工作中的重要性、情报在应急管理各个阶段的作用，也有部分研究关注了应急情报体系的构建，但总体缺乏情境下的综合视角、实证的方法研究等，即针对某一具体重大突发事件的应急情报研究较少。

2 疫情常态化下应急情报的特征

2020 年 8 月召开的中央政治局会议在部署 2020 年下半年工作时强调，要毫不放松抓好常态化疫情防控，健全常态化疫情防控机制[8]。在进入防控疫情常态化阶段，不再仅仅是医药卫生、社会治理等领域的纸面战争，更是一场信息战和情报战[9]，是涉及数据协同、信息公开、数据开放、情报分析、情报智库、决策支持等各个方面的问题。在这样一个新“常态”下，情报与情报资源无疑成为“常态”化中不可或缺的重要武器。而构建对于疫情防控的应急情报体系，亦将成为基础。基于此，明确当前疫情应急情报的特征，又成为构建的原则。疫情应急情报包含以下几类主要特征。

（1）全源性。突发疫情的相关信息多元且异构，这些信息包括了疫情产生的原因、特点、影响、舆情信息和防控资源等[10]，如多类别（文字、视频等）、多渠道（政府应急职能部门、社会组织等）、多平台系统（GIS、遥感系统等）等情报资源。因此应急情报必须具有全源性特征，必须对多源异构的信息进行有效整合与协同，形成能支撑应急管理的全源情报基础。

（2）实效性。由于新冠肺炎疫情的变化发展往往出乎意料，因此应急处置具有高度的紧迫性，这也就决定了应急情报需在相应的时间内才能发挥核心价值，且“实效性”将直接关系到疫情的决策和响应的行动效果。对疫情这一突发事件做到迅速了解与及时把控，需要实时监测疫情的变化，根据科学分析与预判，对疫情的来源和扩张速度作出及时反应，调动资源进行有效干预，防患于未然。

（3）跟进性。针对新冠肺炎疫情在不同应急管理阶段，其情报需求与特征、内容会存在极大的差异，并大致经历情报准备、情报激增与情报衰减三个阶段，且每个阶段所对应的情报内容皆根据具体事件特征与演化规律随时变化。因此，应急情报具有典型的跟进性特征，强调与应急管理活动在同一“频次”，并不断根据决策主官的需求和决策内容而发生变化。

（4）针对性。由于疫情的复杂性，应急决策的选择往往具有诸多的不确定性，这就要求应急情报必须具备专业性、针对性，只有这样才能满足应急决策科学化的需要。此外，在疫情防控中，应急情报还应能高度准确地反映疫情的客观情况，只有这样才能让各级政府及组织在防控中发挥重要的作用。聚焦化和特定性的应急情报，亦是应急情报力度和强度的直接体现。

（5）可评估性。对于新冠肺炎疫情，各级政府组织需要就疫情过后或防控准备所消耗的物力、人力等损失和危害进行及时的评估，从而能为善后恢复提供依据，以此保证社会发展的正常运行，且为今后应急管理提供情报理论支撑。

3 我国疫情防控中应急情报保障工作的不足

自新冠肺炎疫情暴发以来，在传播机理、潜在宿主等诸多不确定因素和民众焦虑恐慌心理双重加持下，我国应急情报决策支撑体系面临着前所未有的压力。在疫情常态化下，应急情报的服务模式和功效亦面临实效性、科学性、可操作性等诸多挑战，保障对象的模糊与缺位现象将直接影响疫情防控的水平。本文以应急情报保障为视角，旨在找出我国新冠肺炎疫情防控工作中存在的不足，再通过应急情报理论构建应急情报体系，以期提升应急防控能力和加强应急管理与情报交叉融合的学科研究。

3.1　找准保障对象，鼓励公众参与

目前突发事件的应对和处置基本以具体领域为对接，如医疗、通信、交通、网络等。但像新冠肺炎疫情这类突发事件，无法提前预知，因此缺乏相关的应对处理经验和情报支撑体系，即缺少一个知识型情报的应急管理“参考系”[11]。即使是疫情过后的自查防控阶段，由于情报宣传不到位，传达不及时，内容不严谨，也常会导致“信息不对称”的现象。公众因“时常”处于信息弱势群体的一方，易产生“信息厌倦症”，因而会发泄情绪，对疫情信息夸大其词、添油加醋，带来防控的负面影响。实践证明，在疫情发展与防控下，政府主导常常因对事件的重视程度不够、叙事固化和掌握的情报信息不充分，导致“箴默”态度难以对民众进行引导，加剧了疫情防控的难度。

因此，应急情报体系必须明确“情报保障的是谁”这一重点。很多学者均指出，保障的主体应区别于传统的决策主官，而变成满足决策主官的情报需求。在疫情常态化下，主要保障的是广大社会公众对疫情防控的相关情报知识。因对于新冠肺炎疫情这样巨大的突发卫生事件，仅仅依靠政府和相关部门难以进行高效快速应对，必须改变传统情报保障对象的固化特点，将社会公众纳入到情报保障体系当中。

3.2　保障流程与防控工作衔接，快速及时反应

疫情的发展与防控具有一定的演化过程和周期，快速精准的应急响应是成功应对疫情发展的有力武器。情报，作为应急响应过程中的一个基本要素，其快速、精准和预见性在疫情发展与防控过程中发挥着至关重要的作用。因此，应急情报保障体系若无法与防控工作顺利衔接，无疑加大了应急管理的困难。同时，应急管理工作中的情报信息不完备、情报不对称、情报不准确现象也并不是独立存在的，三种主要表现形式常常相互交织、彼此关联，共同阻碍着应急情报工作的顺利开展。

此外，应急情报保障体系也需与疫情防控预警、准备、实施和结束四个阶段有效衔接，借此保障疫情常态化的“备战”状态，以此应对可能暴发的疫情或处置突发公共卫生事件的遗留问题。做到对“常态化”疫情防控快速灵活的情报保障，构建完善有效的情报工作流程，也是对疫情防控工作的有力支撑。

3.3　多元化协同情报资讯主体，有力保障防疫工作的实施

传统情报保障机制是依靠情报专家进行情报采集、分析与应用，而在新冠肺炎疫情下，应急情报涉及的领域不断深化，仅有的“专科”情报专家已无法满足情报需求者的多层次情报诉求。面对海量的数据资源信息，情报的查找、筛选、分析等技能的完备，也对决策的制定产生很大的影响。同时在疫情过程中，我们也可看到，仅依靠政府或组织机构的力量很难对疫情进行有效的压制和防控。因此，在疫情稍缓的当下，我们应及时调整与总结经验，用分析后的情报支撑政府及相关部门的决策，用智库专家的智慧和建议辅助决策观点的论

证，用公众的利益来考量决策的效果。以此不断增强应急情报队伍的技术分析能力，对常态化疫情的防控进行研判和提供有效的情报决策产品。

基于此，构建多元化知识的应急情报保障智库，用智库专家辅助实现多领域、多层次、全方位的决策信息，是应对疫情“常态化”的必要基础。

4 疫情常态化下的应急情报保障体系

为了解决疫情常态化下应急情报保障不足的问题，需要对其体系框架下各个模块和要素进行归纳与分析，进而通过构建的体系支撑疫情常态化下的应急防控工作。应急情报体系的构建方式多种多样，学界尚未形成一个统一的框架概念。有学者认为应从信息采集、加工、分析和传播来构建[12-13]，也有学者建议从保障的内容和形式去研究[4,14]。但我们应达成一个共识，即组织内部制度建设及信息管理是构成高效、及时情报组织的关键因素，只有科学合理的流程才能应对与防范突发事件。此外，马费成指出情报应具备三个维度，是一种知识，一种行动，并为组织提供保障[15]。因此，应急情报保障体系的构建需以应急情报体系的基本概念和情报的内涵（维度）来进行。

4.1 保障主体变为众多个体的集成

新冠肺炎疫情的暴发关系到整个国家和社会，任何人都不可能置身事外。因此，应急情报保障体系所保障的对象就不仅是政府这一个体，还应包括社会组织、医疗卫生、社会公众等。及时响应与应对的应急情报保障体系，需要对源源不断的海量信息进行筛选、加工、分析和输出。在疫情常态化下，更需对涉及防控主体的相关信息进行持续更新、共享和跟进，以此保障情报信息的实效性和完整性。此外，作为情报保障主体之一的政府及其职能部门，同时也是应对和处置疫情实践的决策机关和管理机构。他们更需依靠应急情报保障体系中的情报主动决策和指挥，防止疫情事件影响的扩大化。作为另一类应急情报保障群体，即社会组织、公众等，他们则在疫情过程中扮演情报被动接受者的角色，只有在疫情防控过程中得到及时、准确的信息，才可能快速灵活地作出响应，进行一定的预警和防范，且能通过反馈的情报来弥补政府在应急情报保障体系工作中的不足和缺陷，为疫情防控助力。

4.2 应急保障响应转化为预警、处置与防疫救援

畅通的情报流是应急管理与决策的基础和支撑。情报对应急响应的全过程反馈是指评估各类预警源、处置方案、防疫救援行为实施效果的过程。因此，可根据应急响应的全过程来划分应急事件的保障始末，将防控分为响应事前、事中、事后三个阶段，具体如图 1 所示。与之对应的应急保障则分为事前阶段预警情报流、事中处置阶段情报流和事后救援与实施情报流。

在响应事前阶段，正是疫情常态化情报保障的最关键阶段，也是情报工作的常规状态，即检测与监控可引起应急响应的各种因素和征兆[16]。该阶段的情报工作要保证覆盖面广、方向准、内容真，涉及的情报内容有信息采集和处理。信息的采集要有一定的针对性，内容多样；信息的处理要围绕采集的信息进行特征的知识表示和排序，处理方式要秉承预警的标准化处理。情报的输入有网络、机构、文献、数据库等信源，保证信息的全面性用以评估可能出现的危机；输出内容以应急预案、风险评估报告、基础保障信

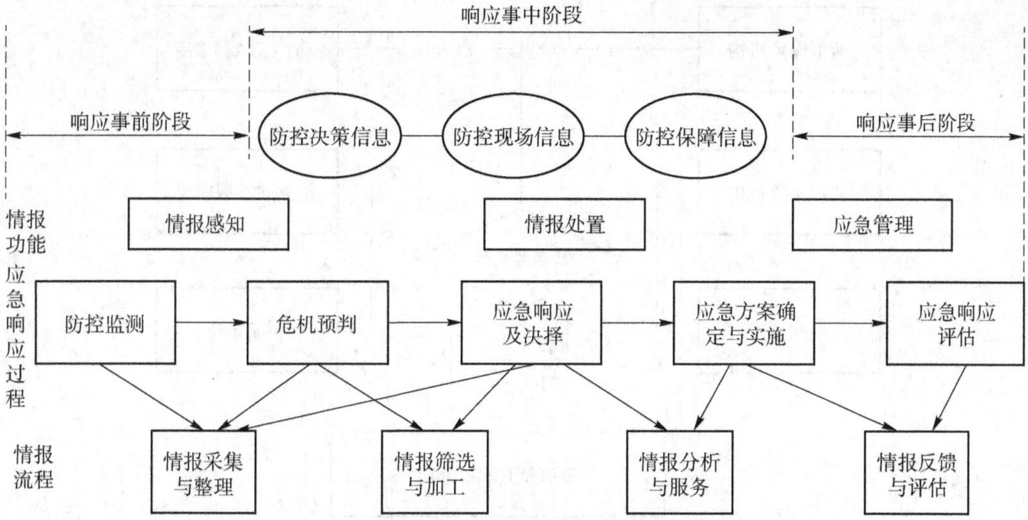

图 1　应急响应的情报流

息等辅助决策制定的情报为主。

在响应事中阶段，应急情报应以减少疫情事件损害及助推决策制定为目的。在此阶段的情报工作，应遵循关键性和及时性的原则，提高信息的采集频率，并扩大联动共享的范围，在保证情报信息准确性的基础上，可不刻意追求信息的完整性，主要以提供关键情报助力决策制定为主。这种关键情报，应是对各类信息综合的集成，是将情报从数据级凝练到特征级再到决策级的升华[17]。

在疫情末期，需对应急情报的全情报工作进行整体、全面的回顾与评估，从事件的全局进行疫情的起因、经过、损失、措施分析，且要对每个阶段进行多角度的对比，对其传播途径、传播规律、防控措施，乃至社会治理的舆情信息进行搜集和整理，并结合专家的读解，完善协同决策应对机制。在此阶段，情报的输入包括全局的标志性信息、各阶段的反馈信息、疫情灾害信息等；输出信息有疫情应急总结、完备的应急预案、各级应急响应信息等。

4.3　应急情报保障体系为多元化协同智库联合体

应急情报保障体系是通过对疫情相关数据的多层次的有效开发而产生的情报产品，再将情报落在疫情防控的策略和措施等实际活动中，它是在对相关领域的数据进行收集、整合基础上构建的科学智库，亦是知识创新和决策的重要依据[18]。因此，单一的专家学者无法全面地进行评析，需要汇聚和协同构建智库联合体进行情报支撑，即以疫情专家智库为主，协同高校、民间智库、党政军智库、科研单位及情报保障机构为辅的情报保障协同工作，从而形成网络协同开放体系，以此促进多元化知识主体的联盟，进行多层次疫情知识共享和集合，最大限度地发挥专家智库价值。图 2 为多元知识主体协同的智库联合体。

在当前疫情常态化下，情报工作更加需要精细化、全面化和有序化。根据情报循环的主要环节：规划定向—正确地搜集和报告—信息分析和生产—情报发布[19]，并结合当前情报疫情常态化的实际情况，本文构建面向重大疫情防控的应急保障智库工作框架，如图 3 所示。工作流程主要包括情报需求分析、数据源、数据传递、数据存储、情报分析、情报产出、资源整理、情报共享与情报反馈几个层次，且是一个循环交替的过程。

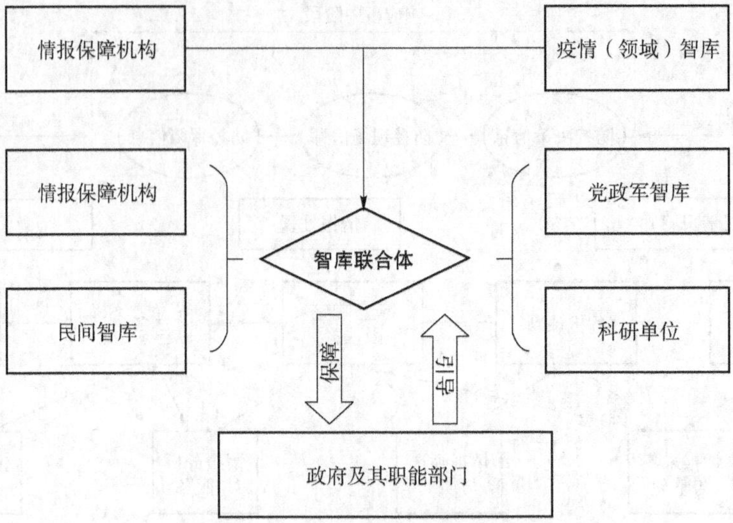

图 2　多元知识主体协同的智库联合体

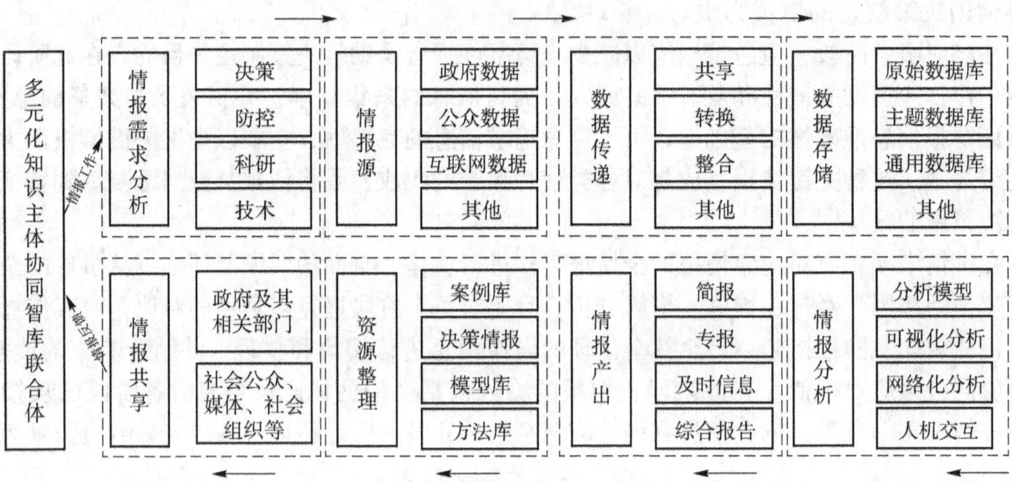

图 3　应急保障智库工作框架

5　结语

当前我国正处于疫情常态化阶段，面向疫情防控的应急情报保障体系将有效对疫情监控、实时救治、信息联动等方面提供重要的支撑作用。本文的应急情报保障体系建立在应急情报体系与智库相融合的基础之上，是多元化知识主体协同的应急情报保障体系。通过厘清应急保障对象，将应急情报流程与多元知识主体相结合，进而运用合理的组织架构为疫情的防控提供情报保障，从而为疫情常态化的疫情防控提供科学的理论基础。但由于疫情的多变性和其他内外部环境的影响，应急情报保障体系应不断完善和调整，它不是永久不变的模型应用，而需针对具体的突发事件，借用情报进行深度的研究后评估，这样才能使应急情报保障体系的能力持续具有效力，进而实现对疫情防控的情报保障作用。

参考文献

[1] 新冠肺炎疫情是新中国防控难度最大的一次重大突发公共卫生事件 [EB/OL]. (2020-02-28) [2020-03-05]. http://news.cjn.cn/wsqzgzb/zxwz/xwdt/202002/t3579484.htm.

[2] 世卫称疫情正在加速传播，世卫称未来几个月与病毒共存是新常态 [EB/OL]. (2020-07-01) [2020-11-14]. https://www.sohu.com/a/404857618_131266.

[3] 苏新宁，朱晓峰. 面向突发事件应急决策的快速响应情报体系构建 [J]. 情报学报，2014，(12)：1264-1276.

[4] 曾子明，杨倩雯. 城市突发事件智慧管控情报体系构建研究 [J]. 情报理论与实践，2017，40 (10)：51-55.

[5] 宋丹，高峰. 美国自然灾害应急管理情报服务案例分析及其启示 [J]. 图书情报工作，2012，56 (20)：79-84.

[6] 李纲，李阳. 关于突发事件情报失察的若干探讨 [J]. 情报理论与实践，2015，38 (7)：1-6.

[7] 次雨桐，李阳，李纲. 应急决策活动中的情报监督问题思考 [J]. 情报杂志，2017，36 (12)：45-51.

[8] 科学把握常态化疫情防控新特征 [EB/OL]. (2020-08-10) [2020-12-14]. http://views.ce.cn/view/ent/202008/10/t20200810_35488230.shtml.

[9] 王伟军. 我国公共卫生突发事件应对的情报机制及体系 [J]. 图书与情报，2020 (1)：15-26.

[10] 李纲，李阳. 情报视角下的突发事件监测与识别研究 [J]. 图书情报工作，2014，58 (24)：66-72.

[11] 李阳. 面向应急管理的情报支撑研究 [M]. 南京：南京大学出版社，2019.

[12] 王文哲. 国家竞争情报战略实施及体系构建研究 [J]. 现代情报，2010，30 (5)：15-17.

[13] 付婷婷. 面向突发事件的国家竞争情报体系研究 [J]. 图书情报知识，2010 (6)：117-122.

[14] 朱晓峰，冯雪艳，王东波. 面向突发事件的情报体系研究 [J]. 情报理论与实践，2014，37 (4)：77-80.

[15] 马费成. 情报学发展的历史回顾及前沿课题 [J]. 图书情报知识，2013 (2)：4-12.

[16] 周晓英，陈燕方，张璐. 中国科技情报事业发展历程与发展规律研究 [J]. 科技情报研究，2019，1 (1)：13-28.

[17] 李纲，李阳. 智慧城市应急决策情报体系构建研究 [J]. 中国图书馆学报，2016，42 (3)：39-54.

[18] 张家年，卓翔芝. 融合情报流程：我国智库组织结构和运行机制的研究 [J]. 情报杂志，2016，35 (3)：42-48.

[19] 张家年，马费成. 国家科技安全情报体系及建设 [J]. 情报学报，2016，35 (5)：483-490.

数据·资源类

京津冀区域协同发展信息安全标准研究

燕娜[1]，郭建伟[1]，张云倩[2]，陈佳宇[1]

（1. 北京市科学技术情报研究所　北京　100044；
2. 北京科技经济信息联合中心　北京　100044）

摘要：信息时代背景下，我国乃至全世界信息化进程全面加快，在信息技术被广泛利用并提供便利的同时，信息泄露、窃取、被非法使用等安全问题频现。随着我们不断加深对信息安全重要性的认识程度，对信息安全的规范、保护、环境、秩序都有了新的要求，各国纷纷制定、研究与信息安全相关的国家、地方、行业标准，推动信息安全标准化工作。本文通过调研京津冀信息安全标准发展现状及困境，基于三地已有标准体系一致性和差异性的对比分析，给出制定适合京津冀三地特点的信息安全标准化发展规划和区域协同信息安全标准体系的决策支撑，为有组织、有计划、有步骤地推广京津冀信息安全标准服务提供指南。

关键词：信息安全；标准；京津冀；区域协同

信息时代背景下，信息技术和信息化在行业乃至地区发展中都起到至关重要的作用。信息安全一旦出现纰漏，有可能会影响行业发展和民生稳定，甚至影响到国家安全。信息安全标准化是确保信息系统实现安全传播、共享的重要组成部分。京津冀作为国家重点发展区域，无论是从增强信息安全区域协同角度，还是从支持区域信息安全产业独立自主发展层面，信息安全标准的研究和标准化建设都具有重要意义。

1　京津冀信息安全标准发展现状及困境

信息安全标准是京津冀信息安全产业发展的前提和基础。发展信息安全产业，首先要出台配套的工业标准，保证信息产品、系统、活动之间的传播、共享具有技术的一致性、联通的安全性，以此调动市场的积极性，进一步发展区域信息安全产业。《2020年国家标准立项指南》中在立项重点方面特别指出，要加强工业互联网、区块链、物联网、5G、新一代人工智能、集成电路等领域，以及数据安全、个人信息保护等网络安全领域标准研制。

京津冀区域信息安全标准化工作涉及信息化建设的各个领域，是一项极具政策性、技术性的系统工程。北京在与信息安全密切相关的产业（比如大数据、云计算）及涉及信息安全的新兴产业（比如3D打印、新能源汽车）形成了一批与世界接轨的国际标准，特别是卫星导航领域的标准族、TD产业联盟的TD-LTE标准、IPv6根服务器标准等实现了很大的突破，为天津和河北树立了良好的榜样，积极推进信息安全标准化工作。

当前，京津冀三地经信委以电子政务和行业信息两方面为重点，开展京津冀信息化协同发展建设工作，并且都对信息安全工作做了具体的部署。一方面，开展电子政务信息安全建设，为政府决策、社会服务提供数据支撑；另一方面，建设行业信息安全共享，为跨区域互联互通提供技术保障（见表1）。可以看出，高低不同的地方标准体系已阻碍了京津冀信息安全产业的发展，建立区域协同发展的标准体系已成为当务之急。

表1 京津冀信息化协同发展建设

建设内容	重点方向	具体部署
电子政务信息安全建设	物理安全	按照“云计算”模式设计，并预留扩展空间
	数据备份	搭建统一的京津冀云灾备中心
	信息公开	① 建立面向公众的京津冀一站式在线审批及政府公共服务一体化信息公开平台； ② 建立京津冀联动管理和服务平台； ③ 建立三地统一的基础数据库
	信息共享	① 建立统一的数据共享平台； ② 组织编制《京津冀政务信息资源共享目录》； ③ 制定完善政务信息共享标准规范、机制和配套措施
行业信息安全共享	共享教育资源	利用信息网络技术使中心城市与周边区域的教师和学生共享教育资源
	远程医疗	制定互认的京津冀电子病历及健康档案统一标准
	智能交通	建立环京津地区交通运输公共管理和信息服务平台

在政府的引导和支持下，京津冀信息安全产业的规模和竞争力不断增强，但是区域间相对独立、缺乏互助，导致三地信息安全产业发展仍存在很大差距，京津冀区域协同的作用效果不明显，加上缺乏顶层设计、专项资金不足、专业人才匮乏、产业发展不均衡等问题的存在，三地信息安全标准工作面临着严峻的挑战。

第一，信息安全威胁的多样性增加了信息安全标准化工作的难度。随着信息技术的不断发展，信息安全威胁的来源、对象、表现形式等不会是单一、不变的形态，尤其是互联网信息安全形势严峻，有害信息传播、病毒入侵、网络攻击、数据泄密频发。《2020年上半年网络安全态势情况综述》报告提到，我国虽没有严重的网络安全事件发生，但信息泄密、高危漏洞、病毒感染、恶意攻击等仍然威胁着我国信息安全。从各地区来看，信息安全威胁与地区政治、经济、文化等因素没有必然联系，比如2020年我国各省市感染计算机恶意程序主机数量在该省市活跃IP地址数量占比，位居前3位的是山东、江苏、广东，并不包括北京和上海，而且对比来看，2019年的前3名河南、云南、河北均排在第5名往后。就京津冀地区而言，各方面相对落后的河北省反而受到更高的信息安全威胁。信息数量、传播速度的加大，需要系统性、及时性、针对性的全方位保护意识和措施，这增加了信息安全保护的难度。

第二，信息化发展进程参差不齐使三地信息安全水平难以形成统一标准。河北省工信厅副厅长段润保提到，在京津冀三地信息化协同建设中，河北是短板，需要借助区域协同提高自身信息化水平。信息在搜集、存储、加工、传输的过程中涉及信息基础设施、通信网络等多个方面，任何一个环节的差距都可能拉开信息化发展的水平。一些基础条件好、起步高的行业，对信息安全的保护意识相对也强；但一些条件较差的企业，其自身基础设施建设都存在缺口，更没有富裕的资金和人力、物力被投入到信息安全中。信息安全标准不匹配将对企业的合作交流产生一定的阻碍，但是三地确实在产业发展及信息安全水平上存在差异，信息安全协同标准的制定不能只考虑技术、配套较好的北京，需要找到平衡点。

第三，行业差异性考验了信息安全标准化工作的专业性。信息安全遍布各行各业，不同行业的信息安全标准的制定，要评估安全风险承受能力，遵循行业特点和特殊需求。标准的制定要考虑每个行业信息安全遭受威胁的概率存在一定的波动的特点。2019 年的 3·15 晚会中曝光的 App 隐私泄露事件使信息安全保护引起政府和民众的极大关注，但其实信息安全问题可能在任何时间出现在我们工作、生活中的任何地点，例如：在国家信息安全漏洞共享平台中，移动互联网、电信和电子政务三个行业每年收录的新增漏洞数量是波动的，而工业控制系统是逐年递增的。可见，不同的行业领域对信息安全的要求、标准及风险承受能力等都会随时变化，制定的信息安全协同发展标准需要根据行业发展变化具有一定的前瞻性。

2 京津冀三地信息安全标准对比分析研究

京津冀一直在信息产业领域不断积极制定信息安全相关的地方标准、行业标准及区域标准，以此使信息产业在国内甚至国际获得更多的认可，鼓励、引导信息安全产业的协同发展。

2.1 三地协同程度较低，地区间差异性较强

从信息安全标准的数量来看，在隶属三地的发布单位数量方面，北京显著多于天津和河北。北京市市场监管局的相关数据显示，北京近几年累计投入补助资金 1.5 亿元用于自主创新技术标准制修订，政府的重视和引导是北京信息安全标准化工作的重要支撑。在信息安全标准方面，北京的重视及发展速度远远高于天津和河北。

就一个区域而言，信息安全产业想要在区域内的任何地方实现公平、自由发展，需要一个公认的、统一的技术规范来消除地区间的壁垒。从京津冀信息安全相关标准来看，三地共同参与的标准只有 3 条，而截止到 2020 年 7 月底，三地其他行业协同标准已有 54 条，说明在信息安全方面，三地标准化工作有待进一步开展。北京在标准数量上的绝对领先说明可以以信息安全标准促进处于信息产业发展优势的北京与相对劣势的天津、河北在政策资金、金融贸易、基础设施等方面的互联互通，达到三地协同发展的目标。

2.2 京津冀信息安全标准重视对信息安全技术的规范

信息安全是我国大力发展网络经济，实施“互联网+”、大数据战略的重要保障。下面应用词频统计软件对京津冀信息安全相关标准的主题进行统计分析。

（1）京津冀信息安全协同标准的关注点。通过对京津冀信息安全相关标准的主题内容进行词频统计，得到词率和权重较高的词语（见图 1 和图 2），排除噪声词语，可以分析出关键词，以此找到三地现有信息安全标准中的核心内容。

结合词率和权重分析关键词（见图 3），主要包括安全技术、系统、信息安全、互联网、技术要求、安全技术要求、安全管理、服务等。可见，三地信息安全协同标准的关注点主要集中在信息安全技术、技术要求、互联网和安全管理等方面。

（2）京津冀信息安全标准的关注点。利用 NLPIR 大数据搜索与挖掘共享平台对三地标准的关键词进行分词研究（见表 2）。可以看出，信息、安全、系统、管理、网络、服务等

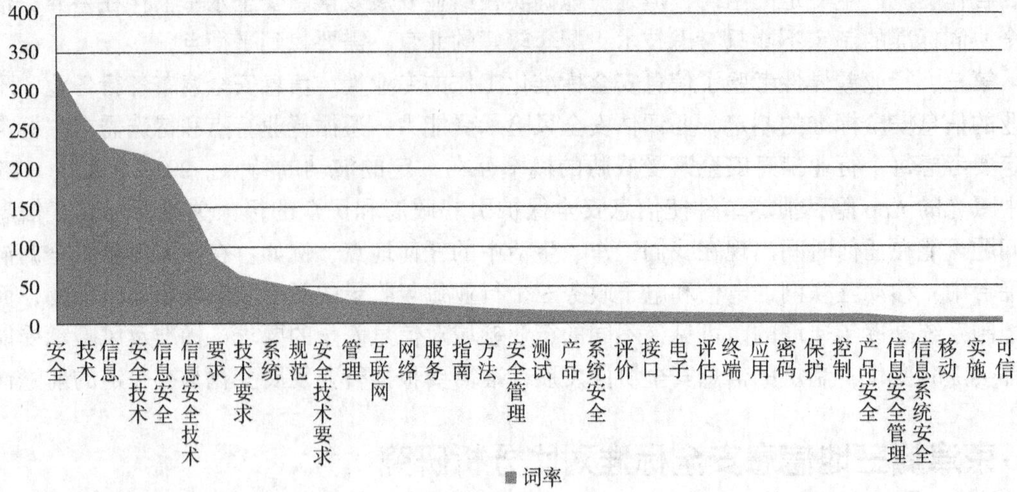

图 1　词率在 10 以上的词语

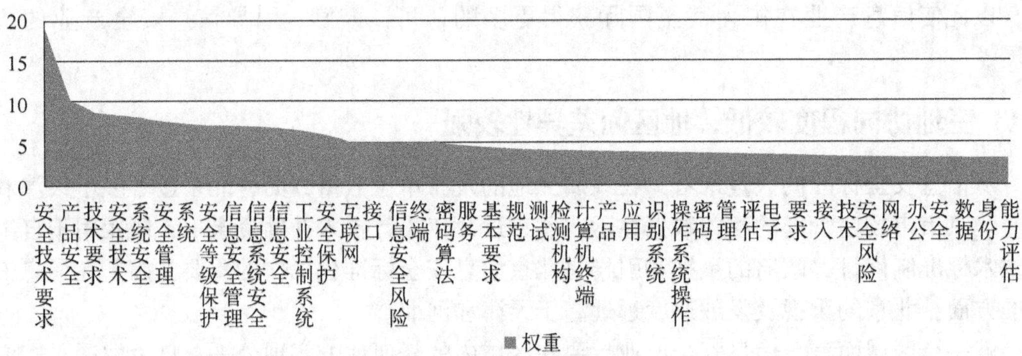

图 2　权重在 3 以上的词语

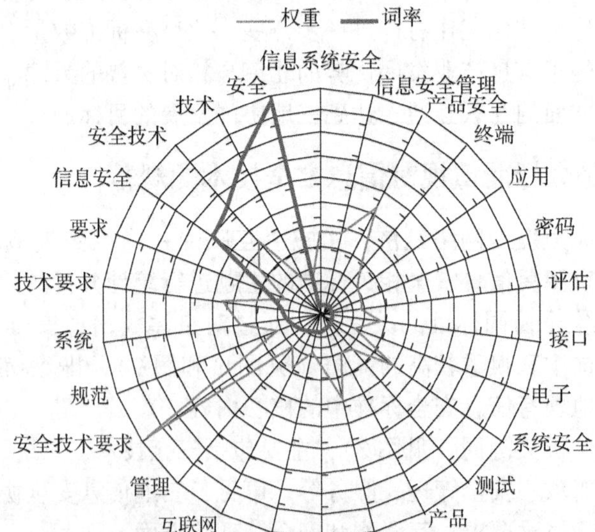

图 3　同时满足词率在 10 以上和权重在 3 以上的词语

在三地的信息安全标准中都是词频较高的词语。

表 2　京津冀三地信息安全标准词频统计

	北京	天津	河北
词频较高的关键词	安全、技术、信息、要求、规范、系统、管理、网络、指南、服务、方法	安全、信息、技术、互联网、要求、管理、系统、数据、服务、中心、接入	互联网、数据、中心、接入、服务、信息、安全、管理、系统

总体来看，京津冀信息安全标准无论是各省市标准还是协同标准，关注的重点都集中在信息安全技术上，并且从系统、网络、管理、服务等角度对信息安全的软件、硬件、检测、管理等方面进行了规定。

2.3　京津冀信息安全协同标准的发布紧跟政策脚步

从京津冀各地信息安全标准发布年份来看，2020 年以前每年北京的发布数量都远远高于天津和河北，在以下三个时间段，三地都有一个明显的涨势（见图 4）。

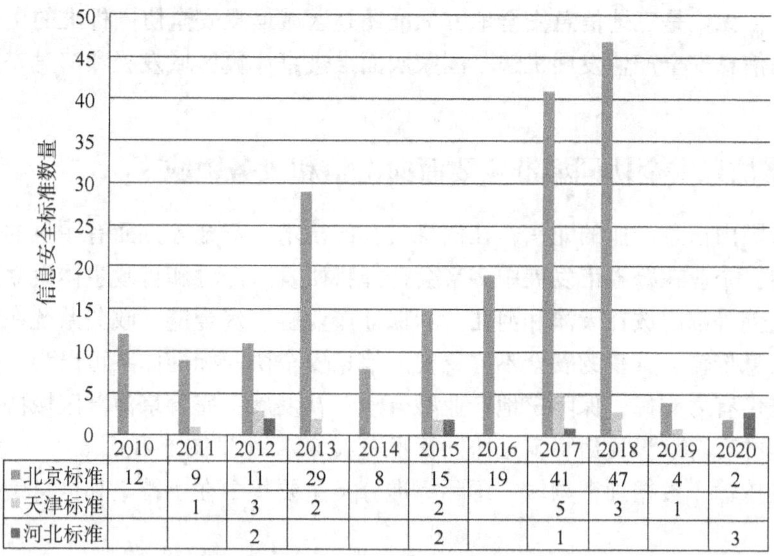

图 4　2010—2020 年京津冀信息安全标准检索结果

（1）2012—2013 年间，2012 年随着京津冀城市群体系规模的日趋稳定，作为核心城市的北京加强对周边的天津和河北的经济辐射力度，信息产业作为北京的优势产业是辐射的重点，需要制定信息安全标准通过引导市场的发展来指引研发活动的方向。

（2）2014—2015 年间，2014 年开始我国大力发展大数据技术，2015 年《促进大数据发展行动纲要》中提到要大力推进大数据产业标准体系建设。在大数据技术引发的信息安全关注度提高和推动标准建设政策出台的共同推动下，信息安全标准发展进入新阶段，北京信息安全标准数量在此期间增长了 87.5%，天津和河北的信息安全标准也在稳步发展。

（3）2016—2018 年间，全国信息安全标准化技术委员会于 2016 年成立大数据安全标准特别工作组，负责制定和完善中国大数据安全领域标准体系，包括研究制定大数据安全能力要求和管理指南、大数据交易安全等国家标准，并在 2017 年发布《大数据安全标准化白皮书》。这一时期，在大数据信息安全产业的不断发展下，政府积极推进大数据安全标准化工作，北京、天津的信息安全标准数量都出现了成倍增长。

（4）2019—2020年，京津冀信息安全标准已进入稳步发展阶段，出台的相关标准数量趋于稳定。主要参照2019年5月13日发布的《信息安全技术　网络安全等级保护基本要求》《信息安全技术　网络安全等级保护测评过程指南》《信息安全技术　网络安全等级保护安全设计技术要求》三项国家标准。

从京津冀信息安全协同标准发布年份来看，信息安全协同标准的发布时间与京津冀区域协同发展的总体时间相符，主要出现在2015年和2017年。

（1）2014年我国进入大数据时代，为三地信息安全保护提供了发展机遇；随着京津冀协同发展战略上升为重大国家战略，信息安全区域协同标准化的必要性逐渐显现出来，京津冀信息安全协同标准于2015年首次出现。

（2）2016年国家“十三五”规划明确提出将京津冀城市群建设成世界级城市群的战略要求，同年北京市市长王安顺提到“十三五”京津冀国民经济社会发展的规划尚缺可以联合三地的统一标准，由此，区域协同地方标准体系在产业协同快速发展的契机下正在逐步形成，2017年三地再次出台区域信息安全协同标准。

总体来看，无论是三地信息安全地方标准还是区域信息安全协同标准的出台，都与大数据时代带来的信息安全产业发展机遇、国家层面推进京津冀区域发展和信息安全标准化工作密切相关。

2.4　京津冀信息安全协同标准主要面向电信和政务领域

北京作为国内信息产业的龙头，在信息安全的技术、资金等方面有明显的优势。在京津冀协同发展中，企业在跨省市发展中多半会选择将研发、金融和行政主体设立在北京，将物流、制造、仓储等部门放在天津和河北。为保证产业链、资金链、政务系统在三地间无缝对接和运行，信息传输、共享的安全不容忽视。信息安全协同标准体系可以为京津冀信息共享与协同发展提供有力支撑，保障三地产业融合、互补发展，完善京津冀区域协同产业体系。

从检索到的现有京津冀信息安全协同标准分类来看（见图5和图6），中国标准分类主要集中在信息传输、数据加密领域，国际标准分类主要集中在字符集和信息编码、电信系统领域。

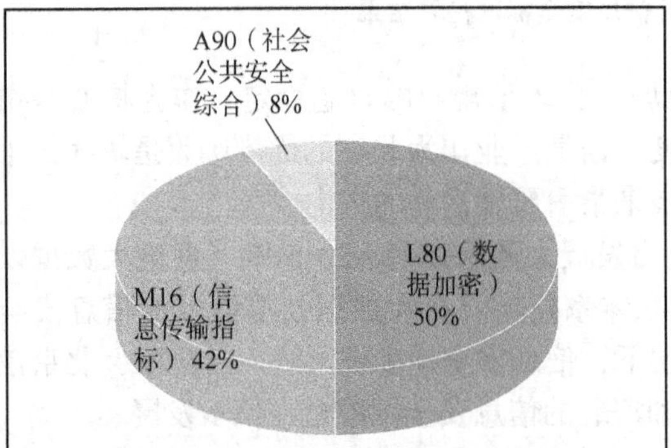

图5　京津冀信息安全协同标准的中国标准分类

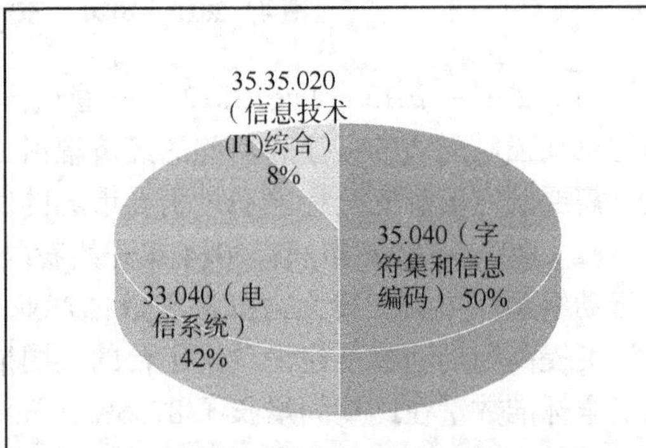

图6　京津冀信息安全协同标准的国际标准分类

从标准的具体内容和适用范围来看，京津冀信息安全协同标准对软件、硬件、服务、产品等信息安全产业链的关键环节都进行了规定，主要涉及互联网数据服务、信息安全管理系统及接口、域名系统安全扩展协议、电子政务系统、信息安全产品等信息安全技术方向。

通过 NLPIR 深度文本分类对京津冀三地信息安全标准进行主题分析研究发现(见图 7)，北京的信息安全标准主题偏向于电视广播和电影，天津偏向于科技动态，河北偏向于经济交流与合作。可见，三地的信息安全标准中涉及的产业侧重点有所不同：北京信息安全标准主要集中在电信领域，天津集中在科技领域，河北集中在经济合作领域。

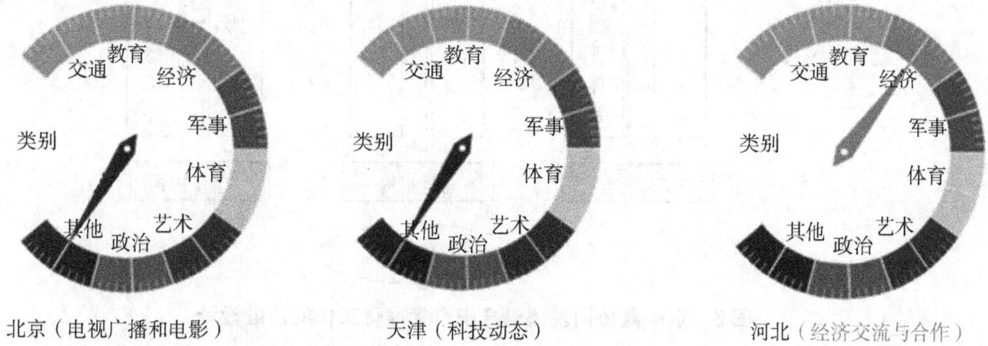

图 7　京津冀三地信息安全标准文本分类

总体来说，电信、政务是京津冀信息安全标准化工作关注的重点领域，主要涉及信息传输、数据加密，重视互联网数据服务、安全管理等内容，这说明京津冀信息安全协同标准注重对信息的防护、加密、监管。

3　京津冀协同发展信息安全标准的对策建议

信息安全是上至国家主权和安全，下至社会稳定、经济发展、公民权益的重要保障，信息安全标准化则是信息安全规范化、制度化的基础，也是保护国家利益、产业发展、社会民生信息安全的方式。京津冀信息安全的保护，可以通过推进区域协同标准化工作来调整、优化信息安全产业，以保障三地信息安全。

3.1　完善京津冀协同发展信息安全标准顶层设计

京津冀各类信息和重要数据保护工作受到广泛关注，大力推进三地协同发展信息安全标准的制定和推行工作势在必行。通过对组织机构、权责划分、流程管理进行顶层设计，完善京津冀协同发展信息安全标准化工作，协调和监督区域标准的实施。以北京的优势资源辐射天津和河北，加强顶层设计（见图 8），确保三地信息安全标准化工作的统一、均衡、稳步提升。

1. 设立京津冀协同发展信息安全标准化研究机构

三地标准化工作单位、研究机构积极发挥标准化智库作用，拓宽研究范围、深究产业特点，对三地信息安全标准相关概念进行统一界定，把信息安全标准体系、信息安全评估和信息安全管理等标准化研究作为工作重点，建立区域协同信息安全标准及测评体系，包括量化信息安全指标、规范安全功能标准、划分安全等级。通过标准化研究规范

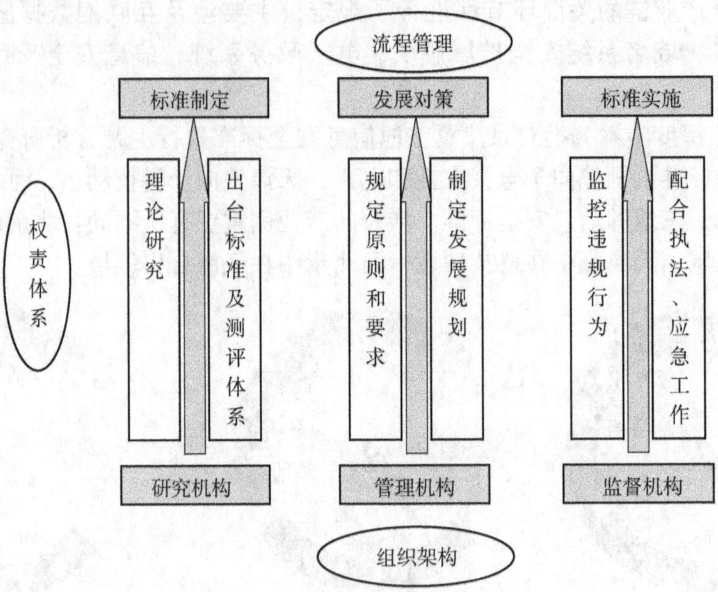

图 8 京津冀协同发展信息安全标准化工作的顶层设计

区域信息安全产业合作环境，助力三地信息安全产业合体发展，支撑三地信息安全互联互通建设、服务。

2. 设立京津冀区域协同信息安全标准化管理机构

广泛、公开征求信息安全管理部门、信息安全产业相关公司和个人、信息安全专业研究机构和个人对信息安全标准化工作的意见，规定三地信息安全标准化通用原则和主体要求，负责信息安全标准的推行教育与培训；制定信息安全标准化发展规划，提高三地协同发展标准化工作合作能力。

3. 设立京津冀区域协同信息安全标准化监督机构

做好信息安全标准化监督工作，协调、筛查、监管跨区域标准化工作的实施情况，建设信息安全标准监控体系，监督信息安全标准跨区域的违规行为，为相关侵权案件、违法案件提供证据支撑；配合三地信息安全相关执法部门，实现跨区域协作、联合执法工作的开展，监督信息安全标准化工作过程的公开透明和专项资金的合理使用，以及应急事件的区域联动处理工作。

3.2 建立京津冀信息安全协同标准体系

目前，京津冀信息安全标准化水平不高，可以参考国际和国内其他区域信息安全标准化的经验。在顶层设计的基础上，根据京津冀三地特点，秉承求同存异的原则，建立区域协同发展信息安全标准体系，确保总体目标一致，具体指标的设定要考虑实际差异性，实现信息安全相关技术研发、产品制造、基础设施建设、检测评估等方面的标准化（见图 9）。

首先，加大信息安全标准研究力度。京津冀乃至全国都缺少专业性较强的信息安全标准研究团队和平台，协同标准是否能在区域内推行的科学性、可操作性有待验证。加大信息安全标准化工作研究力度，针对三地信息安全问题中高发行业、风险隐患、地域特征等因素，制定协同发展标准，为信息安全标准创造制定、测试、验证各个流程的研究环境，重视实用性，搭建标准研究验证平台，发挥标准化工作的规范性作用，推进信息安全产业可以在京津

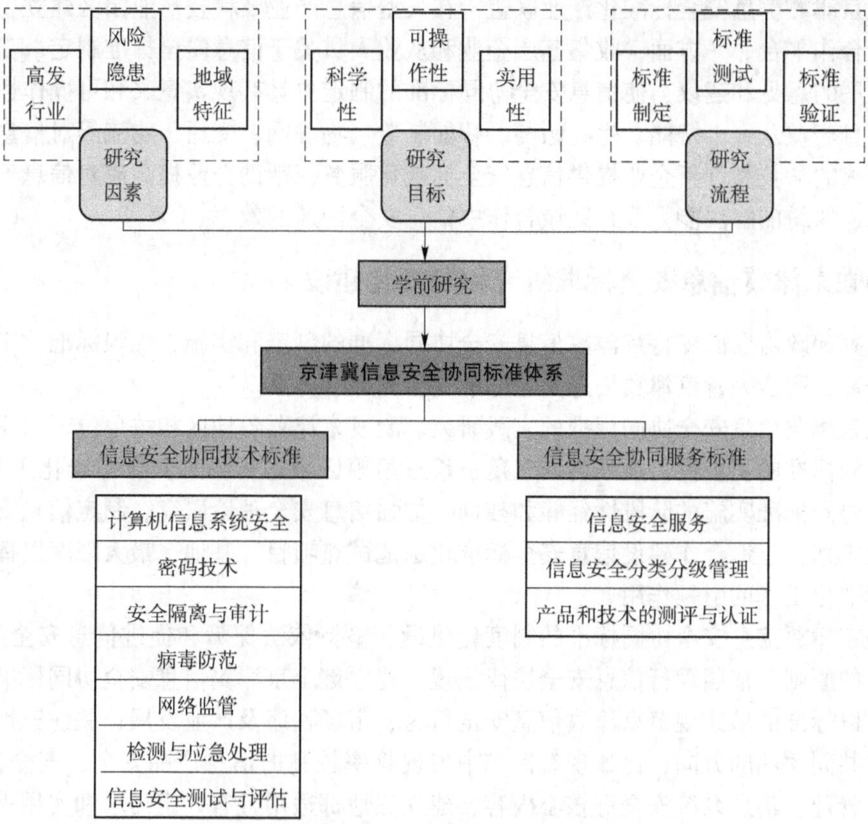

图9 京津冀信息安全协同标准体系的构建

冀区域间合理、协同、有序发展，争取做到与国际标准的衔接，使京津冀信息安全产业以中国特色高标准走向国际市场。

其次，建立技术和服务双重保障的京津冀信息安全协同标准体系。京津冀信息安全协同标准体系主要从信息安全软件、硬件、施工、检测、管理等方面分为技术和服务两个系列标准进行规范。

3.3 探索京津冀信息安全标准化协同合作模式

京津冀区域拥有丰富的信息资源，三地在信息传播和共享的协同发展中应注重信息安全保护。标准协同是三地信息安全产业发展的趋势，但在实施中要充分考虑三地的经济社会发展和信息技术水平不平衡的情况。探索搭建信息安全标准化协同云平台，为三地政策、产业、金融、民生等方面信息跨区域集中、融合、共享的安全提供规范化的保护渠道。

建立京津冀信息安全标准化协同云平台，整合三地信息安全优势资源，联合三地信息安全标准化相关机构，汇总区域内信息安全标准化协同开展工作中的问题。一方面，围绕三地尤其是北京重点发展的战略性新兴产业、高精尖产业形成信息安全标准化研究专题，发挥北京在信息安全标准研究和相关产业中的带动作用，与天津和河北以统一的高标准严要求合力保护信息安全，促进三地协同标准的完善和实施。另一方面，加大区域协同信息安全标准化工作宣传力度，公开信息安全标准化应用的典型案例、服务体系、公众监督渠道，保证信息安全标准化工作在京津冀区域内的实施和推广做到多产业精准对接。

建立京津冀信息安全标准化产业联盟，在大型信息产业及科技产业园区建立企业信息安全标准化合作平台。一方面，收集基层企业和从业人员关于信息安全标准制定、三地信息安全协同发展的意见和建议，使信息安全协同标准的制定更具有现实意义和可操作性。另一方面，为信息产业及人工智能、生物医药、智能制造、物联网、交通、物流等对信息技术有较高安全需求的科技型创新企业提供信息安全标准化服务，帮助企业提高应对信息安全风险的防范意识、纠纷的解决能力及跨区域合作中信息安全沟通的效率。

3.4 加强京津冀信息安全标准研究和制度化建设

从国家和政府层面支持京津冀信息安全协同标准的制定和实施，加强标准化工作的法制建设和研究，逐步完善京津冀信息安全标准化协同标准体系。

加强京津冀信息安全协同标准的实践研究。激发京津冀各地区相关单位、组织及个人研究区域协同标准的积极性，加强与珠三角、长三角等区域进行信息安全标准化工作的交流，研究三地协同标准实施的阶段性经验和教训，加强信息安全理论研究、制定信息安全区域标准化发展规划，三地合作建设信息安全标准化示范试点项目、基地，最大限度发挥信息安全产业中标准化工作的引领作用。

加强京津冀信息安全协同标准的制度化建设。坚持依法保障和促进信息安全产业有序、健康发展的原则，依照现行信息安全法律法规，建立健全京津冀信息安全协同标准化相关法规政策，以标准的形式规范京津冀信息安全行为、市场秩序及产业发展；关注三地信息安全现有标准共同关注的方向，比如现有标准中出现频率较高的信息产品安全、安全技术要求、信息安全管理、信息系统安全等核心内容，建立三地都适用且有一定需求和实用性的协同标准，保障区域内信息安全体系的高效运行；重视信息安全标准化工作的贯彻实施，开展调研工作，结合实际不断优化标准制定的规则，建立灵活高效的修订机制和程序。

参考文献

[1] MARK STAMP. Information security：principles and practice [M]. 2nd ed. 北京：清华大学出版社，2013.

[2] BISHOP M. Computer security：art and sciences [M]. 北京：清华大学出版社，2004.

[3] 冯登国，赵险峰. 国内外信息安全科学技术研究现状与发展趋势 [C]//中国计算机学会 2006 中国计算机学科发展报告. 北京：清华大学出版社，2007：240-254.

[4] 冯登国，赵险峰. 信息安全技术概论 [M]. 2 版. 北京：电子工业出版社，2014.

[5] 吴志刚，胡啸. 信息安全标准化现状及对策建议 [J]. 信息网络安全，2005 (4)：43-45.

[6] 邬晓霞，高见京，朱春筱. 京津冀地区城市体系规模结构的测度与评价：基于 2006—2012 年数据 [J]. 河北经贸大学学报，2016 (3)：102-108.

[7] 罗书臻. 长三角签署执行联动信息共享合作协议 [N/OL]. 人民法院报，2014-12-09 (1) . https://www. chinacourt. org/article/detail/2014/12/id/1499992. shtml.

[8] 林春亮. 新发展形势下的珠三角公共信息安全联动体系的构建研究 [J]. 广州广播电视大学学报，2009，9 (6)：94-97.

[9] 刘玲，韩红莲. 京津冀城市群城市规模分布及演进机制研究 [J]. 经济论坛，2019，583 (2)：79-84.

[10] 深入推进京津冀产业协同发展的有效路径［EB/OL］. http://hbrb. hebnews. cn/pc/paper/c/201906/05/c137078. html.
[11] “京津冀资源循环利用标准体系研究”项目研讨会顺利召开［EB/OL］. http://www. hebstd. net. cn/keyangongzuo/chengguozhanshi/2016-11-17/1704. html.
[12] 北京共发布地方标准1750项，含京津冀协同标准50项［EB/OL］. http://news. sina. com. cn/c/2019-10-14/doc-iicezzrr2189486. shtml.
[13] 吴志刚，胡啸. 信息安全标准化现状及对策建议［J］. 信息网络安全，2005（4）：43-45.
[14] 全国人大代表谢津秋建议：搭建京津冀政务云互联平台［EB/OL］. http：//www. tjrd. gov. cn/qgrd/system/2019/03/08/030011961. shtml.
[15] 京津冀三地代表探讨科技资源信息共享之道［EB/OL］. http://news. sciencenet. cn/htmlnews/2019/11/433065. shtm.
[16] 郭建伟，燕娜. 密码技术对“双网”的安全保护［M］. 北京：兵器工业出版社，2018.
[17] 邹梦婕. 信息安全标准化发展问题研究［J］. 山东工业技术，2014（5）：39-39.
[18] 唐潇潇. 京津冀信息资源共享政策研究［D］. 保定：河北大学，2016.
[19] 孙杰贤. 京津冀信息化协同大幕开启［J］. 中国信息化，2016（8）：28-31.
[20] 王海燕，马峥，潘云涛，等. 基于专利产出的技术领域分析：以信息安全技术领域为例［J］. 科技管理研究，2016，36（9）：161-164.
[21] 韩晓露. 美国新一代信息技术安全标准研究发展状况及对我国的启示［J］. 信息安全与通信保密，2017（9）：100-105.
[22] 于洁，栗琳. 基于情报感知的关键信息基础设施安全保护［J］. 情报理论与实践，2019，42（4）：5.
[23] 吴照幸. 标准与专利的比较分析探讨［C］//2013年中华全国专利代理人协会年会暨第四届知识产权论坛论文汇编第三部分. 2013.
[24] 李雪伟，唐杰，杨胜慧. 京津冀协同发展背景下的政策协同评估研究：基于省级“十三五”专项规划文本的分析［J］. 北京行政学院学报，2019（3）：53-59.
[25] 梁平，律磊. 京津冀协同立法：立法技术、机制构建与模式创新［J］. 河北大学学报（哲学社会科学版），2019，44（2）：57-62.
[26] 高常水，史春腾，唐梓午. 我国信息安全产业发展态势及对策研究［J］. 科学管理研究，2013，31（3）：70-73.

新冠肺炎疫情期间科研院所数据资源的网络服务研究

——以北京市科学技术研究院为例

陈佳宇，郭建伟，燕娜，张素娟

（北京市科学技术情报研究所　北京　100044）

摘要：2020年春节期间，全国范围内暴发的新冠肺炎疫情给各行各业带来了巨大的影响。疫情发生后，北京市科学技术研究院按照上级指示实行在家办公的方式，在资源保障方面通过免费数据资源的整合、远程访问北科文献服务平台、线上培训与答疑等方式，最大限度地保障了科研人员对资源的需求。结合北京市科学技术研究院2020年上半年数据资源使用情况，本文提出疫情防控常态化下提高科研院所数据资源的网络服务的建议。

关键词：新冠肺炎疫情；数据资源；应对措施

1　引言

2019年12月以来，湖北武汉陆续发现多起新型冠状病毒肺炎（以下简称新冠肺炎）病例，均诊断为病毒性肺炎或肺部感染。新冠肺炎疫情的暴发恰逢中国农历新年，节前以返乡探亲为目的的大规模人口流动加剧了疫情的传播和蔓延风险，而不足一个潜伏期后的节后人口回流将会再次给疫情防控带来挑战。为了有效切断新冠肺炎疫情传播途径，国家和各地政府陆续出台了一系列疫情防控措施。政府机关和企事业单位落实用工单位防控，按照“少接触、少聚集”原则，采取线上办公、错峰上班、轮流到岗等弹性工作方式；各地根据疫情实际推迟开学时间，暂停培训机构所有线下课程，以线上教学替代课堂教学等。

北京市科学技术研究院（以下简称市科研院）严格按照北京市疫情防控工作领导小组会议精神，在春节假期延长后实行弹性工作制，立足科研、科普优势，不等、不靠，主动作为，投身到京津冀一体化的工作中。所谓弹性工作制，即利用现代信息技术，将居家办公、在岗办公通过网络有机结合起来。为适应防控新常态下的资源使用需求，市科研院开展远程访问、线上培训与答疑服务，努力保障线上宣传培训的受众范围与培训效果。

2　疫情危机下北京市科学技术研究院的应对举措

2.1　面向科研人员详述可远程访问的各类资源

在抗击疫情的特殊时期，市科研院按照上级要求，结合自身实际制定详细的工作方案，负责资源采购服务的信息资源部及时调整服务方式，按照“标准不降低、学习不停顿、研究不中断”的要求，深化“用户导向、服务至上”理念，不断创新服务方式，将线上、线下服务模式相结合，尽全力为全院科研人员的学习和研究工作的开展提供文献保障和信息服务。开通市科研院 IP 范围之外数据资源的访问方式，开展使用已购数据资源和免费获取数据资源的线上培训，提高已购数据资源使用量等。

2.2 推广北科文献服务平台的使用

市科研院对数据库资源进行了统一采购与服务，通过 2016—2020 年连续五年数据库资源建设工作的开展，逐步构建了数据库资源统一检索与服务平台，实现了多数已购信息资源的统一检索和用户管理。多年来，信息资源部一直在积极推广北科文献服务平台在资源检索方面的高效和便利，但由于市科研院购买的绝大多数数据资源均是 IP 段内自动登录，正常办公期间部分科研人员并未把北科文献服务平台当成资源获取的首选，还是习惯通过各自网址直接进入指定数据库内。随着在家办公的开展，如何远程获取市科研院已购买的数据资源成为科研人员面临的问题。面对突发情况下办公方式的改变，信息资源部积极推广北科文献服务平台，部分科研人员获取文献资源的途径也发生了改变，越来越多的科研人员开始注册并开通使用北科文献服务平台。

2.3 开展线上培训与答疑服务

市科研院总结以往数据库资源宣传与培训方面的经验，适应防控新常态下的资源使用需求，进一步优化宣传推广的力度，开展远程访问、线上培训（集中或一对一）与答疑服务，努力保障线上宣传培训的受众人数与培训效果。通过在线会议方式举办了面向所有科研人员的数据库资源使用培训，科研人员与培训老师在线上就数据库资源的内容和使用展开了积极的交流与讨论。同时，为提高市科研院文献资源的利用率，解决部分科研院所科研人员对市科研院已购数据资源的统一检索和用户名异地登录等操作的困惑，邀请该方面的权威专家开展专题培训，培训结合相关实例操作方式进行。

3 疫情期间北京市科学技术研究院数据资源使用统计与分析

3.1 数据来源与统计

本文选取了市科研院科研用户使用频次较高的知网、万方和超星三大数据库作为分析对象，数据来源由数据商统一提供，访问方式包括 IP 段内直接访问、账号密码访问、北科文献服务平台统一检索访问，统计了 2019 年上半年、2020 年上半年三大数据库的检索数据和下载数据。

3.2 数据资源整体分析

表 1 是三大数据库资源从检索量和下载量两个指标的对比，从整体上看，2020 年上半年知网、万方和超星三大数据库均得到了有效的推广和使用。尤其是超星数据库中的资源的下载量有大幅度提升，检索量提升了一个数量级。

表 1　知网、万方和超星三大数据库资源使用情况

指标名称	数据库名称	1月		2月		3月		4月		5月		6月	
		2019 年	2020 年	2019 年	2020 年	2019 年	2020 年	2019 年	2020 年	2019 年	2020 年	2019 年	2020 年
检索量	超星	20 489	103 635	22 573	104 098	23 243	105 237	24 805	106 497	26 253	106 797	27 658	106 966
	万方	16 827	17 832	17 233	18 517	17 224	18 713	16 244	18 238	18 440	19 315	16 056	17 323
	知网	277 322	213 843	198 353	171 375	277 000	305 620	250 698	373 078	235 471	398 363	241 699	204 245
下载量	超星	17 035	43 031	18 013	49 033	17 934	52 239	19 244	65 229	20 641	60 224	22 939	60 260
	万方	28 689	30 363	35 309	36 872	29 937	34 151	35 233	35 535	27 709	33 868	38 419	37 952
	知网	31 571	19 133	26 343	16 967	35 554	26 166	29 998	28 137	26 085	28 918	30 191	14 792

(1) 下载量：反映用户实际获取的文献量。从图 1 可以看出，2020 年上半年各月，超星数据库中资源的下载量高于知网和万方数据库，整体较上一年度有飞跃式的提高。2020 年 5 月，知网数据库资源使用量较 2019 年 5 月高一些，增加了 10.9%；2020 年 2 月和 6 月，知网数据库资源的下载量较上一年度同月份下降比例较多，分别下降了 35.6%和 51%，这与 2 月份全国疫情和 6 月份北京疫情的暴发相对应。

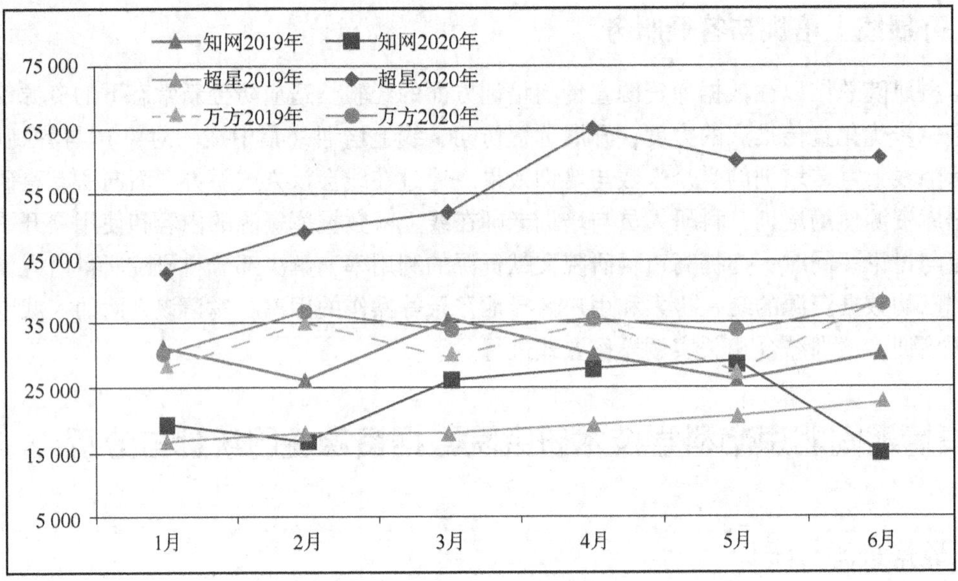

图 1　知网、万方和超星三大数据库资源下载量统计

(2) 检索量：指用户进行检索查询的次数，反映用户实际使用资源的情况。从图 2 来看，2019 年上半年与 2020 年上半年相比，知网的检索量均是最多的，其次是超星和万方，其中超星的检索量较上一年有大幅度的提高，万方 2020 年单月数据资源的使用量较上一年均有小幅度的提升；2020 年 2 月和 2020 年 6 月知网的检索量较上一年同月份均有一定的下降，2 月下降了 13.6%，6 月下降了 15.5%，2020 年 5 月较上一年同月份检索量有所提高，提高了约 69.2%。从检索量变化趋势图来看，超星与万方的 2020 年上半年和 2019 年上半年检索量对应曲线图走势是基本一致的；知网的 2020 年上半年和 2019 年上半年检索量对应曲线或高或低呈波浪形，且 2020 年对应曲线和 2019 年对应曲线在 2 月与 3 月、5 月与 6 月之间出现了交叉。

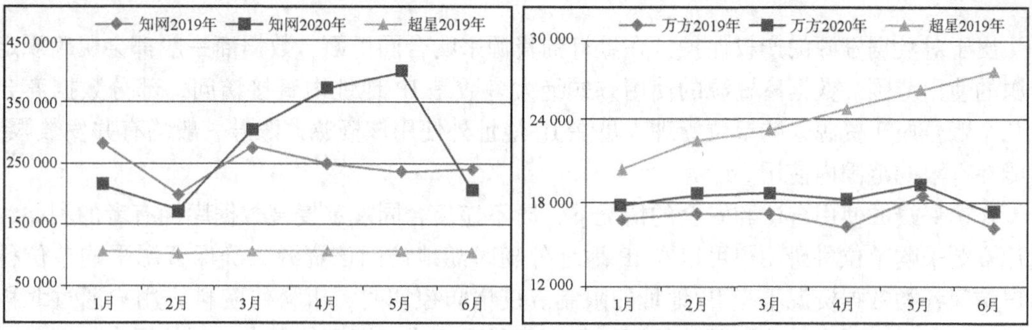

图 2　知网、万方和超星三大数据库资源检索量统计

4　疫情防控常态化下科研院所数据资源网络服务的发展思考

2020 年 3 月 30 日，《人民日报》发表的《在疫情防控常态化条件下加快恢复生产生活秩序》文章指出，在境内疫情形势趋缓后，如何统筹好疫情防控和复工复产，是很大的挑战。境内疫情仍有“死灰复燃”的风险，境外疫情又加速扩散蔓延，输入压力持续加大，只有做到疫情防控常态化，才能为复工复产创造安全稳定的前提条件。

基于当前疫情防控的需要和科研人员资源服务、科研院所发展的多重考虑，本文作者在空间环境、专业化服务、人员素质、合作共享等方面进行了进一步的思考，并正在进行一定的实践探索。

4.1　构建智慧化的服务模式

在疫情防控常态化时期，随着用户资源服务需求向网络化、数字化、在线化、移动化和个性化方向发展，科研院所需要以读者需求为导向、以特色资源建设为核心，整合多样化服务方式与新媒体手段，推动资源服务向主题服务、专题服务等知识服务、智慧服务转型。在实践工作中，科研院所要基于已采购服务数据，明确所在单位科研人员的需求特点，对科研用户进行类型划分，结合已购资源构建针对性的资源服务模式；注重数字资源的再加工、整合与再利用，以特色专题为方向，组织相关人员进行收集和加工处理；充分利用现代互联网、新媒体技术优势，将资源服务方式不断创新。

4.2　提高资源服务人员的服务水平

不断提高资源服务人员的业务能力是提高资源服务的关键点，尤其是在疫情防控常态化时期，需要科研院所科研用户根据自身在特殊时期对资源应急服务的特殊需求，加强与资源服务人员的业务学习与交流讨论；科研院所通过开展业务学习、阅读分享、报告交流学习加强与相关科研单位之间的互动，通过分享各种学习资源、共同完成学习任务等形式开展共享式学习；通过用户服务需求来促进资源服务人员学习的主动性及学习兴趣的培养，培养一批具有较高信息素养、在各学科各领域有特长的资源服务人员，努力打造一支在各领域精、专、深的参考咨询服务人员团队。

4.3 构建多方式的用户远程访问

出于对数据资源的产权保护，在签订的资源采购合同里面，数据商一般都会明确规定该资源的使用范围。数据库资源的使用方式绝大多数是IP地址内直接访问，部分数据商会开通几个账号便于资源采购单位管理人员在IP地址外使用该资源，账号一般均有并发数限制，只能在有限的范围内使用。

在确保资源使用合法和安全的情况下，既不违反合同规定侵害数据库拥有者的利益，又能让资源采购单位科研用户可以在IP地址外随时随地访问该资源，确保资源采购单位科研用户访问各类数据资源不受IP地址的限制。疫情防控期间，市科研院科研用户通过北科文献服务平台实现了对已购资源的使用，保证了科研用户对资源的需求。高校图书馆通过采用微信公众号、VPN、代理服务器等校外远程访问数据库的方式，保障了数据库资源获取的便利性。

5 结论

新冠肺炎疫情给人类健康和社会经济带来了巨大影响，信息是疫情防控的关键要素。自新冠肺炎疫情发生以来，各类信息与数据都呈爆炸式增长，真假混杂、格式多样、详略不一的各种信息给疫情处置工作带来巨大挑战。从信息资源管理的角度，统筹政府、传媒、社会等多方面工作，强化疫情期间相关信息与数据的治理，既是危机应对之急需，也是社会管控之基础。

在抗击新冠肺炎疫情的特殊时期，市科研院按照上级要求，结合自身实际制定详细工作方案，信息资源部及时调整服务方式，按照“标准不降低、学习不停顿、研究不中断”的要求，深化“用户导向、服务至上”理念，不断创新服务方式，将线上、线下服务模式相结合，尽全力为全院科研用户的学习和研究工作的开展提供文献保障和信息服务。

参考文献

[1] 本报评论员. 在疫情防控常态化条件下加快恢复生产生活秩序［N］. 人民日报，2020-03-30（1）.

[2] 宫庆艳. 数据库内容评估与使用统计分析的实践与探讨：以辽宁科技大学为例［J］. 情报探索，2011（6）：42-44.

基于物联网信息安全的应用研究

郭建伟[1,2]，陈佳宇[1]，燕娜[1,2]

（1. 网络密码认证技术北京市重点实验室　北京　100044；
2. 北京市科学技术情报研究所　北京　100044）

摘要：基于组合对称密钥技术的数字签名系统是基于对称密码算法、组合密钥技术和U盾技术的安全中间件产品，用于保证B/S系统中信息的完整性和不可否认性。该系统包括客户端、Web服务器和数字签名验证中心三部分，在客户端用户持有具有标准USB接口的U盾硬件设备，Web服务器端产生时间戳作为生成签名密钥的控制参数之一，并与数字签名验证中心进行通信，在数字签名验证中心的签名验证服务器端采用具有标准PCI接口的加密卡硬件设备，实现基于硬件芯片级的数字签名和签名验证。该系统以时间戳和随机数为数字签名参数从用户“密钥种子”中选取组合，自动生成一次一变的签名密钥来对数据文件进行数字签名，而不使用传统的基于数字证书和非对称算法（RSA或ECC）来建立数字签名体制，有效地提高了数字签名和签名验证的安全等级和速度。

关键词：组合对称密钥；数字签名；硬件；一次一密；对称密码算法

0　引言

基于对称密码算法、组合密钥技术和U盾技术的安全中间件产品，用于保证B/S系统中信息的完整性和不可否认性。该系统包括客户端、Web服务器和数字签名验证中心三部分，在客户端用户持有具有标准USB接口的U盾硬件设备，Web服务器端产生时间戳作为生成签名密钥的控制参数之一。该系统以时间戳和随机数为数字签名参数从用户“密钥种子”中选取组合，自动生成一次一变的签名密钥来对数据文件进行数字签名，而不使用传统的基于数字证书和非对称算法（RSA或ECC）来建立数字签名体制[1-2]，有效地提高了数字签名和签名验证的安全等级和速度。

该数字签名系统可以广泛用于电子政务、电子商务、网上银行、办公自动化系统等应用领域中，实现对数字文件或表单的数字签名，具有广大的应用前景。该系统的应用可以保证在网上传输信息的完整性，确认信息来源，防止抵赖。

1　研究背景和意义

计算机网络日益普及，“无纸化办公”随之迅速发展，但在网上传输的重要文件、资料、公告等信息的安全性成为“无纸化办公”发展的瓶颈问题。数据如果被黑客攻破，那么数据信息就无法保证完整性。在网络上传递的信息的私密性和不可否认性日益受到人们的重视，为此，用来保护数据完整性的数字签名的研究与研发成为热门话题。

目前的数字签名系统通常基于证书和公钥密码体制（RSA 或 ECC），利用用户私钥对所需数据文件的信息进行数字签名，其私钥需要严格保密。且 CA 认证中心的建立和维护成本偏高（尤其是证书和密钥的维护），数字签名和签名验证的效率偏低。采用 U 盾和加密卡硬件设备进一步提高了数字签名系统的安全性[3-4]，具有安全性高、效率高、实用、成本低等特点。

2 主要研究过程

网络密码认证技术北京市重点实验室团队在对各类数字签名系统进行大量研究和深入分析的基础上，提出了基于对称密码算法、组合密钥技术和 U 盾技术[5-6]的进行数字签名系统。该团队在研究过程中遇到的主要问题和技术难点包括以下几点。

1）对数据库记录进行数字签名

用户在客户端提交的各字段被存储在服务器端数据库中，对数据库记录的数字签名等价于对网页上各字段的数字签名。客户端系统从网页上获取文件的各字段后，首先对各字段进行填充，填充字符为字符“0”，并合并（以有效实现对各字段的完整性验证，避免各字段直接合并出现混淆的情况），然后利用 SHA-1 算法对填充、合并过的字段做摘要运算。在 U 盾中采用对称密码算法（SM1 算法）对摘要进行加密，即数字签名。

2）确保签名不可否认性

数字签名系统必须保证签名的不可伪造、不可抵赖（否认）[7]。采用该数字签名系统进行数字签名时，服务器端生成时间戳并传给客户端；并将摘要和时间戳输入到客户端 U 盾芯片中，且 U 盾产生随机数，根据时间戳和随机数对“密钥种子”表进行组合选取生成一组签名密钥，来加密“摘要”信息得到数字签名。每个用户的“密钥种子”表都不同，因此，不同用户使用同样的签名参数（时间戳和随机数）可以生成不同的签名密钥，只有用户持有指定的 U 盾才能以自己的身份进行数字签名，从而可以保证签名的用户是合法用户，并且签名不可抵赖。

同时，签名参数（时间戳和随机数）只能在这次签名过程中有效，下次进行数字签名会生成不同的签名参数，相应的签名密钥也会发生变化，随机数取 32 位十六进制数，签名密钥的变化量为：每小时内共 2^{160}种，因此不必担心签名参数被其他人截取（同时被人获取 U 盾硬件设备）而造成安全隐患。

采用组合对称密钥生成算法，即：采用时间戳和随机数对一套密钥种子（占 3 KB）进行选取，将选出的元素合成一组密钥，并作为认证/签名或加密密钥，实现密钥实时产生，一次一变，密钥的变化量为 2^{160}。

3）处理数据库断开异常

在系统运行过程中，如果数据库异常断开，就会影响用户的正常使用。因此，必须检测数据库是否发生断开异常，并在检测到断开异常时启动自动重连数据库机制。

在多线程环境下，自动重连数据库要解决的问题是一定要保证任何时刻只能有一个线程执行重连数据库的操作。本系统采取的解决方法是在出现断开异常时新创建一个线程执行数据库连接操作，连接完成后该线程自动退出。

3 设计原则

该数字签名系统解决了对称密钥的分发和管理难题，成本低，效率高，可以应用在政府机关、企事业单位、银行等单位的电子政务、电子商务、网上银行、办公自动化系统中，能够保护数据文件的完整性，保障数字签名的准确性、实用性、完整性、可鉴别性和不可抵赖性。

用户在提交数据前，首先需要利用安全芯片进行数字签名/数据加密，并将数字签名、数据密文和相关控制参数信息提交到应用服务器，由其转发给数字签名验证中心服务器执行数字签名验证/数据解密操作。数字签名/数据加密协议流程如图 1 所示。

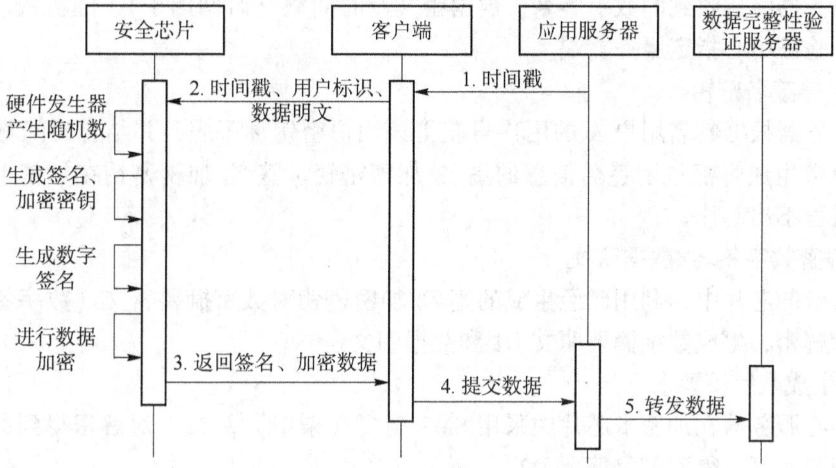

图 1　数字签名/数据加密协议流程

客户端用户 A 在发布信息、提交数据时需要进行数字签名/数据加密。

（1）生成时间戳（时间因子）。

客户端首先获取应用服务器生成的时间戳（时间因子）控制参数，时间戳包含年、月、日、时、分、秒，比如 2010-07-01 14：12：56。本项目取时间戳（时间因子）的年、月、日、时四部分，如：2014-07-01 14。

（2）产生随机数。

客户端在本地产生随机数，随机数由智能卡内的硬件随机数发生器生成，为 256 位二进制数，将每 8 位作为一组，形成 32 组十六进制随机数。

（3）生成签名/加密密钥。

客户端按照时间戳（时间因子）从智能卡安全芯片中选择相应的年、月、日、时密钥种子集合，并选择对应时间戳（时间因子）密钥种子群外的固定“密钥种子”子集合一起构成 32×32 密钥种子子表。将随机数的每个字节随机数作为一个偏移量，从选取出的 32×32 密钥种子子表中选择相应的元素（随机数负责确定密钥种子子表的列元素），最终得到 32 个密钥种子元素，共 16 B，作为一组签名/加密密钥，用于加密数据及数据的数字摘要。签名/加密密钥的产生和加密过程不出卡，只在智能卡内存中出现。

（4）生成数字摘要。

用户根据 SM3 摘要（杂凑）算法对数据进行数字摘要运算。

（5）生成数字签名/数据密文。

利用已经生成的签名/加密密钥，使用SM1分组密码算法在智能卡芯片内对数字摘要和数据进行加密，生成数字摘要密文（数字签名）和数据密文，将得到的数字签名、数据密文及时间戳（时间因子）、随机数、用户标识等数据一起合并（合并过程不涉及加密），然后发送到应用服务器端。

（6）数字签名验证/数据解密协议。

客户端对数据进行数字签名/数据加密后，将数字签名、数据密文和相关控制参数信息提交到应用服务器，由其转发给数字签名验证中心，最终由验证中心服务器执行数字签名验证/数据解密操作，并记录日志，返回结果到应用服务器。

（7）应用服务器转发客户端提交的数字签名/数据加密信息。

应用服务器将接收到的数字签名、数据密文及时间戳（时间因子）、随机数、用户号等数据转发到验证中心指定服务器端。

（8）获得签名密钥。

验证服务器根据签名用户A的用户号获得该用户密钥种子表，并结合时间戳（时间因子）和随机数生成解密数字签名信息的签名/加密密钥。签名/加密密钥在加密卡芯片中生成，整个过程不出芯片。

（9）解密数字签名/数据密文。

在加密卡的芯片中，利用已经生成的签名/加密密钥对数字摘要密文（数字签名）和数据密文进行解密，生成数字摘要明文D1和数据明文。

（10）生成数字摘要。

验证中心服务器在加密卡芯片中采用SM3摘要（杂凑）算法，对解密得到的数据明文进行数字摘要运算，得到数字摘要D2。

（11）验证数字摘要。

在加密卡芯片中对数字摘要D1与D2进行比较，从而判断该数据是否是用户A的签名。

（12）存储日志。

将该用户提交数据的数字签名及签名信息（包括签名用户标识、时间戳、随机数等）存储在日志数据库的签名日志表中。

（13）返回操作结果。

将数字签名验证结果和数据明文返回到应用服务器，根据业务流程进行进一步的处理。

该数字签名系统具有安全性、可靠性、可操作性等特点。

（1）安全性。

该数字签名系统选用了符合国密局安全标准的U盾、加密卡SJK0817-B和SM1算法，SM1算法固化在硬件IP核内，其算法不公开；随机数由硬件随机数发生器生成，能够保证随机性和不可预知性。数字签名必须使用合法用户唯一的U盾来完成，因此，数字签名不可否认。组合生成的对称密钥也是一次一变，即签名密钥一次一变（签名密钥的变化量为每小时内共264种），因此可以防止盗用攻击，确保了数字签名系统的安全性，是“芯片级”的数字签名系统[8]。

（2）可靠性。

该数字签名系统采用获得国家密码管理资质的国内硬件生产厂商的安全产品SZD35-CU

盾和 SJK0817-B 加密卡作为主要硬件加解密设备。

(3) 可操作性。

用户使用方便，只需要在客户端插入具有标准 USB 接口的 U 盾硬件，通过数字签名验证中心（数字签名验证中心由服务器和加密卡组成）在应用系统中执行数字签名验证操作即可，在客户端增加人机对话引导用户进行数字签名系统的操作，不增加使用复杂度，不需要组织专门的应用培训。

(4) 适用性。

本系统是一款安全中间件产品，提供标准应用接口，可以便捷地集成在现有网站、网上银行或办公自动化系统中。

该数字签名系统所需的必要用户信息及数字签名参数被保存在一个与应用系统数据库记录的序列号字段（如：OA、ERP 中的文件序列号）相关联的一对多主外键关系子表中，具有鲜明的“中间件”特征，不影响原有应用系统结构和关系数据库结构，可有效保证应用系统的正常运行。

(5) 使用效益。

该数字签名系统可用于政府、企事业单位、银行的电子政务、电子商务、网上银行、办公自动化系统等应用系统中，应用范围很广，潜在效益巨大。

该数字签名系统由客户端和服务器端组成，如图 2 所示。

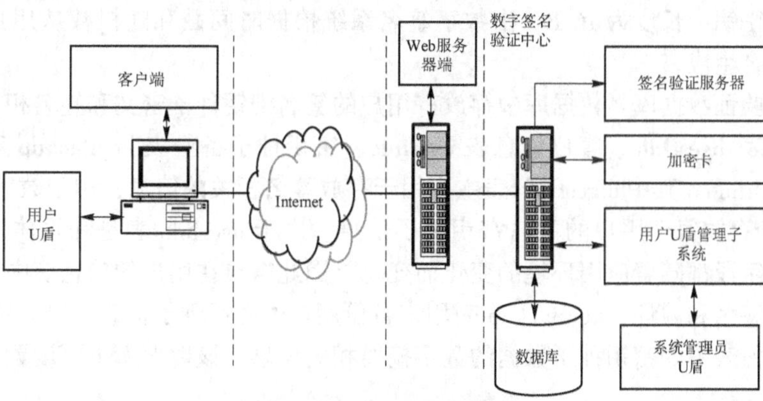

图 2　该数字签名系统构成

客户端安装和部署客户端子系统，具有标准 USB 接口，用户持有 U 盾（又称“智能卡密码钥匙”），通过 U 盾硬件设备与客户端数字签名子系统协同作用实现数字签名功能。

服务器包括 Web 服务器和数字签名验证中心的签名验证服务器。Web 服务器用来存储客户端访问页面，与数字签名验证中心（签名验证服务器和加密卡）进行通信，通过连接签名验证服务器和加密卡执行签名验证操作；签名验证服务器具有通用 PCI 接口，在签名验证服务器上安装、部署签名验证服务器端子系统和签名验证及用户管理数据库，负责签名验证及用户 U 盾管理，在数据库中存放有用户的签名密钥种子密文和签名相关信息等。该数据库也可设置在独立的数据库服务器上。

4　工作原理

该数字签名系统由客户端模块、Web 服务器端模块和数字签名验证中心模块组成，其中数字签名验证中心包括签名验证服务器和加密卡。客户端连接用户的 U 盾硬件设备，客户端根据该组时间戳和U盾芯片中产生的一组随机数，在U盾中产生签名密钥进行数字签名。

Web服务器接收到用户请求后，将签名验证任务转发给数字签名验证中心的签名验证服务器；签名验证服务器结合加密卡硬件实现签名验证功能，并返回运行结果给客户端。

1）术语定义

（1）U盾：是一款基于标准USB接口的电子设备，系统用户人手一个，在客户端使用，用于存储用户个人信息和密钥种子信息，并可在U盾芯片内实现对文件字段的数字签名。

（2）加密卡：具有标准PCI接口，安装在数字签名验证中心的签名验证服务器上，用于在服务器端执行数字签名验证过程。

（3）用户号：即用户标识，同一网络系统里每个用户的用户号各不相同，作为该网络用户的身份标识。

（4）随机数：用于控制签名密钥生成的随机数参数共计32 B。

（5）时间戳：表示用户请求操作时的计算机系统时间（年、月、日、时、分、秒）。

（6）密钥种子：每套密钥种子对应一个网络用户的用户号，这些密钥种子均为由客户端用户U盾中的硬件随机数生成器产生的十六进制的随机数，生成的用户密钥种子以明文存储在U盾芯片内，用户密钥种子以密文形式出卡实现密钥交换，即存放在数字签名验证中心的验证服务器里，从而保证密钥种子明文不会在客户机内存中出现，防止密钥种子被非法用户窃取。密钥种子用于生成用户的签名密钥。

（7）签名密钥：长度为16 B，由数字签名系统根据时间戳和随机数从用户密钥种子中进行选取并组合生成。

（8）签名验证数据库：数据库中存放有用户的签名密钥种子密文和签名相关信息等，主要有签名信息表digestInfo、客户信息表userInfo、密钥种子备份表keyBackup和密钥种子摘要信息表kHashInfo。其中digestInfo表主要用于存放签名相关的信息，用于数字签名的验证；userInfo表用于存放每个用户的签名密钥种子信息。由于userInfo表是和具体应用环境相关的表，表名和字段都随着应用环境的变化而变化，因此需要在用户的信息表中增加相应字段才能进行数字签名和验证；keyBackup表用来备份用户的密钥种子信息；kHashInfo表用来存放密钥种子备份表中的密钥种子数据的数字摘要相关信息。该数据库也可设置在独立的数据库服务器上。

2）用户密钥种子的组成

在该数字签名系统中，用户密钥种子由16个子集合组成，这些密钥种子均为由客户端用户U盾中的硬件随机数生成器产生的十六进制的随机数，生成的用户密钥种子以明文存储在U盾芯片内，用户密钥种子以密文形式出卡实现密钥交换，即存放在数字签名验证中心的验证服务器里，从而保证密钥种子明文不会在客户机内存中出现。

3）密钥种子防篡改功能及工作原理

为防止用户密钥种子和数字签名信息被窃取或篡改，本数字签名系统提供了重要数据防篡改功能，通过定期对数据库中的密钥种子字段进行“摘要”，并与在加密卡芯片中存储的“摘要”结果进行对比验证，以确保密钥种子信息未被篡改，保证数字签名系统的正常运行。

在该数字签名系统中进行初始化设置或用户密钥种子信息发生更新时，系统将启动对每个密钥种子备份表中的密钥种子数据的“摘要”操作，并在加密卡芯片中存储更新后的“摘要”结果，以保证系统可对当前最新、最完整的数据进行完整性校验。并且，该系统可定期对数据库进行备份。如果检测到篡改等异常情况，系统将根据备份数据对数据表进行自动恢复，从而保证数字签名系统的安全性。

该数字签名系统每半小时对密钥种子备份表中的密钥种子数据进行一次“摘要”操作和验证，执行过程中以1万条记录为基准对数据进行分割，依次进行“摘要”和“摘要”验证。系统管理员也可以根据实际情况手动启动对系统中密钥种子备份表中的密钥种子数据的“摘要”及对比验证操作。

4）签名验证中心功能、作用及基本工作原理

（1）归档文件字段。

在该数字签名系统中，数字签名验证中心在接收到用户A上传的数字签名信息后，先进行Base64解码，然后对用户A上传的文件字段进行签名验证。如果确认是用户A上传的文件字段，则将用户A的用户号（用户标识）、签名的文件字段、选取签名密钥的参数（时间戳和随机数）和文件字段的数字签名一起存储在数字签名验证中心的签名验证服务器端的数据库中。

（2）签名验证。

①获得摘要信息。

合法用户K在向数字签名验证中心提交数字签名验证请求后，验证中心将根据提交的文件记录ID号获得文件的字段内容及字段的数字签名信息。

②获得签名密钥。

根据签名文件的用户号A获得该用户密钥种子表，并结合时间戳和随机数生成解密摘要信息的签名密钥，签名密钥在加密卡芯片中生成，整个过程不出芯片。

③解密数字签名。

在加密卡的芯片中，利用已经生成的签名密钥对摘要密文进行解密，生成摘要明文D1。

④验证摘要。

验证中心对签名文件的各个字段内容重新进行填充，填充字符为字符“0”，然后合并成一个字符串，根据SHA-1摘要算法对该合并过的字符串做摘要运算，生成摘要D2并输入加密卡中，在加密卡芯片中进行D1与D2的比较，从而判断该文件是否是用户A的签名。

⑤返回验证结果。

如果该文件确实是用户A的签名，则将该文件经由网络发给用户K，并显示数字签名验证结果。

5）关键技术及创新点

该数字签名系统采用U盾和加密卡硬件技术、对称密码算法和组合密钥技术，实现对数据文件的数字签名和签名验证功能，尤其是使用加密卡硬件设备作为数字签名的仲裁者。

5 工作流程

在客户端，用户的个人信息（如：用户号、用户姓名、身份证号等）和密钥种子数据存储在用户的U盾芯片中。在数字签名验证中心的服务器端，所有用户的密钥种子数据均采用加密卡硬件芯片中存储的专用密钥加密，密钥种子以密文的形式和用户号（用户标识）存储在数据库中。

在该数字签名系统中，对数据文件字段进行摘要运算时采用SHA-1算法，由软件算法实现。对其结果（数字指纹）进行加密（数字签名）的过程和对签名验证时的加解密过程采用的是国家密码管理局批准的对称密码算法 SM1 算法，固化在 U 盾和加密卡硬件设备芯片中，加密算法 SM1 不公开，安全强度高。

1）数字签名

用户在提交数据文件时，在客户端利用 U 盾对文件字段填充、合并后的字符串进行数字签名，并将文件字段签名和文件字段的相关信息传递给数字签名验证中心，数字签名验证中心将该文件字段数字签名相关信息保存在验证中心的签名验证服务器端。数字签名流程如图 3 所示。

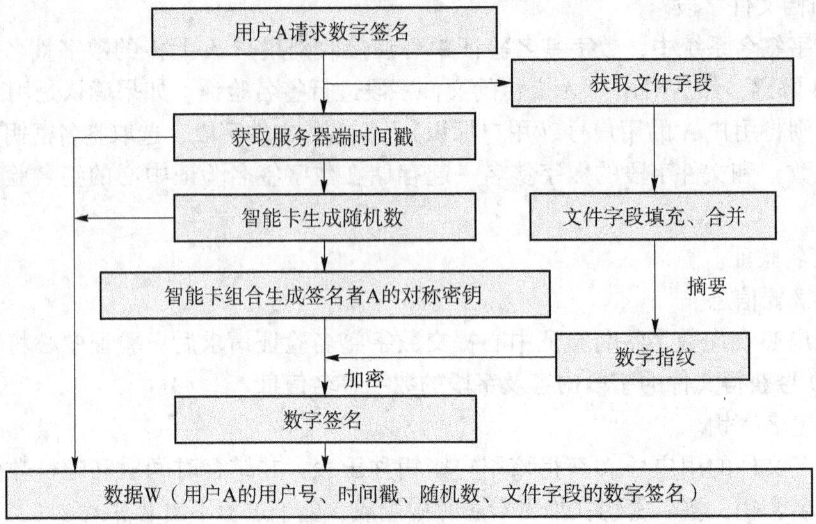

图 3　数字签名流程

2）数字签名验证

在对文件字段进行签名验证的过程中，用户 K 根据服务器端存档的文件记录向数字签名验证中心请求对文件字段进行签名验证。数字签名验证中心利用对称密码算法、组合密钥技术和加密卡硬件技术，验证该文件是否由用户 A 签名，并将验证结果传递给用户 K。验证数字签名的流程如图 4 所示。

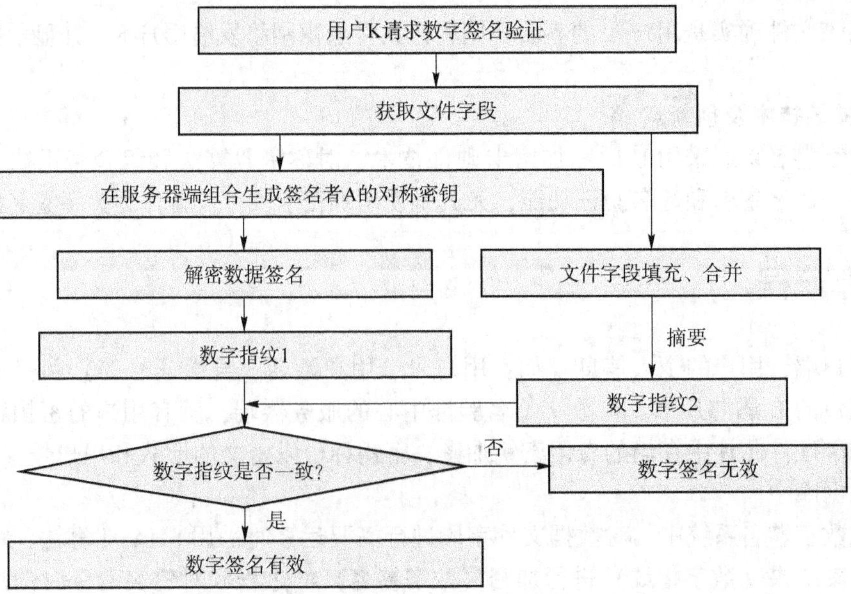

图 4　数字签名验证流程

文件数字签名功能及加解密功能演示如图 5 和图 6 所示。

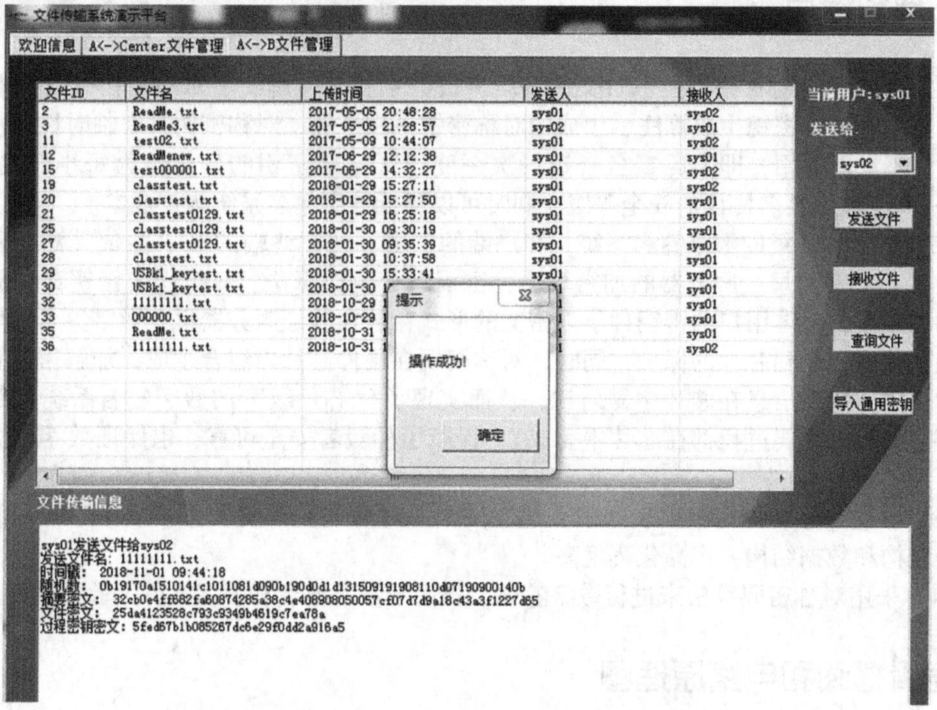

图 5　发送文件：用户 1 将文件签名并加密后发送给用户 2

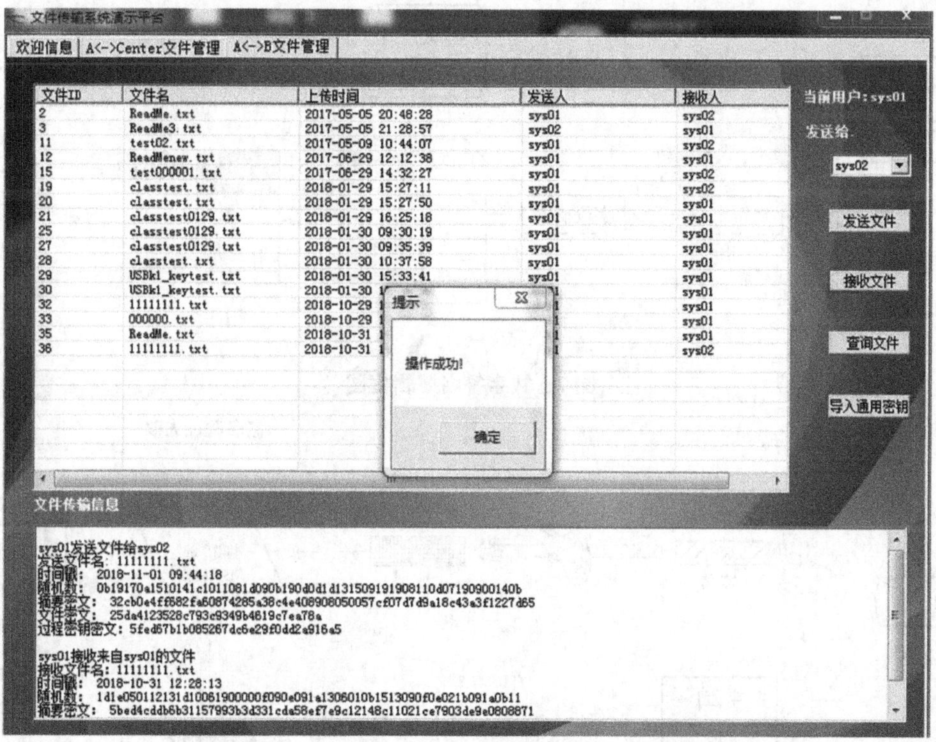

图 6　接收文件：用户接收来自其他用户的文件，验证签名并解密

6 主要创新点

(1) 利用组合对称密钥技术对文件字段进行数字签名，解决了对称密钥分发和管理问题。根据组合对称密钥生成算法，生成的对称密钥一次一变，对称密钥具有临时性，使用后就失效，不重复使用，即实现签名密钥一次一变[9]（签名密钥的变化量为每小时内共 2^{64} 种)，提高了数字签名协议的安全等级，同时可以降低数字签名系统维护成本。

(2) 基于芯片级的数字签名系统，客户端的加密算法、终端的 ID、生成算法、密钥种子存放在 U 盾芯片里，服务器的加密算法、密钥组合生成算法、一组固定密钥都存放在加密卡的芯片里，全体用户的密钥种子以密文的形式存放在验证服务器里，数字签名的加密系统和加密数据都受到芯片的保护，同时，对称密钥在硬件芯片内组合生成，加解密运算也在芯片内完成，摘要信息在芯片中做对比，从而实现了“芯片级”的数字签名系统（数字签名和签名验证的主要过程都在芯片中完成)，保障了仲裁者安全可靠，也保证数字签名系统安全可靠。

(3) 在应用系统原有数据表基础上建立一个一对多的主外键关系子表，不影响原有应用系统结构和数据结构，产品化程度高。

(4) 采用对称密码算法来进行数字签名，提高了数字签名和签名文件的验证速度。

7 逻辑框图和电路原理图

数字签名逻辑框图、数字签名验证中心验证文件流程及归档流程分别如图 7~图 9 所示。

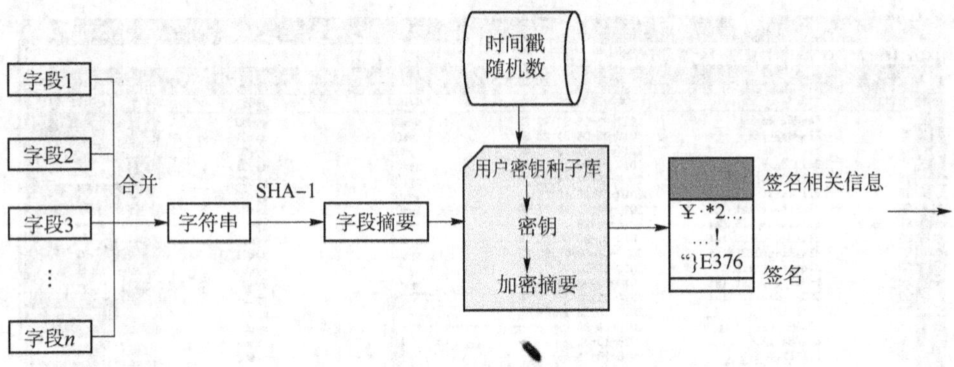

图 7 数字签名逻辑框图

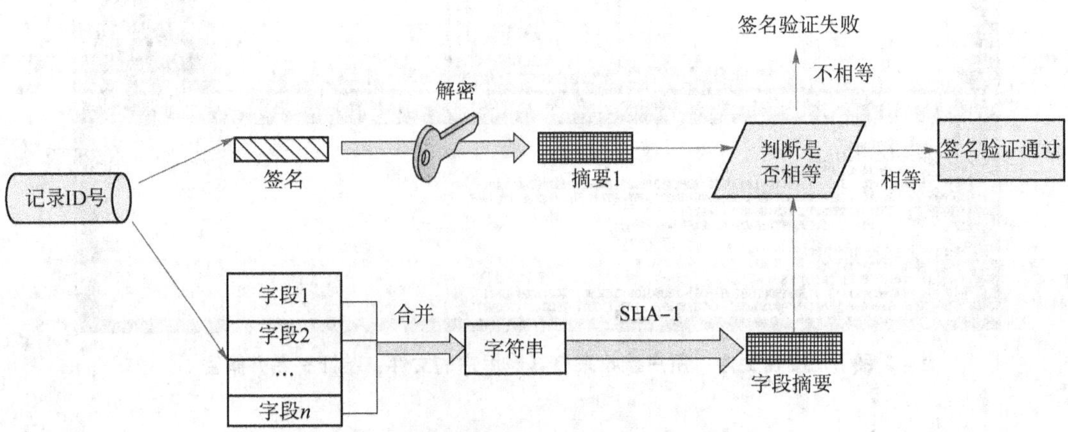

图 8 数字签名验证中心验证文件流程

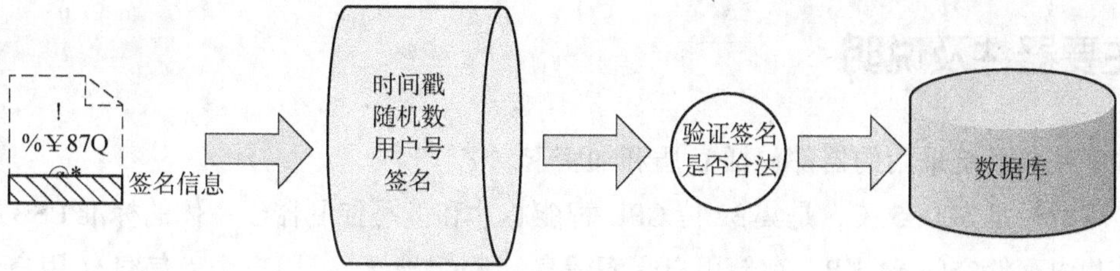

图 9　数字签名验证中心归档流程

8　国家应用软件产品质量监督检验中心报告

国家应用软件产品质量监督检验中心报告见图 10。

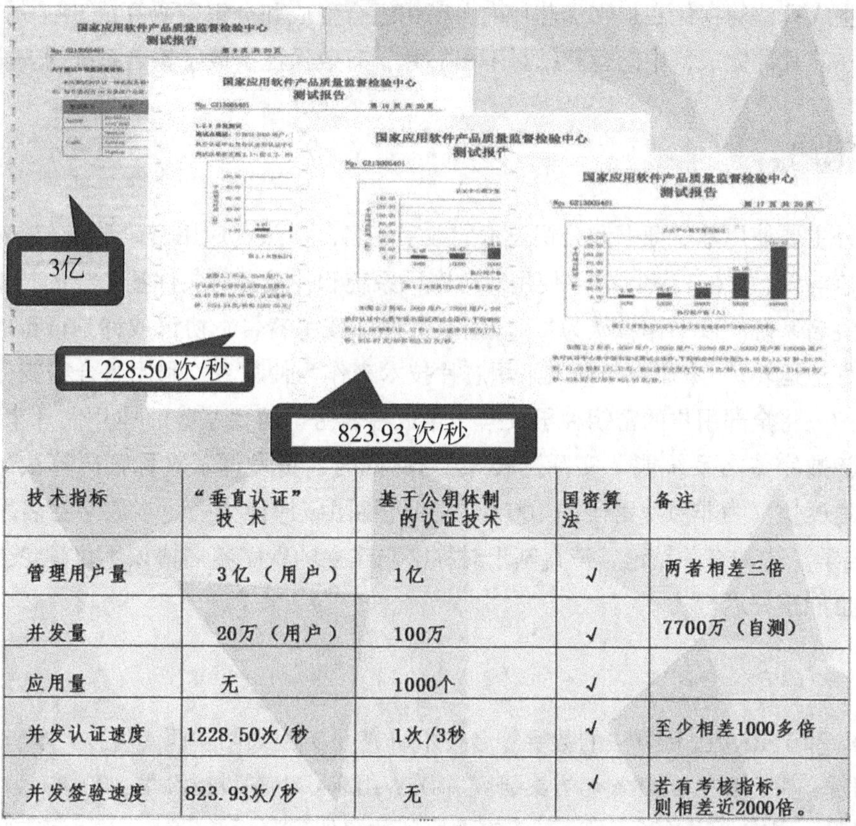

技术指标	"垂直认证"技术	基于公钥体制的认证技术	国密算法	备注
管理用户量	3亿（用户）	1亿	√	两者相差三倍
并发量	20万（用户）	100万	√	7700万（自测）
应用量	无	1000个	√	
并发认证速度	1228.50次/秒	1次/3秒	√	至少相差1000多倍
并发签验速度	823.93次/秒	无	√	若有考核指标，则相差近2000倍。

图 10　国家应用软件产品质量监督检验中心报告

在图 10 中的对比表中，本研究技术在国家应用软件产品质量监督检验中心做了检测（见检测报告），认证中心存放 3 亿用户，做了 5 000，1 万，…，20 万用户的并认证和并发签验（结果见测试报告）。本重点实验室在完成财政科研课题时也进行自测。条件：认证中心存放 3 亿用户，做了并发量为 7 700 万（远远大于 100 万）的认证试验。结果：耗时大约 30 h，并发认证 712 次/秒。由于认证系统都采用单点登录方式，应用量个数多少对整个认证系统的影响不太大。

9 主要器件及说明

数字签名系统采用的器件包括U盾和加密卡。

U盾型号是SZD35-C，是集32位CPU智能芯片和读写控制器于一体的标准USB接口产品，芯片内存储空间64 KB，存储用户密钥信息（密钥种子）、用户个人信息（用户号、姓名、身份证号等）、密钥组合生成算法，以及符合国家商用密码标准的分组密码算法SM1，可直接在芯片内调用密码算法完成加密/解密运算，中间运算结果不出芯片[10]，有效保证了系统客户端的安全性。

加密卡型号是SJK0817-B，具有标准PCI接口，卡内RAM存储空间为12 KB，FLASH存储空间为128 KB。将符合国家商用密码标准的分组密码算法SM1、一组固定对称密钥及密钥组合生成算法等存储在加密卡芯片内，密钥组合生成和分组密码算法SM1加密/解密运算可直接在芯片内完成，中间运算结果不出芯片，有效保证了数字签名系统的安全性。

10 结束语

国内外主要使用基于证书和公钥技术的数字签名，参照《应用密码学》（Bruce Schneier著，吴世忠等译，2.6.1节）中“使用对称密码系统和仲裁者对文件签名”的技术概念，来建立数字签名系统。该书作者认为：“理论上这种（数字签名）协议或许是可行的，但实际上不能很好地运转。”本研究与研发采用芯片技术来作为仲裁者，利用组合密钥完成密钥的更新和维护，将全部用户的密钥种子数据（生成签名密钥的“基”）也用芯片来存储保护，从而使得该数字签名系统能“实际运转”，与此同时，也发挥了对称密码算法的优势——加、解密速度快（为非对称密码的100倍）和抗集团破译能力强。本数字签名系统颠覆了《应用密码学》中的有关结论，使得基于对称密码建立的数字签名协议不仅理论上可行，而且实际上也能很好运行。

参考文献

[1] 高磊. 基于RSA公钥算法的数字签名技术研究［D］. 绵阳：西南科技大学，2018.

[2] 张伟哲. 基于ECC的环签名方案研究［D］. 山东：山东科技大学，2018.

[3] 左黎明，周庆，陈兰兰，等. 基于安全协议的智能灌溉系统设计［J］. 河南师范大学学报（自然科学版），2019，47（1）：33-39.

[4] 彭帅. 基于安全ASIC密码芯片PCIE加密卡系统的设计与实现［D］. 沈阳：辽宁大学，2017.

[5] 郭宁，张有志，孙英明. 对称式密码体制数据加密算法的分析［J］. 山东工业大学学报，2001（4）：365-369.

[6] 冯福伟，杜丽萍，李瑛，等. 基于组合对称密钥技术认证系统的设计［J］. 计算机工程与设计，2013，34（7）：2296-2300.

[7] 杨善军，姜昌金. 基于可转换的不可抵赖签名的合同签署协议［J］. 信息网络安全，2017（4）：34-39.

[8] 杜丽萍，刘宇. 基于安全证书的PKI解决方案［J］. 网络安全技术与应用，2012（6）：23-25.

[9] 胡祥义，刘彤. 动态对称密码算法的研究与探讨［J］. 网络安全技术与应用，2006（3）：69-71.

[10] 胡祥义，赵桂芬，马彦姣. 一种银行卡安全解决方案［J］. 网络安全技术与应用，2016（6）：101-102.

社会医疗保障系统网络安全解决方案

郭建伟[1]，燕娜[1]，陈佳宇[2]

（1　网络密码认证技术北京市重点实验室　北京　100044；
2　北京市科学技术情报研究所　北京　100044）

摘要：医疗保障系统网络安全既是公众参与管理医疗保障安全的重要平台，又影响社会稳定。城市医保卡用户量未来几年会突破上亿，市民在医院看病进行实时支付，通过认证将合法用户医保部分的医药费（占总药费的75%~80%）实施从网上直接支付给医院，安全快捷，节省医药费报销审批的成本，保证财务结算安全准确。本文对医保安全的网络舆情研究文献分别按照以不同类型的舆情研究对象为标准和以不同模型为标准进行整理、分类分析并归纳。如何解决网络用户量不断扩大背景下网络安全认证的规模化（用户量达到几亿人）需求，已成为PKI技术难以逾越的瓶颈，光靠加大设备投入（资金）来提高CA认证中心管理用户的数量，只是杯水车薪，需要颠覆性的认证技术架构才能解决规模化认证的难题。

关键词：HIS医保实名制；信息安全；生物识别

0　引言

某市社会保障信息化系统是某市十大醒目工程之一，自2001年开始进行，已经覆盖整个城市，共有约1 100万人参加医保，其中包括城镇职工300多万人，城乡居民700多万人。某市社保医疗机构共计约700家，其中：有500家医院，200家药店，能够使用医保卡就医和结算。某市社保信息系统是实时结算，各家机构同社保中心系统采用光纤专线和双线路备份设计，在一条线路出现问题后可以立即切换备用线路进行补救，保证网络连接稳定可靠。

某市全市医保结算每天实际数量大约在15万笔（上班8 h内为主），在24 h内全部完成结算，患者在就医交费的同时，医院的HIS系统即同时完成同医保中心的实时结算，患者只需交纳自己应交部分，其余社保报销部分实时结算到医院账户。某各大医院都有一套HIS，来完成病人与社保中心之间数据交换。药店则通过连接社保网络完成对医保参保人员药费实时结算和报销。

目前，某市社会保障系统体系亟待解决的问题是：保证医保参保人员医院就诊信息和药品采购信息真实可靠和实现患者确实本人实名制就医。

1　信息安全保护

社保信息系统在实际运行中，超过千万的医保参保人员会去医院看病、去药店买药，在医院看病购药时进行实时支付（占总药费的75%~85%），实时从网上直接支付给医院。目前医保参保人员与医院、药店及社保中心之间的患者信息（医疗费结算单）未做任何保护措施，无法保证医疗结算单的可信、完整和不可抵赖。如医院和药店恶意对医疗或购药的结算单进行修改，从而提高报销的比例，会给政府的医保带来巨大的资金损失。此时应该通过技术手段，保证确实是医保参保人员本人实际的治疗和药品结算单，防止医院、黑客或者其他涉及利益的第三方篡改（医疗或购药的结算单）支付信息而获取非法利益。医保参保人员在（医疗或购药的结算单）结算过程中所产生的数据经过签名和加密，可以保证信息的完整性和不可抵赖性。利用电子签名可以对数据完整性及可靠性提供安全保障，同时，对个人的医疗数据进行保密传输，有利于个人隐私保护。

通过身份认证、数字签名和加密技术，将合法用户医保部分的医药费等信息经过签名和加密后发送，安全、可信、完整、快捷；节省医药费报销审批的成本，保证财务结算安全准确。这就需要在某市社保网络体系现状的基础上，升级信息安全保护系统，增加社保的安全认证中心和社保的签名终端，提高社保信息管理系统和医院 HIS 系统的安全等级。

2 实名制就医

首先，实名制就医[1]能在一定程度上遏止“倒号”行为，患者挂号及就医得以有序进行。实行统一规格的实名就诊制度不但有利于及时掌握和控制传染病疫情，对其他普通疾病的病种、发病率、患者情况等数据也能方便和清晰地掌握，同时，还可掌握患者看病的费用情况，对于政府制定医保等政策有指导意义。

其次，在目前医疗纠纷不断增多的情况下，实名制就医可为患者保护其合法权益提供有效保障。在实际生活中，个别患者因种种原因（比如一些涉及个人隐私的疾病或者使用他人的医疗保险卡就医），在就医时并未用自己的真实姓名。在此种情况下，一旦发生医疗纠纷，患者欲通过司法途径解决纠纷便会遇到障碍，因为患者需要证明其与该医疗机构之间存在医疗服务合同关系。如果就诊资料上的姓名与患者真实身份不符，则患者的诉讼主体资格将会受到质疑，从而影响到其实体权利的实现。

最后，实名制就医可为医疗保险提供较为有效的监管机制[2]。目前，中国基本医疗存在政府投入严重不足、覆盖率较低的情形。在医疗保险领域存在“一人投保、全家受益”的现象，即没有医疗保险的患者使用享有医疗保险者的保险卡就医、付费。保险机构为此损失巨大却找不到有效的监管机制，因为保险机构不可能对投保者的整个就医过程进行监管，而要求医疗机构主动监管也是不现实的。在实行实名制就医以后，患者就医须提供相关的身份证明，从而堵住了没有医疗保险者享用医疗保险就医、付费之路，为医疗保险提供了较为有效的监管手段。

医保诈骗[3]是世界性难题，2010 年有媒体报道称，美国每年医保诈骗损失金额近 900 亿美元。据媒体报道：“杭州市每年不完整统计医保损失约 7 000 多万以上。国内各省市的医保损失也十分大，医疗骗保是国内一个社会热点、焦点和难点，主要原因：一是医院和药店等机构由于利益或责任心问题，在患者就诊时，对比医保卡上的照片不认真，或根本就不对比就诊者的医保卡；二是由于医保卡与身份证上的照片因时间久远而差异很大，导致医疗机构医生对比起来难度大；三是个别医疗机构向医保中心提供虚假信息“骗保”，骗取社保费。

因此，在我国目前整个社会信用度较低的情况下，在医疗领域内实施实名制就医，将对整个社会的信用体系的建立起到一定的促进作用，这也是一个民主社会、法治社会发展的方向。

通过调研和实验发现，目前某医保系统采用大唐电信提供的用户特征识别技术，来杜绝个人就诊“张冠李戴”现象，使用指纹对比识别技术来控制患者实名就医[4]，但是受限于指纹识别认证的速度、实际操作难度及诸多原因，指纹认证技术无法切实可行地解决某市实名就医的难题。

（1）认证速度：指纹识别受限于其采集方法和比对认证算法，完成指纹采集传输对比返回结果的时间较长，占用本来就不充足的医生诊治病患的时间，这将严重影响医院的接待病人数量和病人的就诊体验，使得医患关系更加紧张。

（2）操作难度：到医院就诊的患者中不乏上年纪的老人，其思维和肢体行动能力都受到一定程度的限制，向其解释说明如何采集认证指纹及正确完成整个操作过程非常困难。患者都是带着疾患来到医院就诊，生理上本来就痛苦，心情肯定烦躁不安，希望能够尽早得到医生诊治解决病痛，如果还增加指纹认证的环节，将使患者更加情绪恶化，不利于诊室工作开展，这非常不人性化，同时也给医生的工作带来更多问题。

（3）指纹特征保护：指纹采集比对涉及患者的隐私权问题。因为指纹识别认证的前提是提取指纹，目前世界各国绝大多数国家都没有制定提取或采集公民指纹的法律。如果没有事先进行信息公开，没有司法部门的授权，更无相关制度和隐私保护措施，如若发生信息泄露将很难处理。患者有不提供自己指纹的权利，医院不是司法机构，没有强制执行权，如果不经过患者同意，医院不能强制提取指纹或对比认证。

3 解决方案

1）总体构架

在社保信息中心建设社保的安全认证中心，将医保机构（医院或药店）传输来的患者就医信息（医疗费结算单）密文数据，实时进行解密和完整性验证等，再将验证“结果”反馈给医保数据中心。社保的安全认证中心由十多台认证一体机和密钥管理机组成，其中需要一定的热备份设备，保证社保的安全认证中心不间断运行。

在医院、药店等医疗机构增加签名终端，实时将患者就医信息（医疗费结算单）加密和数字签名，并通过网络传输给社保信息中心建设社保的安全认证中心。在每台签名终端里，将全体某医保参保用户的标识，与目前个人医保卡（与 PSAM 卡进行认证）芯片里的标识一一对应，并将用户的标识与一组“密钥种子”认证参数的密文也一一对应，在签名终端加密芯片里，写入组合密钥算法、签名和加密协议。一个医院或药店配备一台签名终端设备，其中医院配备的是较高档签名终端，药店配备的是较低档签名终端。

在医疗机构架设摄像头，在每位医生的电脑或化验和治疗的电脑上，安装一个摄像头，用于采集、拍摄人脸图像识别比对，来实现实名制就医。

在社保机构（医院、药店）的签名终端，将部分有嫌疑的就诊者现场照片进行数字签名后，传输到医保数据中心存储，作为以后进行调查的“证据”。采用高速数字签名算法保证比对信息不被篡改，保证后期追溯可查询。对每个医疗机构的看病、治疗、化验等过程，或药店收费过程进行监控。

2）采用该方案的实施效果预计

（1）使用快速、可信的数字签名和加密技术[5]，保证医保机构端提交的患者就医信息（医疗费结算单）可信、完整、不可抵赖，保证数据的机密性；解决医保机构“作假”提供“虚假”信息骗保的问题，同时，保证患者就医个人隐私在网络上保密传输。

（2）使用生物特征的实时对比认证方法，与快速、可信的数字签名技术结合，保证实名制就医可行，杜绝就诊者“张冠李戴”，尤其是个别照片和本人比对相似率较低的患者也申请就医，则留下经过数字签名的患者就诊照片，存入医保中心数据库，作为以后调查的“证据”。采用这种“技术”和“管理”相结合的方法能实现99%的实名制就诊。

4 技术构成

1）信息保护系统安全策略

安全策略架构见图1。信息保护系统采用对称密码算法（轻量级密码）和组合密钥技术[6]，将全部用户的重要认证数据（生成认证/签名密钥的“基”，即“密钥种子”）用芯片来存储保护，从而，使得基于对称密码建立的认证/数字签名和加密协议不仅理论上可行，而且实际上也能很好运行。

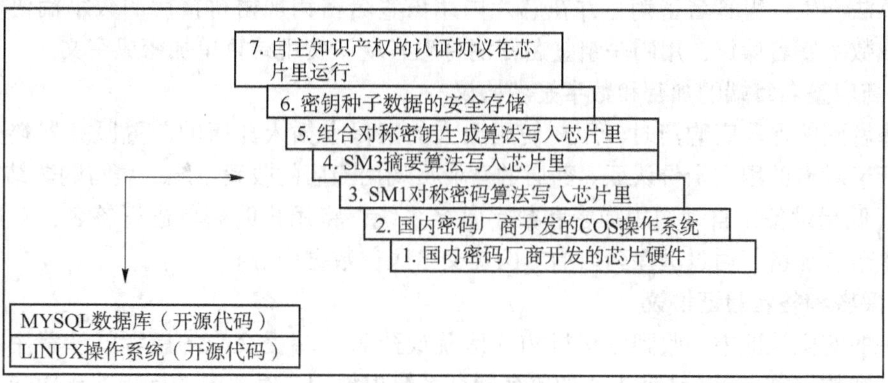

图1　安全策略构架

2）采用认证/签名一体机设备

采用认证/签名一体机设备来建立社保的安全认证中心，采用签名终端来建立医院和药店端的用户签名和数据加密系统，其中：认证/签名一体机和签名终端的内部都采用不同型号的加密卡硬件，与计算设备的接口是标准PCI接口（将多块加密卡插入工控机里）；两种硬件设备中都采用国内微电子芯片，芯片内写入对称密码算法——SM1算法。社保的安全认证中心和签名终端采用的两种加密卡，都通过了密码管理局的技术鉴定和产品命名。采用硬件随机数发生器产生用户“密钥种子”，保证随机性，每个用户的密钥“基”（密钥种子）都不同；签名终端和安全认证中心端密钥管理机全体用户的“密钥种子”是以密文方式存储在数据库中，是用加密卡中的SM1算法和一组对称密钥，将全体用户的“密钥种子”加密成密文，来保证“密钥种子”安全存储；在加密卡的芯片里，根据组合密钥生成算法对“密钥种子”组成的表中的元素进行选取，将选出的元素合成一组密钥，实现密钥组合生成，密钥的变换率到达每小时2^{64}，基本实现认证/签名密钥一次一变，不重复使用。

3）采用“摘要”算法

在认证中心端密钥管理机里，用加密卡芯片里的一组固定密钥，分别对全体用户的“密钥种子”密文数据进行签名，将签名的结果存储在对应密钥种子数据库记录的最后一个字段里，作为密钥种子数据完整性验证的关键数据。

采用“摘要”算法（SM3算法）对社保的安全认证中心端全部用户“密钥种子”密文数据定时进行逐条记录的“摘要”，在加密卡芯片里将对应记录密钥种子数字签名解密，并对比两次摘要信息是否相同，即：对全部用户“密钥种子”进行完整性验证，实现“密钥种子”数据定时可信、完整性的安全检测，防止黑客破坏或篡改认证参数（“密钥种子”数据）。

4）医院签名终端的加密和数字签名协议

当患者使用个人医保卡插入前置服务器端的PSAM卡里，并通过PSAM卡的身份认证后，医院收费窗口收费员在HIS中填写患者就诊费用结算单，签名终端（高端设备）调用加密卡芯片里实时产生对应用户的签名密钥，对患者就诊费用结算单进行数字签名和数据加密操作，然后将签名和加密后的密文数据，通过医院到医保中心的专网提交给医保数据中心。其中：在执行数字签名和加密操作时，首先对患者就诊费用结算单的数据进行“摘要”运算，并调用签名终端里对应用户的密钥种子密文，并在加密卡芯片中解密后，根据密钥组合生成算法产生一组签名密钥，并在芯片内用该签名密钥加密拼接后的数字摘要和采集数据，完成数字签名操作，用同一组签名密钥将患者就诊费用结算单加密成密文。

5）药店签名终端的加密和数字签名协议

在患者到医保药店购药时，用户使用个人的医保卡插入药店的前置服务器端PSAM卡里，进行卡对卡的用户身份认证。药店的营业员调用药店的收费系统，填写购药结算单，签名终端（低端设备）自动调用加密和数字签名系统，将用户购药单进行签名，对用户购药单进行签名和加密，通过医保药店的专网提交给医保数据中心。

6）解密和签名验证协议

医保的安全认证中心收到医保机构（医院或药店）端提交来的患者就诊费用结算单的密文数据和数字签名后，认证中心的签名验证系统根据用户医保卡的标识找到对应用户的密钥种子数据，在加密卡芯片里，根据组合密钥生成算法得到对应用户的签名验证密钥，用该签名验证密钥，将患者就诊费用结算单的密文数据解密，再对解密后的数据进行签名验证，确定收到的患者就诊费用结算单是否可信、完整且不可抵赖。图2为以上三种安全协议过程图。

7）人脸识别（基于人脸识别技术的人像自动化采集）系统

人脸识别系统可自动采集、检测视频中出现的人脸信息[7]。该系统检测不受表情、肤色、适度化妆、眼镜（深色除外）等条件影响，采集的图像符合公安部人像采集标准，采集的人脸信息可直接用于人像对比识别，从而极大提高患者身份比对速度。

人脸识别也可以用掌纹、虹膜等其他非接触式生物识别技术替代，技术路线和整体构架不受影响，只需要将本方案中的人脸识别改为其他非接触式生物识别方法即可，但前提条件是必须要满足并发对比的速度为100人/秒左右，只有这样才能达到系统实际运行需求（只有非接触式生物识别方法的对比速度才能满足实际需求）。

8）图像对比信息数字签名

在对比采集图像和数据库存储的患者证件照片后，图像和比对结果不能直接上传或者存

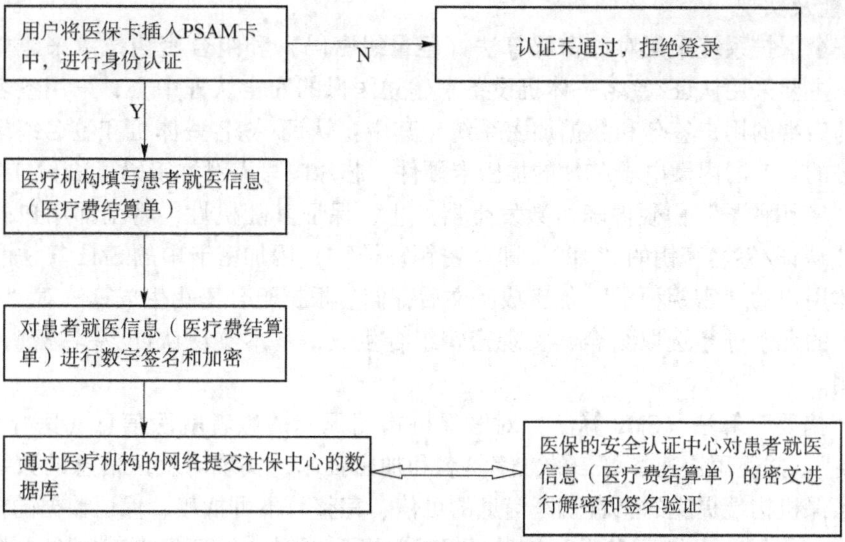

图 2　安全协议过程图

储到数据中心，因为这样无法避免被不良医生、医院或者其他第三方篡改图像比对数据，影响本系统的功能运行。必须通过医疗机构配置的签名终端，将对比结果进行数字签名操作，然后将数字签名通过 HIS 提交到医保中心数据库。只有就诊患者本人才持有医保卡，同时，对应本人就诊时的照片及其数字签名，这样防止医院医生或者其他无关第三方篡改比对结果，影响数据准确性。医保中心将永久存储此数据，以备出现问题时查询。图 3 为人脸识别技术的比对过程。

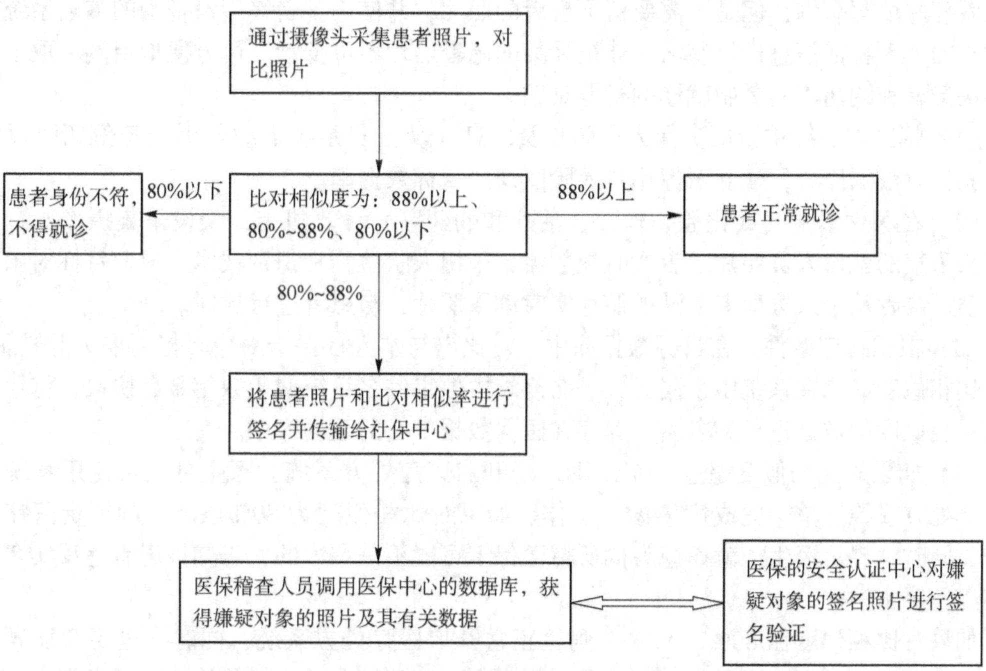

图 3　人脸识别技术的比对过程图

9）功能及实现

信息安全保护系统采用对称密码算法（轻量级密码）和组合密钥技术来建立医保信息安全架构，主要采用认证/签名一体机设备来建立医保的安全认证中心，采用签名终端来建立医院和药店端的用户签名和数据加密系统，其中：认证/签名一体机和签名终端内部，采用不同型号的具有国内微电子芯片的加密卡硬件，芯片内写入对称密码算法 SM1 算法。

用户“密钥种子”由硬件随机数发生器产生，保证其随机性，将全部用户的重要认证数据（生成认证/签名密钥的“基”，即“密钥种子”）用加密卡中的 SM1 算法和一组对称密钥将全体用户的“密钥种子”加密成密文后存储。根据组合密钥生成算法对“密钥种子”组成的表中的元素进行选取组合，实现密钥组合生成，基本实现认证/签名密钥一次一变，不重复使用。

采用“摘要”算法（SM3 算法）对医保机构端提交的患者就医信息（医疗费结算单）进行“摘要”，并使用快速、可信的数字签名和加密技术，实现对就医信息的数字签名和加密，保证医保机构端提交的患者就医信息的可信、完整、不可抵赖，保证数据的机密性，解决医保机构“作假”提供“虚假”信息骗保的问题，同时，保证患者就医个人隐私在网络上是保密传输。

10）建立个人医保就诊实名制系统

在门诊医生看病桌上增加人脸检测和识别设备[8]，可以自动检测患者的人脸姿态，自动对患者脸部进行拍照，并且跟医保账户中的照片自动进行对比，对明显不同的照片进行两次预警。若比对相似度到达 88%以上，则为用户本人，医生可以给患者看病（填写病例、检查、开化验单、治疗和开药方等）。若比对相似度为 80%以下，则医保卡里的照片与患者不是同一个人，不得就诊。若比对相似度在 80%~88%范围内，则可能为医保卡本人，医生可以看病并填写病例，但是，需要留下患者的照片，并使用签名终端设备中的签名系统对采集用户的个人特征信息进行签名，让被采集的患者照片不可抵赖，可方便地追溯、取证，从而解决患者和购药者实名制就诊的行业难题。

（1）将医保系统中全部参保人员照片及信息（从公安系统下载的个人身份证照片）导入人脸比对数据库中，建立医保用户人脸图像的目标数据库。

（2）在医生诊室（或化验、检查、治疗和购药等）计算机上，架设采集摄像头，根据摄像头采集的就诊人员照片或者实时视频流，采用人脸检测和识别技术，提取目标对象人脸特征值。或者从个人医保卡上贴的照片实时读取照片，与患者进行比对。

（3）根据指定条件，在目标数据库中，对比出与本人社保卡对应目标对象人脸特征值，将对比相似度显示在系统中，同时，签名终端中数字签名系统使用数字签名协议，将比对照片结果相似度的数据进行签名后，保存在医保数据中心的数据库中。

（4）如果对比相似度超过 88%，则系统开启医疗处方系统，医生可正常使用系统给患者开具处方或检查单，完成病情诊治工作。如果对比相似度为 80%以下，则锁定医疗处方系统，同时，提示医生该就诊患者同所持医保卡可能不是本人的，告知该患者违反实名制就医制度，停止治疗。

如果对比相似度在 80%~ 88%，则也正常开启医疗处方系统，同时，也要增加异常标注，标识出该患者为存在异常情况人员，将患者的照片签名并实时传输给医保数据中心数据库存储，提示该患者为医保中心事后重点检查和关注的对象。

（5）医保安全认证中心可以并发数字签名验证 48 000 次/min，即数字签名验证速度为

800 次/s，能够实现每天（按 8 h 计算）签名验证 2 304 万次，比其他使用 PKI 技术建立的医保安全中心处理速度快 100 倍。某医保就医每天（按 8 h 计算）处理 15 万笔患者就医费用单数据，2 304 万次≫15 万次，即 2 304 万次远远大于 15 万次。认证中心建成后能够满足今后很长时间内，社保系统不断增长的数据安全处理需求。

签名终端签名速度可以达到较高的水平（高端 100 次/s，低端 20 次/s），完全可以满足各个社保机构全天对医疗或购药数据签名的效率的需求。

（6）人脸识别认证速度快，可以达到患者入座一秒内即可完成自动拍照对比的所有工作，对正常的医疗环节不造成效率损失。对单一患者来说，此效率损失几乎可以忽略不计，能够完全避免增加认证环节对医生诊治时间的耽误。

（7）操作难度：数字签名和数据加密操作对用户而言是透明的，不增加医生的操作复杂度就可以对传输的患者就诊信息（医疗费结算单）进行安全保护。在实名制就医环节，医患只需简单配合，摄像头距离患者 0.3～1 m 条件下，3 s 内可以自动完成拍照和对比工作。系统自动拍摄比对认证结果、自动传输照片，对患者和医生都是透明环节，不会增加医生的工作难度，也不影响病人的就诊。

（8）法律问题：人脸图像采集和比对不涉及隐私问题，目前很多公共场合都采用视频监控方式保证社会安全，在医院采用该系统不会产生法律问题。

（9）安全性：采用安全、快速、可信的数字签名系统，保证对比结果的真实可靠，不可能被篡改，可以作为合法证据提交给相关机构。因签名信息来自医保机构签名终端，是签名终端加密卡芯片里的加密系统，实时将摄像头采集的患者就诊时的照片进行签名，签名密钥采用对应患者实时产生的签名密钥，所以只有患者本人才能持卡完成签名过程，有效防止数据篡改情况发生。每次就医的拍照可用于医保检查的追查、取证、起诉工作，有利于医保工作顺利高效开展。

（10）系统建设。需要在医保的安全认证中心部署认证/签名一体机设备，建立医保的安全认证中心，在医保机构（医院和药店等）部署签名终端还需要增加部署摄像头（每位医生一台），即需要硬件成本投入，系统升级无法避免。但同时摄像头也提供了实时监控的功能，能将诊室的情况实际记录反映给监控中心，保证诊室的安全，同时也保证了医生的安全，有效防止袭击医生的事件发生，给犯罪分子一定的威慑。

（11）其他优势：操作方便，部署维护方便。对原有医院信息系统无须对接改造，只要获取社保卡 ID 信息即可；事前预警，可以将损失限制在就医配药前。

5 结束

总之，使用快速、可信的数字签名和加密技术，保证医保机构端提交的患者就医信息（医疗费结算单）可信、完整、不可抵赖，保证数据的机密性，解决医保机构提供“虚假”信息骗保的当前社会热点、焦点和难点问题。

使用生物特征的实时对比认证方法，与快速、可信的数字签名技术结合，保证实名制就医可行，让比对相似度较低的患者也可以申请就医，体现了人性化的政策，同时也留下了经签名的患者就诊照片作为以后调查的“证据”。这种用“技术”和“管理”相结合的方法能实现 99%的实名制就诊。

参考文献

[1] 沈伟彬，文光慧．医院医保骗保行为监管对策探究［J］. 中国卫生标准管理，2018，9（16）：10-12.
[2] 唐宇轩，林冬梅，戈振华．关于就医实名制的探讨［J］. 黑龙江医学，2012，36（11）：874-875.
[3] 杨永凯，孙长青，李莉．医保领域诈骗犯罪研究［J］. 法制与经济，2018（5）：134-135.
[4] 陈作新，刘鸿雁．基于 Rijndael 算法的 IC 卡医保系统设计［J］. 鞍山科技大学学报，2004（3）：202-206.
[5] 赵洪腾．基于身份的数字签名方案的研究［D］. 济南：山东师范大学，2016.
[6] 代学俊．物联网中轻量级对称密码算法的研究与设计［D］. 南京：南京航空航天大学，2016.
[7] 李勇．智能视频之人脸识别技术的分析和应用［D］. 昆明：云南大学，2010.
[8] 杨顺舟，仇永贵，徐建辉．我院门诊就医患者实名制管理的实践探讨［J］. 中国医疗管理科学，2018，8（2）：42-45.

创新共同体视角下我国科技情报机构发展对策研究

燕娜[1]，张云倩[2]，郭建伟[1]，陈佳宇[1]

(1. 北京市科学技术情报研究所　北京　100044;

2. 北京科技经济信息联合中心　北京　100044)

摘要：创新驱动发展战略的实施促使创新模式有了新的需求，科技情报机构的发展亟待改革。在区域协同发展的背景下，创新共同体的模式逐渐受到关注。本文从创新共同体概念出发，结合创新驱动发展战略下科技情报机构发展概况，基于创新共同体视角分析科技情报机构发展的制约因素，最终从发展模式、市场需求、人才培养三个角度提出创新共同体视角下我国科技情报机构的建设思路，以期为我国科技情报工作的发展提供对策建议。

关键词：科技情报机构；创新共同体；创新驱动；区域协同

1　创新共同体的相关研究

关于创新共同体的概念，尚没有一个统一的定义。L. H. Lynn 等人认为创新共同体的核心在于促进社会经济关系网络中相互关联的创新主体与新技术的互动。M. Lippitz 等人认为，创新共同体以行动为导向，基于学习和能力构建，有规范和严格的组织管理，并且注重分享和相互学习，还强调了其区域化特性有助于创新活动突破地域、文化、视野的障碍。M. Raunio 等人提出了包容性创新共同体的概念，根据知识价值链产生、应用和商业化的三个阶段分为知识产生、知识应用、支持性的专业和商务、社会文化驱动等四类共同体。王峥等人将创新共同体定义为多主体为增强个体创新能力，提高区域整体创新绩效、竞争力、影响力，基于个体间相互交流、共享的创新资源和有序、高能的运行机制，通过学习合作、共享协作，形成的网络化、紧密联系的创新组织模式。综上所述，学者们普遍认为创新共同体是致力于支持创新的实践共同体的一种形式。

从我国的相关研究来看，创新共同体无论是主题词还是学科领域，都偏向国家管理方面(见图 1 和图 2)。近年来，创新共同体的概念多见于政策文件中。2008 年美国大学科技园区协会等组织在国际金融危机背景下发布了《空间力量：建设美国创新共同体体系的国家战略》，提出创新空间力量计划，力争打造“美国创新共同体”以期将全国各创新主体系统化连接起来。我国在 2015 年的《京津冀协同发展规划纲要》和 2016 年的《长江三角洲城市群发展规划》都提到通过建设协同创新共同体推动区域协同发展。

图1　创新共同体相关研究的主题词分布

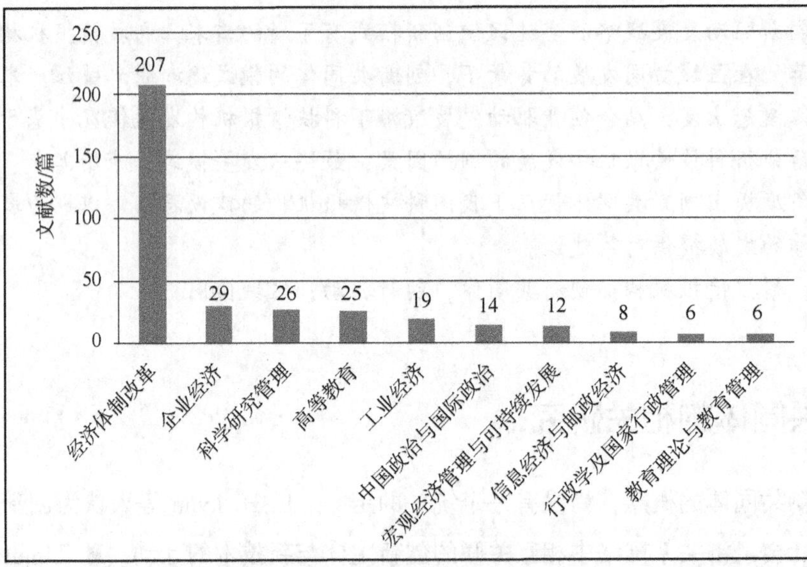

图2　创新共同体相关研究的学科分布

2　创新驱动发展战略背景下我国科技情报机构的发展概况

自十八大报告中提到“科技创新是提高社会生产力和综合国力的战略支撑”并确立了科技创新在国家发展中的核心地位以来，党中央开始全面实施创新驱动发展战略。新形势下，国家科技创新发展规划中第一次增加了《“十四五”科技创新发展科技情报专项规划》，可见科技情报工作越来越受到重视。

在此背景下，科技情报机构作为创新共同体的一个重要的参与主体，从独立创新向群体创新的服务模式转变，使得创新共同体之间的联系更加紧密。科技情报机构也采用积极进行调整，以适应服务对象需求的改变。我国科技情报机构正在从初级发展阶段向市场化、体系化、网络化、专业化、开放化、个性化的多元模式发展。

2.1　运行体制逐步市场化

“十三五”时期，我国经历了转型和改革的时代，经济结构开始向服务业倾斜，科技情报机构也采用创新驱动模式，从以往仰仗政府资金、政策等资源开展服务向面向市场提供高水平增值服务转变。科技情报机构是在市场需求驱动下向科技创新主体提供服务的，在社会主义市场经济体制下，很多科技情报机构开展了体制改革，它们不再是政府部门的“附属品”，而开始独立运营，有非营利性机构，也有营利性机构。一方面，为转变政府职能、“简政放权”分忧，科技情报机构承担了之前政府部门的部分科技管理与服务职能，比如技术合同登记和科技查新等，提高了服务效率和专业化程度，同时也提升了科技信息的公开性和透明性；另一方面，为增加市场活力，科技情报机构在提供公益性科技服务的同时，也提供经营性科技服务，比如咨询与评估、投资孵化等，拓宽了科技情报服务的范围，提高了科技情报服务活动的参与度。

2.2 服务对象转向大众化

创新驱动背景下，创新创业的主体呈现多元化趋势，由专业技术人员转变为大众群体。科技情报机构是为政府、企业、高校、科研机构等提供服务的社会化组织，其服务对象根据社会需求变化。无论是高校、科研机构等单位制定政策鼓励科研人员自主创业，还是政府部门出台创新政策等，都需要科技情报机构提供创业投资、技术交易、科技咨询等方面的服务。以技术交易情况为例（见表1），企业、高校、科研机构等创新共同体的主要参与主体技术交易的活跃度逐年提高，对科技情报服务的需求也随着增长。科技情报机构的服务重点从以政府、大型企业为主开始向企业、高校、科研机构甚至是小微企业群体转移，服务对象呈现大众化特点。

表1　2019年全国技术市场各交易主体交易情况

	企业	高校	科研机构
输出技术/项	32 177	102 352	45 140
成交额/亿元	20 494	592.9	820.6
同比增长/%	28.3%	30.8%	-0.9%

2.3 功能定位偏向知识化

科技情报机构提供的是以知识为主要内容的科技情报服务，这种服务是通过对科技信息的收集、加工而创造出新知识的生产过程。科技情报机构不仅提供情报服务，其本身的生产过程也是一种创新活动，提供的服务是一种无形的商品。马克思在《资本论》中指出：“商品首先是一个外界的对象，一个靠自己的属性来满足人的某种需要的物。”科技情报机构主要是运用智力资源提供满足科技创新活动知识需求的服务，它与一般的信息咨询机构不同，它提供的是无形知识而不是实体服务，因此在功能定位上更偏重于知识型而非技能型。

3 创新共同体视角下我国科技情报机构发展的制约因素分析

虽然创新驱动战略为科技情报机构创造了良好的发展环境，但是我国科技情报机构仍处于起步阶段，面对创新共同体各参与主体日益增长的需求，其服务能力尚待提高。创新共同体视角下我国科技情报机构发展的制约因素主要包括以下几个方面。

3.1 科技情报协同创新网络尚未形成

我国科技情报机构的协同发展意识差、网络化水平参差不齐，每个机构的服务平台虽各有所长，但无法满足当前信息量大、跨行业多的复杂情报信息需求。

一方面，科技情报服务的网络化水平参差不齐，科技信息资源的共享和对接效率降低。受互联网、计算机和技术人员等因素的影响，科技情报服务的网络化水平有一定的差距。科技情报服务过程中，如果信息传递不及时或者不准确，可能会导致技术开发找不到需要的专业人才，科技成果找不到需求者而无法转化，科技评估不准确使企业蒙受损失等情况的产生。另一方面，科技情报机构间协同发展意识较差，咨询、评估、金融等不同行业科技情报机构间的协作受阻。我国很多科技情报机构的规模很小，服务能力较为薄弱、服务方向较为单一。各机构的依附单位、利益主体不同，导致无法进行协同合作，资源的整合度低。各类科技情报机构发展不均衡，外资机构因地域政策影响，服务受到约束，服务能力的差异化给协同发展带来困难。加上网络化水平各异、个体力量小而分散且发展不均衡、协同意识较差等因素，从而造成资源整合能力较低，尚未形成网络化的服务平台。

3.2 创新要素的服务能力不足

创新驱动背景下，科技情报机构的核心是为创新活动中的各要素提供情报信息服务。从创新共同体的主要参与者来看，市场需求主要来源于创新型企业，集中在技术转移、成果转化、市场需求、投融资等方面的情报信息。但是，从发展现状来看，科技情报机构对创新要素的服务能力明显不足。第一，服务流程缺乏保障。随着科技情报机构系统化发展，服务体系涉及产业链的研发、咨询、投资、孵化等多个环节，缺乏行业组织的管理和保障，这种周期长、风险高的中介活动可能会流失一部分客户，从而影响科技情报机构业务的开展。第二，作为创新共同体，科技成果转化和创业投资合作的供求双方所获取的信息是不对称的，需要通过科技情报机构进行信息的传播与沟通。然而科技情报机构很难了解有需求的企业的信息，只能靠企业直接找到科技情报机构，而企业不了解科技情报机构的情况只能等待科技情报机构上门联系。有的科技情报机构无法取得技术提供方的准确信息，将技术效果扩大或者缩小地传递给技术需求方，导致双方技术交易失败，蒙受损失。第三，公共信息无法满足科技情报机构的信息资源需求。一些科技信息被政府部门垄断，因而科技情报机构通过公开的方式无法获取。

3.3 人才的科技情报信息素养不高

随着创新驱动背景下科技情报服务的需求增大，科技情报机构无论是数量上还是规模上，都呈现急速扩张的局面。其中部分科技情报机构忽略了前期规划、定位评估、区域特色、行业优势等因素，其匆忙建立或者扩大规模，尤其是大规模招揽人才，导致人才团队服务能力不足、管理团队运营不科学，而人才的专业素质决定了机构科技情报服务能力的高低。一方面，人才的专业水平较低，影响机构的服务范围。我国科技情报机构中，从业人员专业分散，虽然有学历高、职称高的人员，但是缺少“高精尖”的人才，无法开展专业性强的服务。另一方面，人才的服务素质较低，影响机构的服务质量。从业人员的来源较广，人才的素质参差不齐，对客户的服务要求理解可能存在偏差，服务态度也各不相同，加之针对科技情报服务的职业培训较少且培训内容属于入门知识，缺少实践性，所以服务质量无法得到提高。比如，一些科技情报机构中有的人员原本从事专业技术研究，转制后需要从事行政工作或者服务工作。从专业角度来看，他们面临新的专业知识和操作，需要很大的精力去学习和实践；从心态方面来讲，他们从埋头做学术研究转变为提供中介服务，经历了职场角色的彻底转变，也需要很多时间去适应。总体来看，目前科技情报机构缺少复合型、专业型人才，提供基础服务的较多，提供知识密集型服务的属于少数，服务能力有待提高。

4 创新共同体视角下我国科技情报机构的建设思路

创新共同体视角下科技情报机构不再适合独立发展，而是集各家所长，形成共生发展的科技情报服务链体系，加速科技情报服务要素之间的流动和运行。通过集群式发展模式、定制化服务模式、复合型人才队伍等三大方向，打造科技情报机构创新共同体。

4.1 打造集群式发展模式，形成以情报为支撑的科技创新共同体

创新共同体概念中提到的交互与协同合作，反映出群体共同发展的理念。集群式发展通过将处于价值链低端的个体聚集在一起，形成共享资源、共创能源的共生发展的科技情报机构生态圈，构建完整的科技情报服务链，实现价值的提升。

参照国外已有的创新共同体的发展经验，比如美国的北卡三角研究园、北欧创新组织、英国的知识转移网络，结合我们区域发展特色，在京津冀、长三角、珠三角、粤港澳等创新资源丰富且集中的区域内建立科技情报机构集群，加强同类科技情报机构之间的交流及跨专业领域的机构之间的合作，形成专业化、规模化的产业集群，实现技术资源、资金成本、供需市场等创新要素的聚集融合。

通过对科技资源进行优化配置，在存量发展的基础上，注重增量发展，打造集群式发展模式。一方面，将同类科技情报机构进行集聚，形成一个良性的竞争环境，提高专业化服务水平，还可以充分利用和共享区域内专家、评估、法律等多方面的资源，带动配套服务行业的发展。另一方面，将跨专业领域科技情报机构进行集聚，明确专业分工，弥补各自在专业领域资源配置上的不足，通过相互集成和配合成体系化发展，为企业技术转移、成果转化等创新活动提供快捷的服务通道和综合性服务。

4.2 挖掘创新需求，提升科技情报机构创新服务能力

根据国内创新发展趋势，打造个性化、网络化的定制科技情报服务。创新驱动背景下国内的创新活动主体纷纷向高精尖产业靠拢，科技情报机构的服务对象对深层次、专业性强的情报信息需求更加强烈，比如为政府制定创新政策提供产业情报支撑，为创新型企业提供深度信息以满足其决策需求，为创业型企业从庞杂的数据中甄选出有针对性的、附加值高的、符合其使用习惯的信息提高其创业效率等。采取共同创新、开放创新的用户参与模式，主要提供创新性的、高科技含量的情报产品，通过开放协同达到合作共赢的目标。

积极参与国际竞争，开拓国外市场。我国科技情报机构的发展尚处于起步阶段，与国际上一些成熟的科技情报机构相比服务能力有限。但是，经济全球化使得科技情报机构参与国际竞争成为必然趋势。通过构建创新共同体，为科技情报机构营造协同发展的氛围，鼓励有一定规模和资质的科技情报机构打开国际市场，开展跨国业务或者与国际科技情报机构合作，增加国际竞争力。

4.3 以复合型高素质人才为战略，提高科技情报机构核心竞争力

随着创新活动的发展，市场对科技情报的需求不再停留在基础的科技查新、技术合同登记等业务，而更多地需要技术性较强的服务及提供与创新活动相关的法律、金融、管理等相关的信息。对于专业集成性高的科技情报机构而言，服务价值主要来源于从业人员的智力资源，即专业知识和技能。科技情报机构对于人才的需求集中在理解复杂工艺、创新技术等的专业人才，对企业技术战略、自身发展有敏锐洞察力的管理人才，善于与人沟通的服务人才等方面。从人力资源结构优化的角度来看，知识经济时代复合型人才的需求变大，科技情报机构偏重于选择有创新意识、有多重专业背景、有实际应用能力的综合能力强的“三有”复合型人才。因此，应该严格人才选拔任用标准，提高准入门槛，增加对职业道德的考察，防止人员混杂；政府部门鼓励科研机构、高校、大型企业向科技情报机构开放科研仪器的使用培训、创新技术和产品的介绍和经验交流，帮助科技情报人员了解技术创新研究手段和前沿技术发展状况，通过教育和培训提升科技情报人才的专业素养。

创新活动的主体主要是海外归国人员、大学毕业生、商业管理精英、政府部门和科研机构工作人员等。随着创新队伍的不断壮大和服务业在三大产业中所占比例的不断增高，科技情报机构人才引进与管理的重要性逐渐凸显。科技情报机构具有知识密集的特点，需要吸纳复合型人才优化科技情报服务体系，引进海外留学归国人才可以拓宽全球化视野。通过优惠政策引进国际化、复合型人才，通过人才计划吸纳专业性强的研究和服务人才，参考对高科技人才的引进政策，通过解决户口、资金支持、税收优惠等政策鼓励海外留学人员回国创办或应聘科技情报机构。

参考文献

[1] LYNN L H，REDDY N M，ARAM J D. Linking technology and institutions：the innovation community framework［J］. Research policy，1996，25（1）：91-106.

[2] LIPPITZ M，WOLCOTT R C，ANDERSEN J B. Innovation communities：trust，mutual learning and action［R］. Nordic innovation report 2012/22，2013.

[3] RAUNIO M，KAUTONEN M，MUSTIKKAMAKI N，et a1. Inclusive innovation communities linking finnish economy with global talent pool［R］. Tekes policy brief，2014.

[4] 王峥，龚轶. 创新共同体：概念、框架与模式［J］. 科学学研究，2018，36（1）：140-148.

[5] COAKES E W，SMITH P A C. Developing communities of innovation by identifying innovation champions［J］. The learning organization，2007，14（1）：74-85.

[6] MONTORO-S6NCHEZ A，ORTIZ-DE-URBINA-CRIADO M，MORA-VALENTIN E M. Effects of knowledge spillovers on innovation and collaboration in science and technology parks［J］. Journal of knowledge management，2011，15（6）：948-970.

[7] Association of university research parks. The power of place：A national strategy for building America's communities of innovation［EB/OL］. http://www. aurp. net/assets/documents/The Power of Place. pdf，2008.

[8] 中国产业调研网. 中国科技中介服务行业调查分析及市场前景预测报告（2015—2021年）［EB/OL］. http://www. cir. cn/R_QiTaHangYe/89/KeJiZhongJieFuWuShiChangQian-

JingFenXiYuCe. html.

[9] 庞建刚，石琳娜. 创新共同体：从实体转向虚拟 [M]. 北京：科学出版社，2017.

[10] RUANE J, TODD J. The dynamics of conflict in northern ireland: power, conflict and emancipation [M]. Cambridge: Cambridge University Press, 1999: 9.

[11] Association of University Research Parks. The power of place: a national strategy for building America's communities of innovation [EB/OL]. http://www.aurp.net/assets/documents/The_Power_of_Place.pdf.

[12] ACEMOGLU D, ROBINSON J A, VERDIER T. Can't we all be more like Scandinavians Asymmetric growth and institutions in an interdependent world [R]. NBER working paper, 2012.

全媒体时代科学普及和科学传播的提升路径[①]

张素娟，陈佳宇，扆铁梅

（北京市科学技术情报研究所　北京　100044）

摘要： 科技创新、科学普及是实现创新发展的两翼。本文全面剖析了全媒体传播体系、科学普及“供给侧改革”特点和发展内涵，并归纳出北京市科学普及和科学传播发展的四条创新路径。坚持这四条路径，能为北京市公民科学素质建设高质量发展提供新动力。

关键词： 全媒体；科学普及；科学传播；发展路径

科学普及简称科普，是指利用各种媒介以通俗易懂的方式向大众传播社会科学和自然科学知识，如推广科学技术的应用、倡导新的科学方法、传播新科学思想、弘扬科学精神等一系列的活动。科学普及是一种重要的社会教育，区别于学校教育和职业教育，具有群众性、持续性和社会性等本质特征。科学普及必须充分利用现代化的交流渠道和信息化传播媒体，时时刻刻渗透到各种社会活动之中，形成政府全面部署、多部门联合协作、社会和公众广泛参与的大联合、大协作工作格局。

《北京市全民科学素质行动计划纲要实施方案（2016—2020 年）》中提出要推动传统媒体与新媒体的深度融合，运用多元化手段实现多渠道全媒体传播；创新科学普及服务模式，强化移动端科学普及信息推送，提升科学普及传播精准服务水平。随着全国科技创新中心建设的深入推进和以“两微一端”为代表的新媒体传播手段的日新月异，在全媒体时代背景下，提升公民科学素质工作应依托新技术、新平台，采取新方法和新途径，切实加强科学普及和科学传播路径创新。

1　全媒体传播体系

2019 年，党的十九届四中全会审议通过的《中共中央关于坚持和完善中国特色社会主义制度 推进国家治理体系和治理能力现代化若干重大问题的决定》指出，以内容建设为根本，构建全媒体传播体系的内容新生态；以先进技术为支撑，构建全媒体传播的技术新体系；以创新管理为保障，构建全媒体传播的管理新模式。该决定为打造中国特色的全媒体传播体系提供了根本遵循。

“全媒体”可以概括为多种媒介交互融合构建的信息传播平台，应是以内容为核心的多种多样的传播方式和传播途径。这些传播方式和传播途径相辅相成，既可以相互独立，又可以相互跨界。全媒体的“全”不仅包括传统的图书、报纸、杂志等纸质媒体和光盘、电影、广播、录音录像带、电视等视听媒体，还应包括网络、卫星通信、电信等各类互联网及移动

① 本论文系《北京市全民科学素质工作中长期规划（2021—2025—2035 年）》子课题项目研究成果之一。

端新兴媒体。“全媒体”的定义是伴随着“新媒体”的出现而确立的，“传统媒体”与“新媒体”共同构筑了“全媒体”。

2 全媒体背景下的科学普及“供给侧改革”特点

随着科技的快速发展和外部环境的日趋复杂，科学普及服务供给面临着严重的供给与需求错位的风险。2015 年中央经济工作会议上，决策层强调要“着力加强供给侧结构性改革，着力提高供给体系质量和效率”，在业内外引发热议高潮[1]。全媒体背景下的科学普及“供给侧改革”主要有以下四个特点。

第一，多元化。由于科学信息主体的多元化，推动了“供给侧改革”朝着多元化发展。第二，灵活性强。由于传播媒介的多样化，除了传统的传播媒介，微博、微信等新媒体的出现，大大增加了信息传播的灵活度，科学普及的“供给侧改革”也体现出了灵活性强的特点。第三，实效性强。随着信息技术的不断优化，科学传播速度的日趋加快，“供给侧改革”的实效性也在大幅度提高。第四，个性化与社群化。新媒体在科学普及和信息传播中能满足大众随时随地互动性的需求和时间颗粒化的需求，并且内容选择个性化、通俗易懂、表现力强，因此“供给侧改革”也体现了个性化与社群化的特点。因此，全媒体背景下科学普及的“供给侧改革”主要呈现了多元化、灵活性强、实效性强、个性化与社群化的特点。

3 全媒体是科学普及和科学传播的现代化手段

3.1 全媒体科学普及是信息时代发展的必然要求

当今时代，网络化和社会化传播渠道成为信息传播的主流。截至 2020 年 12 月，我国网民规模达 9.89 亿人，互联网普及率达 70.4%，其中使用手机上网人群的占比达 99.7%。李源潮在调研科学普及信息化建设时说，科学普及工作要与时俱进，保持技术先进性、手段先进性和理念先进性，适应社会变化，保持与群众的紧密联系，科学普及方式、科学普及阵地要与群众活动空间一起转移[2]。“互联网+”下新媒体信息化手段的运用，使科学知识在 0.12 s内即能传到世界的每个角落，科学传播更加高效、便捷并充满乐趣。各种传播工具和平台在实现高效和海量信息资源传播共享的同时，也拉近了传媒主体和受众之间的距离。比如，在微信公众号平台上用户可以直接留言，或者分享个人感受，使传播媒介与受众之间有非常直接的互动渠道。传统媒体也可以利用这种方式，透过各种网络平台和传播工具让各类科学普及资源呈现更好的互动性。这样既极大地提升了传播内容的市场接纳程度，又使得各类信息资源有更广的传播空间，更符合信息时代发展的潮流。

3.2 全媒体科学普及是提升科学素质的现实路径

当前，北京正处在全面建成更高水平小康社会的决胜阶段，经济社会发展动力已从投资驱动转向创新驱动。实现创新驱动发展，基础在全民科学素质，关键是科技创新，科技创新、科学普及是实现创新发展的两翼。《北京市全民科学素质行动计划纲要实施方案（2016—2020 年）》提出“到 2020 年，科技教育、传播与普及长足发展，公民具备科学素质的比例达到24%，进入创新型国家高端水平”。实现这一目标，必须加强科学普及信息化建设，共享共建全媒体科学普及和科学传播阵地，与科学普及对象保持亲密联系，极大地满足全媒体时代大众科学普及要求。

3.3 全媒体科学普及是推进科学普及创新的重要发展方向

利用全媒体媒介和平台传播科学知识，不仅可实现传播方式和渠道的多样化和多种化，更重要的是实现传播内容的个性化和社群化，服务推送精准化、均等化和公众参与即时化。因而，通过全媒体进行科学普及和科学传播建设须突出“互联网+”思维，以需求为导向，顺应时代要求，全力推进以“互联网+科普”和“两微一端”为主的全媒体传播体系，注重科学普及信息内容和传播渠道的建设，推进科学普及信息资源的传播应用，在应用全媒体进行科学普及和科学传播方式现代化全面升级的同时，需加强对传统科学普及和科学传播的创新、继承和发展。

4 全媒体背景下科学普及的创新路径

4.1 创新信息传播方式，改革科学普及供给渠道

全媒体时代科学普及信息化建设思路要从“以信息为中心”向“以人为中心”转变，推动科学普及基础设施智能化、产品智能化、需求识别智能化、传播方式智能化，实现科学普及应用终端和应用场景的新开发。鼓励 MR、AR、VR 等新型科学技术的应用，增强科学传播的互动性与灵活性。加强传统媒体与新媒体在平台、内容、渠道等方面的深度融合，围绕大众关注的突发、热点事件，实现多渠道全媒体传播。例如，以微信公众号、小游戏等为载体，构建科技传播新媒体联盟，推进科学普及知识的多元化传播。

4.2 以疫情防控为契机，充分发挥全媒体在应急科学普及中的作用

新冠肺炎疫情应急科学普及实践再次证明，大众媒体在科学普及中扮演着不可替代的角色，应强化大众对媒体在应急科学普及中重要作用的认知，最大化地发挥媒体科学普及潜力和能力，持续开展常态化疫情防控应急科学普及。发挥主流媒体的影响力优势，激发市场化媒体的专业特色，打造智能、平等、高效的科学传播体系。充分应用全媒体手段，及时有效地开展应急科学普及教育活动，吸引公众主动接受应急科学普及教育[3-4]。例如：纪念馆可充分应用现代声光电技术，开展防震减灾等社会教育讲座、播放《唐山大地震》等电影、举办防震减灾知识竞赛，开展多平台 5G 直播等活动，形成线上线下联动开展防震减灾科教工作模式。

4.3 借助全媒体科学普及平台，打造北京特色科学普及新业态

随着信息化时代的到来，互联网高速发展，科学普及工作和信息技术手段的融合成为科学普及工作新常态。基于计算机技术、网络技术、通信技术、人工智能和大数据的发展和应用，积极推动“数字北京科学中心”“科学加”“蝌蚪五线谱”“首都科普”和 16 区科学普及网站、微博、微信公众号等多媒体平台的融合发展，构建“1+16+N”北京科学中心体系化发展模式。借助全媒体科学普及平台，打造多样化、个性化的科学普及资源平台，展示首

都科学普及形象，结合微视频、抖音等新型科学普及方式，培育新媒体科学普及资源生态，打造北京特色科学普及新业态。

4.4 充分发挥全媒体的优势，突破空间障碍，加强辐射带动作用

京津冀协同发展鞭策加快推动公民科学素质建设共建共享，习近平强调要以科学普及资源共建共享为纽带，推动建立全国跨部门、社会化的科学普及资源共建共享机制。借助全媒体平台，将首都科学普及的新资源、新服务、新理念不断向周边地区和其他省区市辐射溢出，畅通共享渠道。在京津冀协同发展中，构建以北京为中心的“京津冀科普朋友圈”，构建以北京为创意中心、天津为协同中心及生产制作中心、河北为承接中心的新科学普及产业链。例如：充分利用现代化媒体手段，推动北京科学教育馆协会和京津冀科学教育馆联盟一体化运作，整合三地高校科研资源，加强馆校合作，促进科学教育馆深度融合和交流合作，加强辐射和带动作用，推广“首都科普”品牌。

5 结语

随着信息科技的发展，通过新媒体平台获取信息成为一种趋势。无论是从科学普及的角度，还是从科学传播的角度分析，全媒体平台在提升公民科学素质水平方面发挥越来越重要的作用。需加强传统媒体和新媒体的融合发展，以更好地服务于科学普及事业的创新发展。

参考文献

[1] 杨玉娟，段飞. 试论 IPA 对比分析下的科技馆科普服务供给侧改革［J］. 科普研究，2019，14（3）：66-74.

[2] 陈惠娟. 建设信息化科普推进供给侧改革［J］. 科协论坛，2016（7）：9-11.

[3] 冯正碧. 挖掘优势资源探索应急科普新路［J］. 中国应急管理，2020（6）：18.

[4] 张英. 建立健全应急科普长效机制［J］. 中国应急管理，2020（6）：13-14.

基于自组织理论的中关村科学城创新集聚发展研究[①]

李梦茹，孟潇，孙若丹，金学慧

（北京市科学技术情报研究所　北京　100044）

摘要：建设具有全球影响力的全国科技创新中心，既是国家战略所系，也是北京发展所需。当前北京市以中关村科学城为主平台，不断深化科技体制改革，努力打造北京发展新高地。根据自组织理论，本文全面剖析了中关村科学城创新集聚的自组织特点和条件，探讨了创新集聚的自组织演化动力。通过以上研究，本文总结归纳出中关村科学城创新集聚形成和发展的自组织规律，通过开放性、远离平衡态、非线性及涨落四个维度进行调整，进而提出促进中关村科学城创新集聚向有序方向转变的对策建议。

关键词：自组织理论；中关村科学城；创新集聚

1　引言

现如今，科技创新正成为全球城市竞争力的重要标志，科技创新的地位和作用被提升到前所未有的战略高度，越来越多的城市将“科技创新”定位为核心竞争力，将来的全球城市一定同时也是具有全球影响力的科技创新中心。习近平在2017年视察北京时做出重要指示：要抓好中关村科学城、怀柔科学城、未来科学城、北京经济技术开发区——“三城一区”建设，深化科技体制改革，努力打造北京经济发展的新高地。中关村科学城是中关村国家自主创新示范区的核心区，也是全国科技创新中心的核心区，对于北京建设全国科技创新中心和实施国家创新驱动发展战略，都具有重大的标志性意义。作为承担国家重大发展和改革开放战略任务的综合功能平台，中关村科学城被寄予厚望：努力成为高质量发展引领区、改革开放新高地、城市建设新标杆。中关村地区科技、人才资源高度密集，着力打造面向基础和前沿、服务国家重大战略、具有全球影响力的知识创新集群，是“三城一区”主平台中的领头羊。但中关村科学城在尖端科技创新、科研产出效率等方面，相比全球顶尖创新中心仍存在差距。本文运用自组织理论探讨中关村科学城这一特定复杂系统，使自组织规律在中关村科学城创新集聚发展中充分发挥作用，使其发生循序渐进的演进，从而走上可以自我更新、自我完善的自组织发展之路。只有这样才能建立具有特色的中关村科学城创新系统，一方面可以作为国家创新体系的一分子发挥关键作用，另一方面也可以对创新要素起到引导、优化的作用。

① 本文系北京市科学技术研究院北科萌芽计划北京“三城一区”科技创新协同发展的集聚模式研究（项目编号：BGS202007）研究成果之一。

2 自组织理论的概述

2.1 自组织理论的主要内容

自组织理论（self-organization theory）是指系统内部各子系统之间能自行按照某种规则形成一定的结构或功能的自组织现象的一种理论。它主要由耗散结构理论、协同学、突变论和超循环论组成，重点研究自组织系统形成与演化的基本规律问题，探寻系统是如何通过内外部的复杂作用从无序向有序、从低级有序向高级有序发展的。

2.2 自组织理论的必要条件

根据自组织理论，系统产生有序结构需要满足四个基本条件。一是开放性。能够与外界进行物质与能量交换，这是产生自组织有序结构的前提条件。二是远离平衡态。平衡态是指系统的性质保持一种平均无序的状态，长期不发生变化。系统唯有处于非平衡状态，才可能形成耗散结构，推进无序向有序的动力发展。三是非线性作用。系统各要素之间通过非线性机制发生作用，超出整体是局部线性叠加的效果。四是涨落。它是系统受到来自内部或外界复杂因素的随机干扰而产生的波动现象，带有偶然性，任何微小的涨落都可能被系统的非线性作用放大，形成巨涨落，推动系统进入有序状态。

3 中关村科学城创新集聚的自组织演化分析

3.1 开放性是自组织演化的前提

在当前社会，政治、经济、文化乃至生态都与创新系统的构建休戚相关，创新的每个环节都与各种社会现象发生着广泛而密切的联系。根据普氏理论，在封闭的环境里，总熵值会出现大于零的情况，这时系统就会出现混乱而不是有序的态势。只有当系统处于开放状态的时候，它与外界的交互行为才会促成自组织的演化。因此开放性程度是系统自组织能力的重要部分，这决定了任何创新集聚系统只有在开放条件下，不断与外界发生物质流、信息流等熵流的交换，才能使系统向有序方向进化，如图 1 所示。开放程度越高，能量和信息的交流也越充分，也就越有利于创新系统的构建和竞争力的提高。中关村科学城要能够成为一个不断自我更新、自我完善的自组织系统，不仅要作为一个整体面向外界不断扩大开放，更意味着整体内部的科研院所、高校、企业等各类子系统也是彼此开放并且向更大的外部环境进行开放，同时淡化组织边界，促进信息、技术、资金等创新要素的自由流动，给予创新成果充分的机会向外扩散并使之得以应用。只有真正激活区域内的所有创新要素，并使这些创新要素在共同区域这一背景下自发形成合力，才能推动中关村科学城创新集聚向前发展。

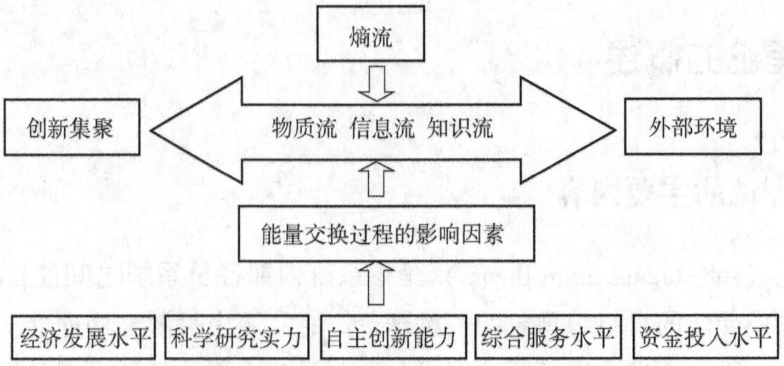

图1 创新集聚开放性分析框架

3.2 远离平衡态是自组织演化的基础

远离均衡态是指系统内各个组成要素在其能量、资源、物质的分配上是不平衡的，存在一定的差异性、多样性和流动性。这些特征使得创新系统处于非平衡状态，促进其与外部环境进行交互，从而产生足够大的推动力，推动创新系统向有序方向发展。在不同的发展阶段，中关村科学城创新集聚在资源分配、成长状态等方面处于非平衡状态，这种非平衡结构正是系统内不同程度的多样化特点造成的。在内部分化及整体强化的作用下，创新集聚远离平衡状态需要在原有内部机制的作用下，借助制度创新、技术革新、市场需求、竞争合作机制及正反馈机制等相关力量的推动，不断调整战略目标、整合资源，最终使创新集聚系统内部不断分化，远离平衡态，变得越来越多元化和专业化。

3.3 非线性是自组织演化的动力

一般来说，系统的各要素之间既可以是简单的线性关系，也可以是复杂的非线性关系。但只有非线性关系才能使系统各个部分产生制衡，只有通过各个部分之间存在广泛的非线性作用，即各种形式的竞争与协同，才能实现从无序向有序、从低级有序向高级有序发展的动力机制。由于不同要素之间有多种组合方式，导致系统结构呈现复杂性、多层次性和多样性。中关村科学城创新集聚作为一个远离平衡态的开放系统，其内部各要素之间的交流、合作、竞争等都是复杂的、非线性的，这种非线性作用效果要远远超出系统单一要素叠加产生的线性作用效果，它们彼此间的竞争和协同是创新系统自组织演进的根本力量。通常一个完整的创新活动是从基础研究开始的，经过应用研究到试验发展再到生产制造，最后是市场营销。一般创新活动的这五个环节乃只有实现复杂的、非线性的网络式的循环反馈作用，才能使整个创新集聚系统实现其基本功能。由于中关村科学城内部创新主体不同，各自的职责和任务也不同，同时缺乏有效的创新资源整合平台，使得彼此之间往往缺少足够的联系，各自的科技资源和成果分散，没有形成合力。在创新集聚的过程中也必不可少地会受到来自外部环境的影响，如发展政策、社会文化等。按照自组织的理论，创新主体只有在与外部的政治、经济、文化等多元主体进行互动时，才可能由外而内地激发多样性的非线性互动。因此企业、政府、高校、科研机构等创新主体只有共同作用加速创新集聚的自组织演化，才能促进创新集聚朝着有序的方向发展，实现优化升级。

3.4 涨落是自组织演化的诱发因素

根据自组织理论，系统内部要素需要保持非平衡状态，同时对系统稳定的平均状态保持着某种偏离的趋势，也就是涨落。系统只有具有涨落或起伏的变化，才会发生非线性的相互作用，推动系统不断自我更新和完善，产生质的变化，继而发展到一个新的稳定有序状态。政策变革、技术革新等都会导致创新集聚发生涨落。中关村科学城创新集聚内外各要素相互作用，当达到一定阈值时，系统会通过正反馈机制将涨落进一步放大，形成“巨涨落”。创新集聚通过自适应、自调整的方式找到内外涨落的耦合点，进一步使系统达到和谐状态。系统由“微涨落”到“巨涨落”再回到稳定状态的循环过程，能够不断打破系统原有的平衡，激发整个集群系统的进步与演化。

4 自组织理论下中关村科学城创新集聚的发展策略

4.1 完善开放合作机制，构建创新环境

中关村科学城作为一个整体开放的生态系统，其发展遵循着自组织规律。一个开放的环境是创新集聚系统演化发展的前提条件，通过不断地与外界发生能量交换来实现系统的优化升级。

因此，构建与完善中关村科学城内外部的开放融合机制，成为中关村科学城自组织发展的重要基础。首先，政府相关部门要实施更加开放包容的科技合作战略，有效提升中关村科技创新合作的层次和水平，加强与世界主要创新中心的多层次、广领域的科技交流合作，加快构建“协同、合作、开放、包容”的创新长效机制。其次，扩大高校、科研机构、创新企业等各层次之间的交流，积极探索扩大科技创新合作的有效途径，推动各创新主体在科技创新领域内进行建设性互动。

4.2 打破传统平衡状态，激活创新要素

创新系统只有在处于非平衡状态时，在其与外部环境进行交互之后，才能达成由外而内的推动作用。而要保障这种内外的能量交换足以达到阈值，从而使创新系统由无序转变为有序的一个重要因素就在于系统的某种产物能否被激活并持续性增长。

因此，要激活中关村科学城内外部的创新要素，需要有国际视野、全方位的评估和顶层布局论证，有选择地聚焦发展特定学科，精准发力。同时，还需要政府相关部门调整职能定位，充分发挥其引导作用，积极制定促进创新集聚发展的政策，并确保整个市场的公平竞争；积极出台相关政策，提高财政支持力度，完善创新集聚相关的基础配套设施，加大重点实验室的构建力度；鼓励科研机构、高校、企业强化科研水平，不断吸引高科技水平人才，提高企业自主创新能力。另外，各创新主体应加大合作力度，提高集群的创新能力，同时积极引进先进技术，促进技术流的流入；积极培养和引进创新型人才，促进创新集聚系统中的人才流动，促进知识流的流入；集群内各主体与相关组织机构积极配合，提高信息传递的效率，促进信息流的流入；营造良好的创新文化氛围，吸引优秀创新企业加入，不断提高创新集聚系统的整体实力。

4.3 建立非线性协同机制，促进有序发展

创新系统通过自组织由低层级向高层级演化的动力，主要依靠系统内部的子系统之间、要素之间、环境之间及系统自身的非线性的协同作用。因此，建立中关村科学城非线性协同发展机制，就要加强创新主体之间的协同网络建设，培养自组织意识，形成自由、民主、灵活的文化，激发科研原创活力。建立畅通的互动和合作机制，在创新集聚内部形成由政府、高校、科研院所等创新主体组成的多维空间网络，提高空间网络内资源利用和信息传递的效率，提高创新集聚整体的创新能力，这样才能够对系统内出现的随机涨落迅速做出反应，根据市场变化随时调整自身发展方向，牢牢把握市场机会，促进创新集聚内部的知识扩散及持续创新能力的提高。另外，创新集聚系统内部非线性作用机制的形成也离不开科技服务产业的发展，这就要求政府积极培育科技服务市场主体，创新科技服务模式，延展创新服务链，同时要创造条件，完善科技成果供需对接机制，形成多样的技术市场，推动开展技术交易活动，为创新集聚提供动能。

参考文献

[1] 仵凤清，付慧娴. 基于自组织理论的创新集群形成机理研究［J］. 技术与创新管理，2019，40（4）：448-456.

[2] 付颖. 基于自组织理论的科技创新集群形成机理研究［D］. 秦皇岛：燕山大学，2010.

[3] 韩海庭，孙圣力，刘永政，等. 基于自组织理论的创新集群发展研究［J］. 技术与创新管理，2019，40（6）：665-672.

[4] 韩太平，范亚琴. 基于自组织理论的军民融合创新网络生态演化机制研究［J］. 西南科技大学学报（哲学社会科学版），2019，36（4）：15-20.

[5] 朱鹏，潘琳. 基于自组织理论构建协同创新的科研组织模式［J］. 高教探索，2014（3）：20-24.

[6] 张涛. 自组织理论视野下陕西省区域创新系统发展路径探析［J］. 西部学刊，2016（7）：45-48.

[7] 杨岭，毕宪顺. 自组织理论视野下学科治理的推进路径［J］. 研究生教育研究，2020（4）：14-19.

[8] 许浩. 基于创新自组织理论的制造业供应链协同与绩效评价研究［D］. 济南：山东大学，2018.

[9] 林淞. 文化产业融合的动力机制研究：基于自组织理论与文化自觉的视角［J］. 湖南大学学报（社会科学版），2020，34（5）：71-77.

[10] 许浩，于珍. 基于自组织理论的企业创新系统演化研究［J］. 组合机床与自动化加工技术，2018（11）：137-140.

[11] 康文，乔镖. 智慧能源系统构建与展望：以未来科学城为例［J］. 北京规划建设，2018（2）：123-125.

[12] 杨富文. 世界科学城建设对怀柔科学城建设的启发思考［J］. 改革与开放，2017（10）：10-11.

[13] 温来生. 怀柔科学城，中国科技新地标［J］. 投资北京，2017（4）：68-71.

[14] 郭隆. “三城一区”打造经济发展新高地［J］. 北京观察，2017（6）：24-27.

[15] 马永斌，刘帆，王孙禺. 科学园区大学主导与政府主导模式的利弊分析：基于剑桥科学园与筑波科学城的对比［J］. 科技管理研究，2010，30（6）：32-34.
[16] 北京科学学研究中心. 政府在全国科技创新中心建设中的角色与作用［J］. 科技智囊，2018（3）：56-72.
[17] 北京统筹规划中关村、怀柔科学城和未来科技城［J］. 中关村，2016（10）：20.
[18] 盛振江，罗永泰. 基于资源整合的科学城构建：以济南市为例［J］. 科学管理研究，2013，31（5）：23-25.
[19] 刘洪民，杨艳东，韩熠超. 杭州城西科创大走廊建设全球信息经济科创中心的战略分析与政策建议［J］. 科研管理，2018，39（S1）：337-344.
[20] 孟祺. 金融支持与全球科创中心建设：国际经验与启示［J］. 科学管理研究，2018，36（3）：106-109.

基于链环模型的北京新型研发机构创新模式研究①

孟潇，李梦茹，孙若丹

（北京市科学技术情报研究所 北京 100044）

摘要：在北京建设科技创新中心的进程中，设立新型研发机构成了破解科技经济两张皮难题、破除科技体制机制障碍、实现创新能力跃迁的重要途径。新型研发机构的创新功能和角色的独特性离不开与之相适应的新颖的创新模式。本文界定了新型研发机构的内涵，梳理了“基于科学的创新”和“基于技术的创新”两种创新模式的差异，并进一步结合创新的“链环模型”提出了基于科学的创新是北京新型研发机构的主要功能和任务，而“科学引领”模式和“产业—科学循环驱动”模式是两种典型的创新模式。

关键词：新型研发机构；链环模型；创新模式；基于科学的创新

新型研发机构连接着科技与经济，负载着知识创造和产业发展两种价值[1]，这已经成为学术界和实务界对于新型研发机构的普遍认识。然而，新型研发机构如何兼顾知识创造和产业发展，知识创造、技术创新和产业发展之间的关系如何，均还未得到清晰透彻的阐释。《北京市支持建设世界一流新型研发机构实施办法（试行）》指出，新型研发机构是指由战略性科技创新领军人才领衔，采取与国际接轨的治理模式和运行机制，协同多方资源，从事基础前沿研究、共性关键技术研发的事业单位或科技类民办非企业单位（社会服务机构）。因此，从创新使命和创新活动的性质来看，北京支持建设的新型研发机构从事的是“基于科学的创新”。并且，什么样的创新模式是与基础前沿研究、共性关键技术研发两类创新活动相适应、相匹配的，也成了一个值得深入研究的重要议题。

1 新型研发机构的内涵

关于新型研发机构（也称为新型科研机构、新型研发组织等）的身份定位和内涵，学术文献和相关政策中已有较多界定和论述。在学术文献中，赵远亮和敖敦认为新型研发机构是瞄准国际前沿、集聚国际顶尖人才和团队、以产业化和支撑引领战略性新兴产业发展为目标、以市场为导向、以创富为动力、以企业化运作为模式的多元化所有制形式创新机构[2]。苟尤钊和林菲认为，科研机构与企业之间不再是空白地带，新型科研机构介于两者之间，或者是两者的杂交体[3]。孙正心等人认为，新型研发机构是研究型、企业化的另类研发组织的统称，是以研发为主业，向社会转让不同阶段的技术成果，承接国内外政府、机构或企业委托的研发项目，进行试验性生产或进行成果转化，不参与最终产品批量生产，形成特有盈利模式和财务平衡机制的运作机构[4]。王勇和王蒲生总结了新型研发机构的核心特征，并

① 本文系以下基金项目的成果：北京市社会科学基金项目“北京新型科研机构的组织创新动因和模式研究”（17GLC048）；北京市科学技术研究院北科萌芽计划北京“三城一区”科技创新协同发展的集聚模式研究（BGS202007）。

将其划分为科研新型机构和创业新型机构[5]。龙云凤等人提出，民办非企类新型研发机构是当前创新驱动发展形势下的一种集合了信息、技术、人才、知识等诸多共享要素的新型科技创新平台，由于其公益服务和“共有性”特征，其角色定位仍然比较模糊，属于“三无”和“四不像”单位[6]。

在政策方面，《国家创新驱动发展战略纲要》指出，要发展面向市场的新型研发机构。围绕区域性、行业性重大技术需求，实行多元化投资、多样化模式、市场化运作，发展多种形式的先进技术研发、成果转化和产业孵化机构。广东省科技厅提出：新型研发机构是主要从事研发及其相关活动，投资主体多元化，建设模式国际化，运行机制市场化，管理制度现代化，创新创业与孵化育成相结合，产学研紧密结合的独立法人组织。江苏省科技发展战略研究院指出：新型研发机构是以支撑引领战略性新兴产业发展为目标，以多主体方式投资、多样化模式组建、市场需求为导向、企业化模式运作，集高技术研发与产业化为一体的混合所有制形式的创新机构。

结合学术研究和相关政策界定，本文从科研机构运行框架的角度出发，认为新型研发机构是以战略性、公益性的科技创新为使命的非营利性机构，是以卓越科技创新能力为基础，以高层次的科研和创业人才为核心，具有连接产业和市场功能的国际领先的研发平台。

2 创新的主要模式

基于科学的创新和基于技术的创新作为两种主要的创新模式，得到了越来越多的关注和探讨。B. Coriat 指出基于科学的创新是指被科学研究直接推动的、强烈依赖于科学研究的创新[7]。基于技术的创新则是指技术发明过程中没有产生新科学知识的情况，即由已有技术的改进、组合、调整、变形而形成新技术[8-9]。

陈劲等人认为，全球创新范式正在从“基于技术的创新”逐步走向“基于科学的创新”[10]。林苞和雷家骕对基于科学的创新和基于技术的创新进行了阐释和总结，对两者的创新过程、技术进步方式、产出的相互联系等方面的差异进行了总结[11]。林苞和雷家骕还指出，基于科学的创新依赖科学与技术的互动，往往能产生革命性的成果，还能迅速地将科学和技术结合起来，从而消除科学突破与技术变化之间的相当长的时滞[12]。张鹏和雷家骕对基于科学的创新和基于技术的创新的特点进行了总结，认为基于科学的创新显著地来源于科学研究成果，创新源往往来自研究型大学和研究所等公共研究部门，R&D 投入强度很高；而基于技术的创新是技术本身的发展或工程活动的结果，创新成功的关键在于企业对各种技术知识和能力要素的整合[13]。表 1 是对两种创新模式主要特征的归纳和对比。

表 1 基于科学的创新和基于技术的创新的主要特征

	演化逻辑	技术与科学间的互动	创新活动的组织与管理	创新的推动力量	创新源	创新产出的特征
基于科学的创新	处在科学研究前沿，进步的方向和速率由整个科学研究的进展决定	很强	跨越科学研究与产业的边界	新的科学发现或科研成果	研究型大学和研究所等	间断、随机
基于技术的创新	进步方向受到行业技术范式、技术轨道的限制	不强	主要在产业的环境中进行	技术本身的发展或工程活动	企业自身	积累性

资料来源：根据文献［11-14］整理。

3 创新的复杂性——链环模型

在相当长的一段时间内，创新活动被认为是一个线性过程，即“基础研究—应用研究—开发—生产经营”。线性模式来源于美国万尼瓦尔·布什（Vannevar Bush）的《科学——无止境的前沿》，他坚持基础科学和应用科学两分法，认为创新是一种线性模型，即基础研究为源头，引起应用研究与开发，再转接到生产经营活动中。科研机构在线性模式中更多地表现为研发组织，而非创新组织，被动扮演技术研发者角色，而非积极主动的创新主体[14]。

然而这种一维线性范式已被证明难以揭示创新活动的实际过程。事实上，从当前世界主要国家的创新行为看，整个创新链实际是一个复杂的反馈回路，创新的各个环节相互影响、相互反馈、并行交错。R. H. Hammerstedt 和 E. L. Blach[15]的研究证实基础研究成果需要借助已有的技术结构在企业生产过程中予以试验和开发，而薄弱的技术基础会切断基础研究技术创新的反馈回路，基础研究的技术进步效应难以实现。为了揭示创新的复杂动态性，N. Rosenberg等人提出了创新的“链环模型”，用来阐释创新过程中存在的多种互动机制[16]。图 1 揭示了链环模型的主要观点：创新不仅来源于科学研究驱动，也来源于市场。在模型中，C 代表创新链的各环节，f 和 F 代表了反馈回路，数字 1，2，3 代表创新链与研究活动的关系，D 代表发明和设计活动与研究活动之间的关系，I 代表仪器、机器、工具、技术流程对科研的帮助，S 代表直接或通过监控外部环境获取信息以支持与产品相关的科学研究[17]。

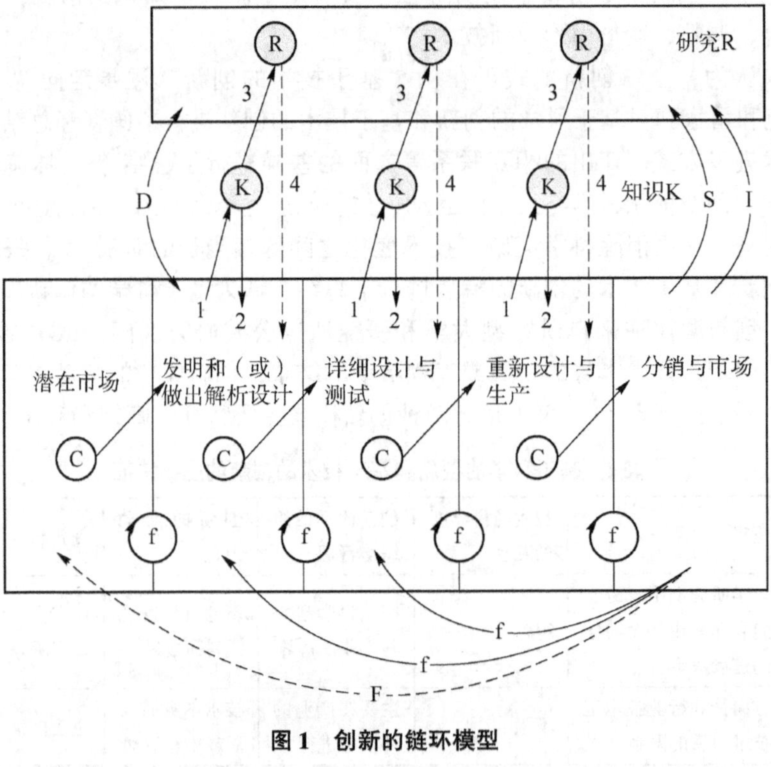

图 1 创新的链环模型

4 北京新型研发机构的创新模式分析

4.1 北京新型研发机构的特点

北京是新型研发机构较为集中的区域，数量和类型都相对丰富。《北京加强全国科技创新中心建设总体方案》中明确提出：创新科研院所运行体制机制，推广北京生命科学研究所等管理模式。北京不仅有北京生命科学研究所这样历经十几年发展的标志性机构，也有伴随科技创新中心建设而陆续涌现的一批年轻机构，包括全球健康药物研发中心、北京石墨烯研究院、北京大数据研究院、北京量子信息科学研究院、北京脑科学与类脑研究中心、北京智源人工智能研究院等。北京的新型研发机构除了具有市场化的资源配置、灵活的治理结构、自主化的研发活动等共同特点之外，还有其独特性。

第一，高起点、高定位。北京作为全国科技资源最丰富的城市，新型研发机构的设立普遍具有高起点、高定位的特征，是抢占国际科技制高点的重要创新力量。尽管具有不同的设立背景，新型研发机构都承担着引领科技发展、创新体制机制的带动和示范作用，主要从事前沿基础研究、战略性的高技术研究、关系到人类健康和发展的重大问题研究等，从研发能力和运行机制两方面与世界前沿接轨。

第二，以“国际一流”为考核标准。北京新型研发机构的建立和发展始终以“国际一流”为标准。对新型研发机构的考核，要看其是否能够产出国际前沿的原创成果，是否能够研发出引领产业发展的国际领先的核心共性技术，是否能够在国际同类科研机构的对标中位居前列。

第三，背靠名校和大院所。北京汇聚了为数众多的高等院校和科研院所，科研能力和研究资源的汇聚具有先天的优势。知名研究型大学和院所是发起和筹建新型科研机构的重要力量。例如，北京大数据研究院的筹建单位包括北京大学、北京工业大学；清华大学是全球健康药物研发中心的重要出资方之一。高校和院所的参与对于新型科研机构的知识积累、资源汇聚、创新能力建设和发展目标设定等方面都产生了重要影响。

第四，全球公开遴选顶尖人才。北京的新型研发机构面向全球公开遴选科学家，同时抛弃了传统的唯学术背景、唯论文、唯职称的“三唯”套路，人才遴选和评价更加注重人才的研究能力、研究魄力和学术影响力等新型指标。

4.2 北京新型研发机构创新的链环模式

《北京市支持建设世界一流新型研发机构实施办法（试行）》指出，新型研发机构主要从事两类创新活动：基础前沿研究、共性关键技术研发。借鉴基于科学的创新模式和创新的链环模型，北京支持建设的世界一流新型研发机构的创新模式可以划分为“科学引领”和“产业—科学循环驱动”两种主要类型，分别如图 2 和图 3 所示。

在“科学引领”模式中，新型研发机构的使命和任务是开展前沿基础研究和原创研究，由 PI（principal investigator）领导的科研团队是最基本的创新模块，每个研究团队自成一个具有独立创新决策权的创新单元，研究方向和路线不受机构领导层的干预，研究成果通常体现为具有国际影响力的高水平论文，激励机制仍然遵循“科学发现优先权”和“胜者全得”的原则。从研究动机到科学认知，再到科学理论进步和国际同行评估，都在科学共同体内部完成，并且能够激发新一轮的研究活动。这种科学共同体内部的循环不仅能够产生国际领先的研究成果，还能够实现基础研究能力的培育和提升。

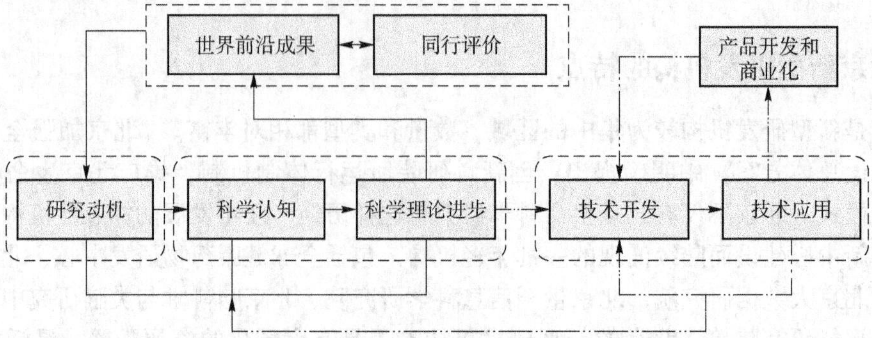

图 2　新型研发机构的“科学引领”创新模式

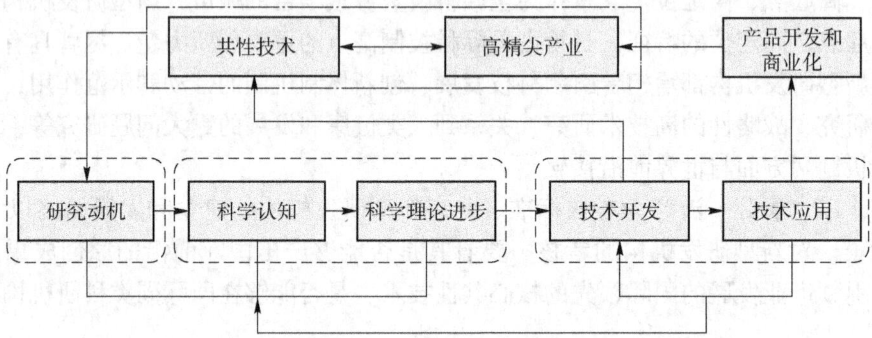

图 3　新型研发机构的“产业—科学循环驱动”创新模式

此外，基础研究与其他研发活动之间具有双向知识溢出机制，具有世界领先水平的基础研究成果为后续的技术开发和技术应用打下了坚实的基础，随之引发的技术进步往往是随机的和开创性的。而且，后续的技术开发和技术应用也可能会引发新一轮的基础研究活动，只是这种反馈关系并不是十分明确或即时，实现成果转化往往还需要经历漫长的周期，比如北京生命科学研究所专注十年基础研究才走出成果转化第一步。所以说，“科学引领”模式的根本目的在于产出世界领先的前沿科学研究成果，为未来的技术创新及后续的商业化开发打好根基。

产业共性技术属于竞争前技术，具有准公共产品的特性。研究开发具有前瞻性、创新性与风险性；形成后，具有共用性、扩散性和层次性[18]。“产业—科学循环驱动”模式与共性关键技术研发活动的目标和规律相适应。在这种模式中，新型研发机构以前沿产业的创新和发展为最终目标，所开展的一系列研发活动都受到产业创新需求的驱动。科学和技术的互动关系也更加明确，相互影响和渗透的程度更深，能够有效解决科学和技术之间的鸿沟。因此，“产业—科学循环驱动”模式中的新型研发机构是本领域协同创新的组织者，它们不仅专注于基础研究、工程知识创造和产业核心技术研发，还具备科技成果快速转化、产业化的全链条创新体系。从交易成本的角度看，“产业—科学循环驱动”模式可以认为是科研领域的“纵向一体化”，能够节约科学和技术之间的交易成本，具体来说，是基础研究到商业应用之间相互衔接或反馈的各个环节之间的交易成本。产业发展导向和应用导向的创新理念和创新需求从创新链前端开始渗透，深刻塑造了科学研究动机，而创新链条各环节之间的后向反馈则反映了科学和技术相互交叉融合、共同生长和演化的互动关系。

5 结论

不同于传统体制内的科研机构，新型研发机构开创了一个跨越式提升源头创新能力并快速实现产业化的新型科技研发模式，是我国科研机构未来改革发展的一个重要方向，其发展路径和模式无先例可循。尽管共同处于北京的创新场景中，但由于学科领域、产业特点、能力维度、发展阶段的差异，新型研发机构的创新模式都不尽相同，我们对于模式的总结和分类只是呈现出了它们科技创新活动的基本特征和逻辑，还有很多与创新模式有关的变量没有涵盖进来，需要在未来通过持续跟踪和关注来加以完善。北京的新型研发机构从建设之初就遵循高起点、高定位的标准，担负着成为世界一流科研机构的重要使命。从目前的情况来看，新型研发机构大都处于“起步创业期”或“成长攻坚期”，制度化程度还有待提高，科研组织形式和制度体系仍在探索和构建中，可持续发展还面临众多不确定因素。如何抓住科技发展机遇，更有效率地将科学技术转化为现实生产力，将促进经济发展整合到自身功能定位中，最大限度地释放创新能量，值得新型研发机构的各方利益相关者在未来的实践操作或学术研究中深入思考和持续探索。

参考文献

[1] 吴卫，银路．巴斯德象限取向模型与新型研发机构功能定位［J］．技术经济，2016，35（8）：38-44.

[2] 赵远亮，敖敦．加快科技体制改革发展新型研发机构［J］．实践（思想理论版），2014（1）：39-40.

[3] 苟尤钊，林菲．基于创新价值链视角的新型科研机构研究：以华大基因为例［J］．科技进步与对策，2015（2）：8-13.

[4] 孙正心，顾光青，陶纪明．上海新型研发机构案例调研分析［J］．科学发展，2015（1）：98-106.

[5] 王勇，王蒲生．新型科研机构模型兼与巴斯德象限比较［J］．科学管理研究，2014，32（6）：29-32.

[6] 龙云凤，任志宽，郑茜，等．民办非企类新型研发机构的现实困境与构建方略：基于三元循环悖论的视角［J］．科技管理研究，2018，38（16）125-130.

[7] CORIAT B，ORSI F，WEINSTEIN O. Does biotech reflect a new science-based innovation regime?［J］．Industry and innovation，2003，10（3）：231-253.

[8] 乔治·巴萨拉．技术发展简史［M］．周光发，译．上海：复旦大学出版社，2000.

[9] ARTHUR W B. The structure of invention［J］．Research policy，2007，36（2）：274-287.

[10] 陈劲，赵晓婷，梁靓．基于科学的创新［J］．科学学与科学技术管理，2013，34（6）：3-7.

[11] 林苞，雷家骕．基于科学的创新与基于技术的创新：兼论科学-技术关系的“部门”模式［J］．科学学研究，2014，32（9）：1289-1296.

[12] 林苞，雷家骕．基于科学的创新模式与动态：对青霉素和晶体管案例的重新分析［J］．

科学学研究，2013（10）：1459-1464.

[13] 张鹏，雷家骕．基于科学的创新与产业：相关概念探究与典型产业识别［J］. 科学学研究，2015，33（9）：1313-1323.

[14] 张守华．基于巴斯德象限的我国科研机构技术创新模式研究［J］. 科技进步与对策，2017，34（20）：15-19.

[15] ROY H HAMMERSTEDT，EDWARD L BLACH. Commercialization of basic research from within the university and return of value to the public［J］. Animal reproduction science，2008，105（1-2）：158-178.

[16] LINK A N，LANDAU R，ROSENBERG N. The positive sum strategy：harnessing technology for economic growth［J］. Technology and culture，1988，29（1）：183.

[17] 技术创新的链环模型：美国学者对其科技政策原则的反思之三［EB/OL］. http://blog. sciencenet. cn/home. php？mod=space&uid=71485&do=blog&id=39075.

[18] 纪占武，王庆．产业共性技术供给双重失灵及其消解：以美国 SEMATECH 为例［J］. 科技与经济，2012，25（3）：11-15.

基于科研工作流程的科研数据共享意愿因素再挖掘
——以德国 UNEKE 调研数据为例

周雷，杨萍

（北京市科学技术情报研究所　北京　100044）

摘要：本文以德国 UNEKE 科研数据管理调研为基础，围绕信息生命周期中科研人员数据工作流程构建科研数据共享影响因素模型，并利用二元 Logistic 回归对每个因素进行衡量。经研究发现，科研人员数据共享意愿与开放科学接受程度、元数据使用深度、个人隐私在意程度显著相关，同时学科和职位的不同与科研数据的共享意愿也存在关联关系。

关键词：科研数据；德国；共享意愿；调研

1　引言

科研数据是科学技术研究、试验开发等研究过程中产生的原始及其衍生数据[1]，是支撑研究论文和科研项目的重要依据。目前随着科学研究“第四范式”的到来，科研数据已成为信息化时代推动科技发展、社会进步的重要战略资源，众多科研机构都围绕这一战略资源开展了从基础设施建设到数据管理服务的研究与实践。但从现实效果来看，作为科研数据的拥有者和使用者的科研人员的共享效果还不明显。所以，本文以德国 UNEKE 调研数据为基础，通过对科研人员数据管理工作流程的再挖掘，分析在数据政策、基础设施保障的条件下科研人员数据共享影响因素，为图书馆/信息服务机构提升数据管理服务绩效提供参考。

2　文献综述

国外对科研人员的科研数据共享态度的研究始于 20 世纪 80 年代[2]。S. J. Ceci 调查了 3 所美国大学和美国国立卫生研究院（NIH）的科研人员共享科研数据的意愿，发现虽然科研人员普遍愿意共享已发表成果的基础数据，但却难以获取同行的数据这一现实与意愿相反的结果[3]。近些年，随着开放科学、科学研究“第四范式”的到来，集中深入面向科研人员科研数据共享意愿问题的研究越来越多、越来越广泛。A. Mulligan 在针对 6 000余名科研人员数据共享意愿的调研中发现，接近 3/4 的科研人员既有使用其他研究者的科研数据的意愿，又由于不知能否从数据共享中获益而不愿意共享自己的科研数据[4]。P. Broadley 和 K. Raymond 认为数据可能的滥用和知识产权的欠缺等问题是科研人员拒绝共享科研数据的主要原因[5]。N. Enke 等人针对生物多样性领域中的科研人员的调查结果也支持了这一观点[6]。在国内，具有代表性的研究有：张晋朝认为科研人员的数据分析源于自我价值感知，主要体现在互惠预期、人际信任及形象提升领域[7]；何琳等人通过对我国300名科研人员的调研发现，态度和主观规范是我国科研人员科研数据共享行为意愿中的显著因素，而行为控制、风险、有用性等间接影响因素次之[8]；孙晓燕等人在与20名来自科研院所和高校的科研人员访谈中发现，影响科研人员数据共享的因素是多方面的，包括制度、技术、机构、个体和数据本身[9]；包秦雯等人在针对地球科学领域科研人员数据共享意愿的调查中发现，人员对于开放数据的态度直接显著影响共享行为，行为信念、感知行为控制显著影响科研人员的态度，且通过态度间接影响行为[10]。总体来说，影响科研人员共享科研数据的因素无外乎来自制度、技术、个人、组织和资源[11]，而这些因素从加速科研数据共享的贡献角度看，起到了推动、保障、主导、基础和支持的作用。但从以往的调查研究看，主要存在以下问题：首先，调查范围较小，往往针对特定学科领域；其次，访谈直接询问科研人员的数据共享愿意，忽略了基于过程行为而产生的潜意识；最后，科研数据管理还没有系统开展，往往为针对未来的意愿调查。因此，本研究建立在德国部分高校开展了多年的科研数据管理服务的基础之上，以科研人员工作流程、数据存储行为为基础，研究其数据共享行为，挖掘可能的切入点，以增强科研人员共享科研数据的便利性为目的，为加速科研数据管理服务提供参考。

3 研究分析流程及假设

3.1 研究背景分析

本研究使用的UNEKE项目数据来自2018—2019年在杜伊斯堡-埃森大学、波恩大学、波鸿大学等13所德国高校开展的科研数据管理调研。从规模上看，调研对象包括7所大型大学（规模超过20 000人）、3所中型大学（规模超过10 000名）和3所规模较小的大学（规模低于10 000人）；从性质上看，调研对象包括9所研究型大学和4所应用技术大学。所以，本研究所使用的数据具有较为全面的代表性。此外，在可以对科研数据管理起到促进性杠杆作用的政策、基础设施方面[12]，所涉及的13所德国高校本身都较为完备，见表1。从表1中可以看出，基本上这些高校都有专职的科研数据管理服务团队，人员配备以图书馆员和IT技术人员为主，教育培训以咨询服务为主，7家院校还提供研讨课。在服务内容方面：数据管理计划服务（DMP）全部提供；元数据服务、数据保存业务除个别院校外也大多提供。从资源工具看，这些高校也基本配备了服务器、机构知识库及必要工具软件。而且，从调查数据看，随着科研数据政策越来越普及，超过80%的科研人员表示其项目都存在科研数据管理政策，说明科研数据所带来的科研规范性、数据价值性被大家普遍接受。并且约一半的科研人员表示，目前所在机构的科研数据基础设施可以满足政策需要，虽然回答不知道的比例也在40%上下，但由于确切回答“否”的只占10%左右，所以可以推断相关机构的科研数据基础设施是可以满足绝大部分科研人员需要的。可见，本项目调研数据是在具备了科研数据管理软硬件条件且已经开展相关服务的机构中获取的，所以，该项目调研数据对于共享意愿再挖掘具有良好的代表性。

表 1　13 所德国高校科研数据管理概况

高校名称	机构设置	人员配备	资源工具	教育培训	服务内容
杜伊斯堡-埃森大学	科研数据管理团队	图书馆员/IT 技术人员/协调人	Sciebo/TSM-长期保存/机构知识库/DMP-Tools	咨询服务/研讨课/专题培训	DMP/数据保存/长期保存/出版/元数据
波恩大学	科研数据管理团队	图书馆员/IT 技术人员	DigiBib/DMP-Tools/RDMO/机构知识库	咨询服务	DMP/数据保存/长期保存/出版/元数据
波鸿大学	科研数据管理团队	图书馆员、IT 技术人员	高校服务器/DMP-Tools/RDMO	咨询服务/研讨课/专题培训	DMP/数据保存/长期保存/出版/元数据
科隆大学	科研数据管理团队	数据管理人员、协调人、咨询人员、元数据/出版人员	高校服务器/DMP-Tools/DataCite/RDMO	咨询服务/研讨课/专题培训	DMP/数据保存/长期保存/出版/元数据
杜塞尔多夫大学	科研数据管理团队	—	DMP-Tools/RDMO/高校服务器	咨询服务/E-Learning	DMP/元数据
锡根大学	图书馆	图书馆员	机构知识库/DMP-Tools/RDMO	咨询服务	DMP/元数据
科隆应用技术大学	科研数据管理团队	图书馆员/IT 技术人员/知识转移中心人员	DMP-Tools/RDMO/Sciebo 云服务/高校服务器	咨询服务/研讨课	DMP/数据保存/长期保存/元数据/出版
希尔德斯海姆大学	科研数据管理团队	—	机构知识库/DMP-Tools/RDMO	咨询服务/研讨课	DMP/数据保存/长期保存/元数据/出版
伍珀塔尔大学	科研数据管理团队	IT 技术人员、数据管理人员	DMP-Tools/RDMO/高校服务器	咨询服务/研讨课	DMP/数据保存/元数据
比勒费尔德应用技术大学	数据处理中心负责	IT 技术人员	Sciebo 云服务/GitLab/高校服务器	咨询服务	DMP/数据保存
亚琛工业大学	科研数据管理团队	IT 技术人员、数据管理人员、软件专业人员、咨询人员、协调员	机构知识库/DMP-Tools/RDMO/Sciebo/GigaMove/BSCW/GitLab	咨询服务/研讨课/E-Learning/专题培训	DMP/数据保存/长期保存/出版/元数据
亚琛应用技术大学	数据处理中心负责	IT 技术人员	Sciebo 云服务/GitLab/高校服务器	咨询服务	DMP/数据保存
波恩-莱茵-齐格应用技术大学	科研数据管理团队	IT 技术人员、数据管理人员、学科专业人员	Sciebo 云服务/高校服务器	咨询服务	DMP/数据保存

3.2 研究理论框架及假设

3.2.1 研究理论框架——信息生命周期管理流程

从服务内容角度看，科研数据管理包括数据的收集、保存、归档、发布、复用等全生命周期活动；从管理角度看，科研数据管理自上而下分别由机构战略、业务和运营、管理流程及服务内容组成。两者构成相互影响、相互交叉的二维结构。而从管理-服务的逻辑关系上看，管理的目的是提供更好的服务，而服务来源于需求，适合于需求的服务才能更好地促进管理。因此，如何加强科研数据共享、提升科研数据管理服务价值，也应来自科研人员数据使用过程中的需求。从信息生命周期的视角看，科研过程可以分为由文献阅读（发现课题），获取、存储数据，格式转换（元数据使用），数据分析结果讨论，撰写、发表论文，数据关联、共享传播组成的周而复始的循环过程[13]，如图 1 所示。按照 T. Wissik 等人提出的数据工作流程理论看[14]，科研人员数据使用行为主要集中在前半个周期，即从文献阅读（发现课题）阶段（访问复用数据）到数据分析结果讨论阶段（使用分析数据）。其中，第一阶段工作主要由科研人员自己完成，所以本研究将主要关注第二至四阶段，即科研人员在科研过程中的科研数据处理行为对数据共享意愿的影响关系。在这其中，主要涉及数据获取之后的数据的存储和数字化、分析使用之前的数据整理与注释及撰写论文之前的数据的分析和使用。

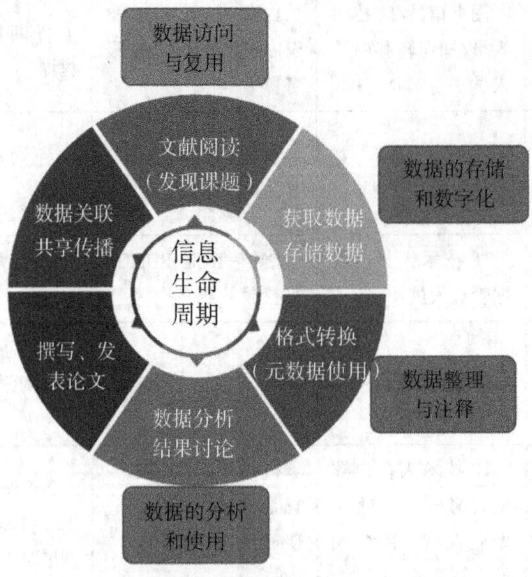

图 1 信息生命周期管理流程及科研人员数据工作流程

3.2.2 研究假设

（1）数据的存储和数字化与共享意愿。

在数据的存储和数字化阶段，科研人员的主要工作是将获取来的科研数据进行包括格式转换等工序的数字化及这些数据的存储，所以，科研数据的基本特征决定了这一阶段的具体工作内容。科研数据的基本特征一般包括科研数据的来源（学科）、数据量、数据格式等，它们对于后期进行科研数据管理服务不仅有技术方面的直接影响，而且更为重要的是，这些基本特征决定了包括数据处理时间、耗费精力等科研工作数据处理的特征，是科研数据共享的基础。C. L. Borgman 在对 1 700 名科研人员进行调查之后发现，75%的科研人员因为耗费时间而不愿进行数据共享[15]；同样，在 Enke 等人的研究中，科研人员也提到了时间花费是科研数据共享的阻碍因素之一。一般来说，由于学科的差异可能导致项目特征的不同，因而带来数据处理的不同。首先，不同学科的科研数据产生量不尽相同，工程学科等由于多为基于试验的现实问题，所以普遍技术集成应用较高，随之产生较高的数据量，而人文社科类项目以调研为主，数据量普遍偏低。此外，科研数据的数据类型和格式依不同学科也不尽相同，社科类数据主要是文字类数据，而在自然科学、工程技术领域，各种专业软件使用较为广泛，数据的格式较多。这些由学科项目不同而带来的数据特征决定了科研数据共享的基础，科研人员在等同共享意愿和一定机构数据政策的影响下，对于过于复杂的数据类型，一定会花费其更长时间用来整理数据，从而导致科研人员共享科研数据的意愿降低。所以，本研究提出如下假设：

H1：处理科研数据的工作量与科研人员共享数据的意愿显著负相关。

（2）数据整理和注释与共享意愿。

数据整理和注释阶段的核心是元数据的使用。元数据是描述信息资源对象的数据，其目的在于：识别资源、追踪资源，并对大量网络化数据进行简单高效的管理，实现信息资源的有效发现、查找、一体化组织等有效管理。所以，元数据的有效使用是科研数据管理、保存、使用及提高复用影响的核心元素之一，也是科研人员共享科研数据的技术保障。C. Gutteridge 指出，实现科研数据资源有效利用的关键是元数据标准的使用[16]；在对澳大利亚 39 所机构进行的科研数据调查中，C. Drury 等人也发现，为数据集添加元数据描述是科研数据知识库管理人员面临的核心挑战之一[17]。目前已有众多元数据方案，如我国当前就有超过 20 个行业技术的元数据标准，国外还有如 Dataverse、DaTaCite、DATS 等标准元数据方案[18]，以及 C. Gutteridge 利用 DOI、RDF 和 RDFa 语言制订了一套遵循 OAI-PMH 协议的元数据描述标准[16]。从技术手段上看，我们已有不少专有方案，如 C. Drury 根据 Berners-Lee 提出的关联数据-元数据映射方案，实现元数据的关联[17]；澳大利亚昆士兰科技大学建立元数据库 Research Data Finder，可收割获取 ANDS 等其他数据库的元数据。但从学科维度上看，其协同性还不高，尚无统一的标准学科元数据方案，而从机构维度上看，也没有通用的机构元数据标准，从而造成使用复杂。同时，学科元数据标准的欠缺、管理方法的不完善，不仅使科研人员在整理方面增加较大工作量，从技术层面也直接导致共享科研数据的困难，更重要的是容易造成同行对自己科研数据的误解，从而导致可能的错误使用，或者没有获得相应的学术承认，从而间接阻碍科研数据的共享意愿。所以，本研究提出以下假设：

H2：科研人员元数据的使用程度与科研人员共享数据的意愿显著正相关。

（3）数据的分析和使用与共享意愿。

在数据的分析和使用阶段，科研人员通过对于数据的操作和分析得出有用的结论。在这一阶段，首先要面对的问题就是科研人员的信息安全行为。阮建海等人将科研数据信息安全行为定义为科研工作者在从事科学研究的过程中，为了保证科学数据的真实性、合法性、有效性、机密性、完整性而采取的相关有效措施行为集合[19]。而信息安全行为又可以分为科研人员内在特质和科研数据外部要求两个层面体现。从科研人员内在特质来说，科研数据信息安全行为就是围绕谁可以获取这些数据、谁可以处理分析这些数据、谁可以掌握数据所得出的结论展开的。因此，数据的所有权人是信息安全行为的核心。而科研数据的信息安全行为在科研数据共享发布之前，由其拥有者进行管理，所以，在此期间，科研数据安全主要受到个体行为的影响。从以往研究看，影响原因来源有很多，主要表现在个体差异、安全意识、组织环境、社会外部因素等[20]，其中最大威胁为个人的安全意识[21-22]。而个人的安全意识可以通过隐私的在意程度进行表达，S. Mamonovs 等人发现用户的隐私意识与信息安全威胁意识存在显著正相关[23]，陈昊等人也发现隐私关注程度是信息安全保护行为动机产生的重要影响要素[24]。所以，可以说，一个人的信息安全保护行为意识越强，其对隐私越为关注、越为在意，共享数据的意愿也越低。而从科研数据外部要求来看，隐私保护与数据共享效率存在显著矛盾[25]。如黄国彬在对 11 所英国科研资助机构的网站调研中发现，大部分机构都将隐私保护政策单列，还有些机构则明确要求数据资源使用的正当性，不侵犯其他相关方，如被调查人员、机构等实体的隐私权益。同时，这种外部的要求也会反作用于科研人员内在特质，加强科研数据的保护力度，降低共享意愿。所以，本研究提出以下假设：

H3：科研人员对于数据的隐私在意程度与科研人员共享数据的意愿显著负相关。

4 研究方法

4.1 数据来源

如上文所述，研究数据来自针对 13 所德国高校科研数据使用的调研项目 UNEKE。2019 年 8 月调研执行机构在德国莱布尼茨社会科学研究所（GESIS）机构知识库公开调研数据，供科研用途使用[26]。调研采用访谈的形式进行，对象为上述德国 13 所大学中的研究人员。数据集包括 2 190 个访谈调研数据，选择其中较为完整的 1 332 条数据，用于分析。

4.2 分析模型及变量设计

（1）因变量选择——科研数据的共享意愿。

本研究的因变量是科研人员数据的共享意愿。在 UNEKE 调研数据本身就有较为明确的调查问题，即选取“是否愿意在初次使用之后共享原始数据”（AL15），愿意取值为 1，不愿意取值为 0。

（2）自变量选择——科研流程中的行为因素。

本研究的自变量选取 UNEKE 调查中，可以表达上文假设提出的相关因素。①对于假设 H1 中变量的选择，本研究通过目前应用较为广泛的 re3data 科研数据仓储索引可以看出，在不同学科的科研数据共享案例中，数据量和数据类型具有较为显著的差异[27]；同时，由文献[28]分析可知，存储数据地点作为科研人员收集数据的工作量表达也应纳入该假设分析。所以，在 UNEKE 调研里选取“项目数据量”（H02）、“数据格式数量”（AL02）、“存储位置数量”（H04）表达数据处理工作量。②对于假设 H2 中的变量——元数据的使用程度的选择，本研究认为元数据的使用程度体现在元数据的功能上，元数据功能需求依层次可分为数据管理、数据质量控制、数据发现和数据利用[29]。虽然，UNEKE 调研中没有明确的元数据功能调查，但在问题“检索分配用元数据的使用”（AL16）中，将元数据使用分为技术元数据、管理检索元数据和内容元数据三个层级级别，基本可以涵盖元数据在科研工作中的使用深度，故选择该变量测量元数据使用程度。③对于假设 H3 中的变量——隐私在意程度，选择数据客观因素和个人主观因素作为测量变量，即选取调研中变量“数据重要性”（AL03）为客观因素、“隐私重要程度”（AL20）为主观因素。另外，作为个人主观因素的客观表现形式，变量“访问权限范围”（AL10）作为检验也考虑在内。同时，随着科技项目合作普遍性的增加，变量“是否有外部合作”（AL14）作为多数据所有权形式的隐私考量也一同纳入科研人员对于隐私的在意程度。所有变量赋值的具体说明见表 2“自变量”条目。

（3）控制变量。

据之前的研究，科研人员的数据共享意愿与学科显著相关，如目前气候、生物、生态等领域拥有较完善的科学数据共享方式，因此科研人员对数据共享的认同率非常高。同时，科研人员由于职位的不同，在科研过程中扮演的角色不同，所以对于科研数据的共享意愿也不尽相同。如荷兰代尔夫特理工大学发现，在数据保存、备份方面，主要由博士生完成，而数据管理计划的主要责任人一般是副教授/副研究员。所以本研究使用调查对象职位（DA03）和所在院系（DA04）作为控制变量，并设置为哑变量，见表 2“控制变量”条目。

（4）模型构建。

本研究的因变量为科研数据的共享意愿，按照 UNEKE 调查，使用二元 Logistic 回归来分析自变量与因变量的关系。二元 Logistic 回归是个概率型模型，可以预测在相关条件、特征下某些事件发生的概率，其特别适合分析在分类条件下（自变量为分类变量），自变量对于因变量的刺激效果概率。模型分为两个部分，如下所示：

$$y_i = \begin{cases} 1, & \text{愿意} \\ 0, & \text{不愿意} \end{cases} \tag{1}$$

$$\ln\left(\frac{p}{1-p}\right) = \boldsymbol{\beta}_i \boldsymbol{X}_i + \boldsymbol{Z}_i \boldsymbol{\gamma}_i + \alpha \tag{2}$$

模型的第一部分用来描述科研人员的数据共享意愿，如式（1）所示。y_i 存在二元态，即上文所述共享意愿 0 或 1。模型的第二部分为二元 Logistic 回归模型，如式（2）所示。其中，p 为 $y_i=1$ 的概率，$\boldsymbol{X}_i$、$\boldsymbol{Z}_i$ 分别表示科研人员的自变量和控制变量，$\boldsymbol{\beta}_i$ 和 $\boldsymbol{\gamma}_i$ 分别为自变量、控制变量的回归系数矩阵。

5 实证检验分析

5.1 描述性统计

本研究的变量见表 2。

表 2 变量的统计性描述

变量类别	影响因素	变量解释	代码	变量描述	最小值	平均值	最大值
因变量	—	共享意愿	AL15	0：否 1：是	0	0.47	1

续表

变量类别	影响因素	变量解释	代码	变量描述	最小值	平均值	最大值
	数据处理工作量	项目数据量	H02	连续变量/GB	0	3 675.23	1 000 000
		存储位置数量	H04	连续变量/个	1	3.07	9
		数据格式数量	AL02	连续变量/个	1	5.74	13
	元数据使用程度	检索分配用元数据的使用	AL16	1：未选择 2：没有元数据 3：基本技术元数据 4：包括管理元数据 5：内容元数据	1	2.70	5
	隐私在意程度	数据重要性	AL03	1-5 级逐步增强	1	3.00	5
		隐私重要程度	AL20	1-5 级逐步增强	1	3.86	5
自变量		访问权限范围	AL10	1：只有本人 2：本项目组 3：有选择性访问 4：其他合作机构/高校 5：通过提供要求方式发送给兴趣方	1	1.89	5
		是否有外部合作	AL14	1：没有 2：其他国内高校/科研机构 3：其他欧盟内高校/科研机构 4：其他非欧盟内高校/科研机构 5：企业合作	1	1.52	5
控制变量	—	职位	DA03	1：教授、项目负责人 2：博士后、固定职位研究人员 3：博士生、科研助理 4：其他人员	1	2.34	4
	—	院系	DA04	1：人文社科 2：工程学科 3：生命科学 4：自然科学	1	2.32	4

5.2 多重共线性检验

各主要变量的相关性分析见表 3，由于变量较多、篇幅较大，故本文只截取部分结果示例。根据统计学分析，变量之间相关系数大于 0.7，则表明变量间存在共线性的可能，而超过0.9时，变量间的共线性的可能性将显著增大。在表 3 中，模型所使用的变量间的 Pearson 相关系数均在 0.4 之下，较低的相关系数表明各变量之间的共线性并不明显，因此可以利用这些变量进行回归检验。

表 3　变量相关性分析

	AL15	H02	H04	AL02	AL20	AL10	AL14	AL16	DA04	DA03
AL15	1									
H02	-0.02	1								
H04	0.087 * *	-0.04	1							
AL02	0.107 * *	-0.006	0.215 * *	1						
AL20	-0.066 * *	-0.065 *	0.028	0.104 * *	1					
AL10	0.213 * *	-0.019	0.181 * *	0.288 * *	-0.076 * *	1				
AL14	0.200 * *	0.053 *	0.116 * *	0.224 * *	-0.076 * *	0.328 * *	1			
AL16	0.122 * *	0.015	0.134 * *	0.262 * *	0.058 *	0.148 * *	0.235 * *	1		
DA04	0.04	0.043	-0.017	0.172 * *	-0.157 * *	0.061 *	0.060 *	0.027	1	
DA03	-0.103 * *	0.015	0.034	-0.068 * *	0.073 * *	-0.101 * *	-0.128 * *	0.009	-0.061 *	1

注：“*”表示相关性在 10%水平上显著，“* *”表示相关性在 5%水平上显著。

5.3　回归结果分析

本研究使用 SPSS 软件对样本进行双元 Logistic 回归，结果见表 4。在数据的存储和数据化阶段，“项目数据量”（H02）、“数据格式数量”（AL02）、“存储位置数量”（H04）与科研人员数据共享意愿的显著性指标分别为 0.856、0.100、0.034，OR 值分别为 1.000、1.044、1.101，说明只有“数据格式数量”（AL02）、“存储位置数量”（H04）两个指标通过检验，分别在 10%和 5%统计水平上显著，并且可以看出，随着这两个变量增加一个单位，数据共享的可能性分别增加 4.4%和 10.1%。所以，科研人员数据共享意愿并不完全与所选指标显著负相关，假设 H1 未成立。从以往研究看，科研人员花费时间进行数据整理是阻碍其共享数据的重要因素之一，但从 UNEKE 调查结果看，如果把数据量、数据格式、存放位置等作为花费时间的标尺来看，却正好相反。探寻其中的原因，本研究认为，科研项目团队的专职化减轻了所有人员的数据维护时间。据 UNEKE 调研数据显示，有超过 50%的科研人员所涉及的项目都有专职的数据维护人员，也使得受数据存储和数据转换工作量所阻碍的数据共享因素，较以往不明显。对于“存储位置数量”的增加，数据共享的可能性有 10%的增加，推测主要原因为，随着开放科学时代的到来，既有机构内的数据库、知识库服务，又有许多公共专业服务知识库，在调研中，“存储位置数量”的增加也并不是简单存储介质的增多，而是偏向不同类型的存储选择的多样性，所以说明愿意使用开放科学基础设施的科研人员更愿意共享自己的数据。

在数据整理与注释阶段，元数据使用程度是工作的核心，其既是数据分析的前提，又是数据质量的保障。从回归结果来看，元数据使用程度的显著性指标为 0.047，在 5%统计水平上显著，说明科研人员对元数据的使用得越了解，就越愿意参与科研数据的共享，假设 H2 得到印证。具体来看，每增加一个单位，数据共享的意愿概率提高 16.4%，同时从调研面板数据可以发现，虽然超过一半的科研人员表示项目由专职的数据维护人员，但从元数据使用程度来看，专职的数据维护人员基本只是进行较为简单的版本、软件、分辨率等技术性元数据的使用，而超过 8 成并不涉及考虑关键词、方法等体现检索关联的数据内容的元数据。

表4 样本回归分析结果

影响因素	变量	回归系数	显著性	OR 值
数据处理工作量	HF02_01	0.000	0.856	1.000
	AL02	0.043	0.100 *	1.044
	HF04	0.096	0.034 * *	1.101
元数据使用程度	AL16	0.152	0.047 * *	1.164
隐私在意程度	AL03_01	−0.134	0.002 * * *	0.875
	AL20_01	−0.092	0.054 *	0.912
	AL10	0.295	0.000 * * *	1.343
	AL14	0.297	0.000 * * *	1.346
院系	DA04		0.007 * * *	
	DA04（1）	0.117	0.450	1.124
	DA04（2）	−0.242	0.167	0.785
	DA04（3）	0.429	0.020 * *	1.535
职位	DA03		0.014 * *	
	DA03（1）	0.860	0.013 * *	2.363
	DA03（2）	0.928	0.008 * * *	2.529
	DA03（3）	0.607	0.069 *	1.836
—	常量	−1.738	0.000 * * *	0.176

注：“* * *”“* *”“*”分别表示在1%、5%、10%统计意义上显著。

在数据的分析和使用阶段，通过回归结果可以看出，隐私重要程度每增加一个单位，数据共享意愿概率降低约 9%，在 1%统计水平上显著。作为检验，数据访问范围增加每个单位，共享意愿概率提高 3 成以上，且在 1%统计水平上显著。也可以看出，对数据的开放范围的潜意识印证了数据主观态度因素。数据对于科研人员的重要程度每增加一个单位，这个比例下降 12.5%，说明科研人员对于自有数据隐私的考虑还主要出于对于数据的重要程度。这本身也不难理解，由于科学研究具有排他性、竞争性，同时，成果往往是权益的象征，所以对于本身比较重要的数据，科研人员对隐私更加看重，信息安全行为更加全面。由此，可以说明，科研人员隐私的在意程度与数据共享意愿显著负相关，假设 H3 成立。对于可能出现多数据权的合作项目，随着合作广度每增加一个单位，科研人员参与数据共享的意愿概率增加 3 成，且 1%水平显著。科研项目随着来源、合作范围的增加，数据被多方利用，公开的概率较自有数据一定更高，对于科研人员来讲不可控程度越高，所以共享所带来的损失较小。在最高级的企业合作项目中，由于往往来自委托项目，科研人员对数据权益要求较低，所以共享意愿显著增加。

控制变量与科研数据共享意愿上的关联关系也值得关注。在学科领域方面，以自然科学数据共享为参考，生命科学领域数据共享的 OR 值为 1.535，表示其共享意愿较基准高 53.5%，同时通过显著性检验，在 5%统计水平上有意义。此外，在工程学科领域，科研人员的共享意愿普遍较低，虽然显著性指标 Sig 值等于 0.167，并未通过显著性检验，但同样值得在实际应用中关注。在职位方面，不同类型的科研人员的数据共享差异较大。本研究以“其他人员”参照基准，考察其他主要科研人员共享意愿，发现：博士后及固定职位科研人员的共享意愿最高，较基准高出 1.529 倍，且在 1%统计水平上显著，其次为教授、项目负责人，最后为博士生、科研助理，且分别在 5%和 10%统计水平上显著。这种差异也不难理解，科研项目的负责人一般为职级较高的科研人员，其对于科研数据的共享具有决定权。从结果看，处于科研中层的博士后及固定职位科研人员具有较强的科研数据共享意愿，既表达了其作为科研骨干项目数据所有权，又体现了作为年轻科研人员接受开放科学等新事物的较快的接受程度。

6 借鉴及启示

科研数据管理是开放科学的重要组成部分，而数据作为科学研究的基础，使得科研数据管理成为开放科学的核心基础之一。纵观我国关于科研数据管理服务的研究，主要从科研数据管理服务的范畴和任务（如内容、参与者等）、治理（如机构科研数据政策）、执行（图书馆在科研数据管理服务的作用）和实践（科研数据管理服务平台建设）开展，并取得了大量研究成果。但从最终目的的角度看，研究成果却少有转化为具体的服务实践，只有北京大学、武汉大学、复旦大学等少数高校科研数据管理平台开始上线使用[18]。这其中的原因，既有机构层面政策的缺失、硬件条件不平衡的客观因素，更有服务亟须增值、数据风险亟待管控等科研数据管理服务层面的主观因素。UNEKE 调研数据基于近些年德国高校具体实施科研数据管理服务的经验，且其机构政策和硬件条件较为完备，所以，通过其中科研人员进行科研数据行为的再挖掘，对于我国图书馆/信息机构开展相关服务、提升服务成效具有重要参考价值。

6.1 加强对开放科学的宣传和示范

目前，随着科学大数据成为国家科技战略，开放科学也被越来越多的科研人员接受，而作为科研数据管理必备条件的基础设施建设已经比较齐备。目前，较为知名的科研数据相关基础设施有不少，如 re3data 科研数据索引，RDMO 等科研数据管理计划工具，Figshare、Zenedo 等通用知识库，Pangea、GFZ Potzdam data service 等专业知识库。在程序软件方面，如 OpenRefine、Github、Gitlab 等也都是具有开放、开源的特点，同时这些平台、知识库、工具软件等具有良好的可靠性、易用性，支持 ORCID、DOI 及不同级别认证许可的一站式服务。而从本研究分析看，偏向使用开放科学基础设施等不同存储类型的科研人员，具有更高的数据共享意愿。因此，多加强科学公共资源的介绍和使用，让科研人员熟悉开放科学的发展及国际环境，培养开放科学环境下的科学习惯是提升科研人员共享数据的重要策略。从具体工作来说，信息素养教育是图书馆培养科研人员开放科学科研数据管理习惯的良好平台和具体手段。首先，获取信息和使用信息管理工具就是信息素养教育的核心之一，而以上所涉及的知识库、数据库、开源软件平台本身就是信息源和信息管理工具，所以在内容和目的上与信息素养教育相关内容和功能上相吻合。其次，在开放科学的大环境下，利用网络数据资源、开源管理工具是科研人员必备的基础学术素养，而这种基础学术素养的培养也应是图书馆信息素养教育的重要任务之一。

6.2 提升以元数据为核心的整体科研数据管理方案水平

首先，加强学科元数据标准建设、提升图书馆/信息服务结构元数据使用水平是增强数据共享的直接手段。从数据分析不难看出，科研人员元数据的使用程度与科研数据共享显著相关。由于元数据使用的目的就是便于进行主题关联检索和内容方法发现，所以，科研人员对于元数据越是熟悉、使用程度越深，越有利于数据的再次利用，更易于体现数据的价值，也更能体现学术贡献水平。虽然当前元数据的标准众多，包括通用标准、科研数据标准、行业应用标准、特定学科标准，但对于众多学科及繁复数据类型，容易造成专业人员无法了解众多元数据标准的优劣、选取合适自己学科的元数据标准。德国 UNEKE 项目的关联项目 DIPL-ING 就是在全德范围内建立统一的工程学科元数据方案，并构建了与现有元数据标准，如 DataCite、Code Meta、PREMIS、ExptML 等相关联的描述、学科专有、过程和技术 4 个元数据领域，其核心目的就是科研数据复用的便捷化及处理的简易化[30]。其次，科研数据管理方案建设可以全面提升科研数据管理规范。科研数据管理方案是将科研数据日常管理所用到的科研数据整理、元数据使用、数据清理方法、数据出版共享等具体手段集为一体，建立规范标准。如中科院建立了一整套从采集与加工、元数据规范、到数据管理、数据质量控制等方面标准规范体系[31]，再如德国 FAKIN 科研数据管理方案为较小规模的科研机构制定了切合个人实际操作的科研数据管理方案，为普通科研人员参与科研数据提供了极大便利。可以预见，如果科研人员在全科研工作周期有了强有力的工具，参与科研数据更加便捷，也一定会更加愿意共享自己的研究数据。

6.3 科研数据管理服务需要区别不同学科、不同人员、不同项目

科研数据管理习惯需要长期的培养，机构数据管理方案的建立也要在实践中获取。同时，我们还可以看到，当下科研数据的共享在不同学科、不同人员中明显不同，与数据重要程度、私有特性也显著相关。所以，注重科研数据管理服务在实践中的战术，会增强数据共享效果，增加服务绩效。首先，区别对待不同学科在科研数据分享意愿的差异。据科研数据索引 re3data 统计，生命科学/自然科学共享科研数据条目较人文社科的数量高 50%，更是工程技术的 3 倍。其次，区别不同人员在科研数据管理的不同职能。数据的所有者和实际使用者往往不同，所以针对不同人群的科研数据管理服务咨询也应当有所侧重，从而吸引不同受众。最后，加强合作项目的科研数据管理服务。从上文分析可以发现，对于合作项目，往往由于数据的多所有权，科研人员的数据共享意愿高于自有数据。所以，以机构间合作、公共合作项目为科研数据管理服务契机，开展面向项目委托方的数据共享也不失是图书馆/信息服务机构开展科研数据管理服务的一种形式。

参考文献

[1] 蔚海燕，范心怡. 研究型图书馆数据馆员能力需求及服务内容研究 [J]. 图书馆，2019 (4)：85-91.

[2] 傅天珍，郑江平. 国外面向科研人员的科学数据共享探析 [J]. 图书馆论坛，2015，35 (2)：76-81.

[3] CECI S J. Scientists' attitudes toward data sharing [J]. Science, technology, & human values, 1988, 13 (1/2): 45-52.

[4] MULLIGAN A，MABE M. The effect of the internet on researcher motivations，behavior and attitudes [J]. Journal of documentation，2011，67 (2)：290-311.
[5] BROADLEY P，RAYMOND K. Researcher attitudes to data sharing：cultural change requires better motivations [EB/OL]. http://eprints. qut. edu. au/53403.
[6] ENKE N，THESSEN A，BACH K，et al. The user's view on biodiversity data sharing - investigating facts of acceptance and requirements to realize a sustainable use of research data [C] // International Conference on Computer Graphics & Virtual Reality, 2007.
[7] 张晋朝. 我国高校科研人员科学数据共享意愿研究 [J]. 情报理论与实践，2013，36 (10)：25-30.
[8] 何琳，常颖聪. 科研人员数据共享意愿研究 [J]. 图书与情报，2014 (5)：125-131.
[9] 孙晓燕，李希彬，王文玫，等. 面向科研人员的科学数据共享影响因素的调查分析：基于计划行为理论 [J]. 图书馆学研究，2019 (5)：38-45.
[10] 包秦雯，顾立平，张潇月. 开放科研数据的行为影响因素研究：以地球科学领域为例 [J]. 情报理论与实践，2019，42 (5)：51-57.
[11] 刘桂锋，濮静蓉，钱锦琳. 科研数据共享影响因素分析及作用阐释 [J]. 图书馆论坛，2018，38 (11)：10-17.
[12] JONES S. Developments in research funder data policy [J]. International journal of digital curation，2012，7 (1)：114-125.
[13] DANIELS T. Virtual research environments：from portals to science gateways [J]. Library management，2010，71 (4/5)：396-397.
[14] WISSIK T，ČURČO M. Research data workflows：from research data lifecycle models to institutional solutions [J/OL]. https://ep. liu. se/ecp/article. asp? issue=123&article=008.
[15] BORGMAN C L. Big data，little data，no data：the contested landscape of data sharing and reuse [C] //Trends in society & information technology seminar series, 2013.
[16] GUTTERIDGE C. Using the institutional repository to publish research data [J/OL]. https://eprints. soton. ac. uk/270885/.
[17] DRURY C，SEFTON P，WATSON K. Ready or not here it comes：Australian institutional research repository data readiness surveys 2010 [J/OL]. https://www. researchgate. net/publication/50384189_Ready_or_not_here_it_comes_Australian_institutional_research_repository_data_readiness_surveys_2010.
[18] 崔佳伟，吴思竹，邬金鸣，等. 科学数据仓储元数据标准研究与启示 [J]. 数字图书馆论坛，2019 (6)：19-28.
[19] 阮建海，杨燕. 科学数据安全行为研究综述 [J]. 现代情报，2019，39 (9)：151-159.
[20] 李晶. 信息安全行为研究现状与发展动态述评 [J]. 图书情报工作，2014，58 (24)：126-130.
[21] JOHNSON E C. Security awareness：switch to a better programme [J]. Network security，2006 (2)：15-18.
[22] KRUGER H A，KEARNEY W D. A prototype for assessing information security awareness [J]. Computers and security，2006，25 (4)：289-296.
[23] MAMONOV S，BENBUNAN-FICH R. The impact of information security threat awareness

on privacy-protective behaviors [J]. Computers in human behavior, 2018 (83): 32-44.

[24] 陈昊，李文立. 基于情绪中介的信息安全保护行为研究 [J]. 科研管理，2018，39 (6): 48-56.

[25] 梅宏. 大数据：发展现状与未来趋势 [EB/OL]. http://www. npc. gov. cn/npc/c30834/201910/653fc6300310412f841c90972528be67. shtml.

[26] WILMS K, BRENGER B, LOPÉZ A, et al. UNEKE - survey on storing practice and storing requirements for research data. [EB/OL]. https://dbk. gesis. org/dbksearch/SDesc2. asp? DB=D&no=6981.

[27] 王辉，Michael Witt. 基于 re3data 的科研数据仓储全景分析 [J]. 图书情报工作，2017，61 (22): 69-76.

[28] 胡永生，刘颖. 基于用户调查的高校科学数据管理需求分析 [J]. 图书情报工作，2013，57 (6): 28-32.

[29] QIN J, BALL A, GREENBERG J. Functional and architectural requirements for metadata: supporting discovery and management of scientific data [C] //International Conference on Dublin Core and Metadata Applications, 2012: 62-71.

[30] IGLEZAKIS D, SCHEMBERA B. Anforderungen der Ingenieurwissenschaften an das Forschungsdatenmanagement der Universität Stuttgart - Ergebnisse der Bedarfsanalyse des Projektes DIPL-ING. [J/OL]. https: //www. o-bib. de/article/view/5325/7294.

[31] 胡良霖，郑晓欢，朱艳华，等. 中国科学院科学数据标准体系研究与实践 [J]. 图书馆，2019 (11): 6-10.

综 合 类

国家人工智能治理体系建设研究

——以中国与美国为例

许玥姮[1,2]

（1. 北京科技战略决策咨询中心　北京　100044；
2. 北京市科学技术情报研究所　北京　100044）

摘要：本文旨在以中国与美国为例，总结目前国家层面的人工智能治理体系建设经验，为国家人工智能治理体系建设及北京落实国家人工智能战略部署提供参考。本文分别对中国与美国人工智能治理体系建设的制度环境及治理体系架构进行了分析，并重点考察了制度及治理体系架构建设相对较为突出的若干领域。分析结果显示，中国与美国均制定了人工智能国家战略，并建立了跨部门协调机制以确保国家战略的实施，美国在支持人工智能基础研究方面的实践经验可为中国人工智能治理体系建设提供有益参考。

关键词：人工智能；治理体系

1　引言

经过60多年发展的人工智能技术正在加速升级，并迅速渗透至众多领域，从而奠定其战略性技术的地位。随着人工智能技术对经济社会产生越来越重要的影响，各国对人工智能治理的重视也日益加大。本文将以中国和美国为例，进行国家层面人工智能治理体系的分析，以期为国家人工智能治理体系建设及北京落实国家人工智能战略部署提供参考。

2　制度环境

2.1　中国制度环境

2017年国务院印发的《新一代人工智能发展规划》是中国人工智能领域的战略性文件，为国家层面的人工智能治理指明了方向。该规划指出人工智能发展进入了新阶段，成为世界竞争的新焦点，同时也是经济发展的新引擎，给社会建设带来新机遇，也因其发展的不确定性带来新挑战。在此战略判断基础上，该规划提出了从2020年与世界先进水平同步到2025年达到世界领先水平、再到2030年成为世界主要人工智能创新中心的时间跨度达十余年的三步走计划。为实现上述战略目标，该规划部署了包括构建开放协同的人工智能科技创新体系、培育高端高效的智能经济、建设安全便捷的智能社会、加强人工智能领域军民融合、构建泛在安全高效的智能化基础设施体系及前瞻布局新一代人工智能重大科技项目这六项重点任务。国家层面人工智能治理通过这些重点任务的开展得以推进。

2019 年 2 月，国家新一代人工智能治理专业委员会成立，并在同年 6 月发布了《新一代人工智能治理原则——发展负责任的人工智能》，提出和谐友好、公平公正、包容共享、尊重隐私、安全可控、共担责任、开放协作、敏捷治理这八条原则，奠定了中国在可预见的未来时期内人工智能治理方面的基调。

2.2 美国制度环境

美国在国家层面的人工智能治理工作起步较早。2016 年，美国国家科学与技术委员会牵头起草和发布了三份涉及人工智能领域的文件：《为人工智能的未来做好准备》[1]《国家人工智能研发战略计划》[2]《人工智能、自动化与经济》[3]，强调人工智能的重要性，并提出了一系列从国家层面促进人工智能发展的对策建议。

2019 年 2 月，白宫发布第 13859 号行政命令，美国在人工智能领域的国家战略《维护美国在人工智能的领导地位》[4] 正式出台。该战略文件的动员范围包括公共部门、私营部门、学术界、公众和国际伙伴，是一项整体战略。该战略文件明确联邦政府应该从五大方面推动人工智能的发展：投资人工智能研发，释放人工智能资源，消除人工智能创新的障碍，培养人工智能人才，建设有利于美国人工智能创新及负责任使用的国际环境。这一战略文件的发布促进美国国家层面人工智能治理向更全面、更深入的方向推进。

3 治理体系架构

3.1 中国治理体系架构

国家层面上，人工智能治理主要体现为《新一代人工智能发展规划》的推进实施，这一工作具体由新一代人工智能发展规划推进办公室负责。该办公室成立于 2017 年，接受国家科技体制改革和创新体系建设领导小组的领导，由包括科技部在内的 15 个国家部委参与。同年成立的还有新一代人工智能战略咨询委员会，由来自学术界及企业的人工智能专家组成，主要职责是为涉及人工智能的国家重大部署提供咨询。2019 年 2 月，新一代人工智能发展规划推进办公室在新一代人工智能战略咨询委员会基础上成立了国家新一代人工智能治理专业委员会，负责加强在学术界及企业中推进人工智能相关法律、伦理、标准和社会问题研究。

《新一代人工智能发展规划》在地方上的落实主要通过开展国家新一代人工智能创新发展试验区的建设。在《国家新一代人工智能创新发展试验区建设工作指引》正式发布前，北京、上海先拔头筹，分别于 2019 年 2 月、2019 年 5 月成为最早的两个国家新一代人工智能创新发展试验区。同年 8 月发布的《国家新一代人工智能创新发展试验区建设工作指引》指出试验区的建设以促进人工智能与经济社会发展深度融合为主线，并提出五年内布局建设 20 个左右试验区。2019 年底，天津、深圳、杭州、合肥和德清的国家新一代人工智能创新发展试验区申请获批。2020 年国家新一代人工智能创新发展试验区的名单再增加 6 座城市，分别为重庆、成都、西安、济南、武汉及广州。至此，国家新一代人工智能创新发展试验区达到 13 个，构成了既有国家层面部门间横向的连接，又有中央与地方纵向连接的治理架构。

3.2 美国治理体系架构

美国国家层面人工智能治理以部门间横向协调机构为主要架构。美国国家科学技术委员会是总统协调所有行政部门的科学技术政策的主要机构，其于2018年设立了人工智能特别委员会，作为专门的人工智能相关工作协调机构。人工智能特别委员会主要有两项工作职责：第一，处理跨机构的国家重大政策协调事项，协调不同机构间的规划政策制定与实施，也为人工智能领域内如自主系统、生物识别、计算机视觉、人机交互、机器学习、自然语言处理和机器人等子领域间活动提供协调渠道，提高国家层面人工智能相关工作的总体有效性；第二，就机构间人工智能研发优先事项向白宫提供咨询意见，创建平衡和全面的人工智能研发计划，建立政产学研一体的创新生态，提高美国人工智能领域的竞争力，确保美国在这一领域的领先地位。人工智能特别委员会的主席来自科学技术政策办公室、国家科学基金会和国防高级研究计划局，其他成员来自商务部、国防部、能源部及总统办公厅，必要时还可指定其他部门派代表出席。

《美国人工智能倡议》出台后，其推进协调的职责也放在人工智能特别委员会，倡议内容则由负责人工智能基础研发、人工智能技术应用开发部署、提供教育资助及进行人工智能技术应用指导与监督的机构共同实施。

4 领域建设

4.1 中国

《新一代人工智能发展规划》发布后，中国在产业发展、教育科研等领域进行了一系列部署以确保规划目标的实现，这些领域也相应成为人工智能治理的重点领域。

2017年底，工业和信息化部率先出台了《促进新一代人工智能产业发展三年行动计划（2018—2020年）》，进一步细化了直至2020年政府促进人工智能产业发展的举措，包括培育智能产品、突破核心基础、深化发展智能制造、构建支撑体系四个方面。

2018年4月，教育部出台了《高等学校人工智能创新行动计划》，明确了与国家规划时间线一致的领域目标：到2020年基本完成适应新一代人工智能发展的高校科技创新体系和学科体系的优化布局；到2025年在理论研究、创新技术与应用示范等方面达到世界领先水平；到2030年高校要成为建设世界主要人工智能创新中心的核心力量和引领新一代人工智能发展的人才高地。为实现上述目标，部署了三个方面的重点任务：优化高校人工智能领域科技创新体系，完善人工智能领域人才培养体系，以及推动高校人工智能领域科技成果转化与示范应用。

2019年，科技部出台了两份作为具体建设抓手的指南性文件《国家新一代人工智能开放创新平台建设工作指引》《国家新一代人工智能创新发展试验区建设工作指引》（后者在2020年进行了修订）。这两份微观指南性文件以2030年为目标、以最近五年为建设时期，以应用为牵引，强化企业作为创新主体，根据国家规划的领域要求提出例如开展人工智能技术示范、政策试验、社会实验及推进基础设施建设等具体举措，强调地方作为建设主体，推动市场和政府形成合力，通过协同创新的方式形成具有地方特色的智能社会治理模式。

2019年底，国家林业和草原局出台的《林业和草原人工智能发展的指导意见》作为落实国家规划的领域指导性文件，将发展规划时段延伸至2035年，分别提出了2025年、2030年及2035年的发展目标，在生态保护、生态修复、生态灾害防治、生态产业、生态管理五个方面进行了重点任务部署，凸显政府正在大力推动人工智能应用于公共领域。

标准体系建设是人工智能治理的重要方面。国家标准化管理委员会等五部门于2020年7月印发《国家新一代人工智能标准体系建设指南》，明确了两个阶段建设目标：到2021年明确人工智能标准化顶层设计，到2023年初步建立人工智能标准体系。

除上述领域外，其他领域涉及人工智能的政策主要针对指定地点，例如深圳、北京先后获批开展建筑工程领域的人工智能审图试点工作。由此可见随着人工智能应用领域的拓展，人工智能的治理也将愈加重要。

4.2 美国

目前，研发是美国国家层面人工智能的工作重心。早在2016年，美国国家科学技术委员会发布了《国家人工智能研发战略计划》[5]，这一战略文件认为在未来三年中人工智能的发展仍然属于市场投入不足的状态，从而建议政府继续加大对这一领域的投入，并部署了七项优先工作：维持人工智能领域的长期投资，增加有效的人机协同，应对人工智能涉及的伦理、法律及社会问题，确保人工智能系统的安全，建设用于人工智能训练与测试的共享数据集与环境，建立人工智能技术评价标准，掌握人工智能人才需求。2019年，美国对这一研发战略文件进行了更新，对2016年的七个优先工作领域进行了细化，并增加了第八项优先工作：增进公共部门与私人部门在人工智能方面的合作。2020年2月，白宫发布的《美国人工智能倡议：第一年年度报告》认为，自第13859号行政命令签署后一年中，政府对人工智能研发的投资预算达到前所未有的体量，美国在人工智能相关的国际合作中保持领先，人工智能技术标准战略的发布将使美国继续保持在这一领域的优势。

国家科学基金是国家对人工智能领域研发投入的主力军。国家科学基金牵头与农业部其他部门联合，启动了国家人工智能研究院建设行动。人工智能研究院的建设主要依托大学，每座人工智能研究院由一所大学牵头、若干所大学或研究机构合作共建。第一批人工智能研究院共七座，覆盖了30余所大学及研究机构。2020年，白宫宣布这些人工智能研究院在五年内将获得总额达到1.4亿美元的经费支持。人工智能研究院的建设工作在未来将被继续推进，同时还将引入来自私营部门的资金作为经费支持来源。

拥有众多国家实验室的能源部是支撑美国人工智能领先地位及加快研究成果应用于国家其他关键领域的重要力量，特别是在依托国家实验室建设人工智能基础设施方面。人工智能系统运行所基于的计算基础结构对人工智能系统性能的作用不亚于算法与数据，人工智能的进步依赖于针对人工智能算法优化的硬件。能源部所属国家实验室建设的超级计算机使美国一直保持高性能计算领域的领跑位置。为保持美国高性能计算领域的优势，并支撑美国在人工智能领域保持领先，能源部成立了人工智能与技术办公室，负责推进人工智能技术的落地应用，扩大整个部门的人工智能研发，协调部门内的人工智能应用，并促进与私营部门的合作，确保人工智能国家战略的实施。

技术标准领域的领先是人工智能技术领先的一个重要方面，为落实美国人工智能国家战略部署，美国国家标准与技术研究院于2019年发布了相应的行动计划[6]，明确政府要参与技术标准和相关工具的开发，以确保人工智能系统的可靠与可信。美国国家标准与技术研究院在衡量和评估人工智能技术的基础研究方面处于世界领先位置，其技术标准领域的研究侧重于测量和提高人工智能系统的安全性和可信性，这主要体现为参与国际标准的制定，以促进人工智能领域的创新及增强公众信心。

根据《2018国防部人工智能战略概要》，美国在国防领域将进行快速、大规模并且统一的人工智能推广，建立联合人工智能中心以协调并加速国防部涉及人工智能的研发与应用，并加强国防领域的人工智能赋能内部管理与决策、公私合作研发、人才培养、人工智能规范制定等方面工作。

2020 年 12 月，白宫发布总统签署的第 13960 号行政命令《关于在联邦政府中推广使用可信赖人工智能》[7]，这一行政命令界定了美国政府机构使用人工智能的原则，制定了执行这些原则的共同政策，为政府机构采用人工智能提供了指导，以便联邦机构更有效地提供服务并促进公众对这一关键技术的信任。

5 结论与建议

由此可见，中国与美国的人工智能治理体系既有相似的方面，也存在差异。相似的方面包括：中国与美国都将人工智能的发展置于国家战略的考量中，认为人工智能是一项对国家社会各个方面将产生巨大影响的技术；对人工智能技术战略地位判断的相似使得两个国家均建立国家层面的协调机制以保障人工智能技术能实现跨部门的发展。此外，因为中国与美国的人工智能技术发展水平存在差异，两个国家对人工智能领域的投入重点有所不同，这具体体现为：美国对人工智能基础研究更加重视以确保美国在这一领域的领先地位。借鉴美国人工智能治理体系建设的经验，结合目前中国的人工智能技术面临从跟跑到并跑、再到领跑的现状，在中国人工智能治理体系的建设中，应继续加大对基础研究的投入，以确保国家人工智能战略目标的实现。北京作为最早设立的国家新一代人工智能创新发展试验区，应结合自身优势，大力推动人工智能科技创新与产业化，在落实国家人工智能战略部署的同时建成具有国际影响力的科技创新中心。

参考文献

[1] BUNDY A. Preparing for the future of artificial intelligence [J/OL]. https://link. springer. com/article/10. 1007/s00146-016-0685-0.

[2] The national artificial intelligence research and development strategic plan [EB/OL]. https://www. nitrd. gov/PUBS/national_ai_rd_strategic_plan. pdf.

[3] Artificial intelligence, automation, and the economy [EB/OL]. https://robohub. org/white-house-report-artificial-intelligence-automation-and-the-economy/.

[4] Maintaining American leadership in artificial intelligence [EB/OL]. https://www. federalregister. gov/documents/2019/02/14/2019-02544/maintaining-american-leadership-in-artificial-intelligence.

[5] The national artificial intelligence research and development strategic plan [EB/OL]. https://www. nitrd. gov/PUBS/national_ai_rd_strategic_plan. pdf.

[6] A plan for federal engagement in developing technical standards and related tools [EB/OL]. https://www. nist. gov/system/files/documents/2019/08/10/ai_standards_fedengagement_plan_9aug2019. pdf.

[7] Promoting the use of trustworthy artificial intelligence in the federal government [EB/OL]. https://www. federalregister. gov/documents/2020/12/08/2020-27065/promoting-the-use-of-trustworthy-artificial-intelligence-in-the-federal-government.

重大赛事食品安全保障政策研究及启示

燕娜，陈佳宇，郭建伟，程杨

（北京市科学技术情报研究所　北京　100044）

摘要：2022 年北京即将举办第 24 届冬奥会，作为贯穿赛事始终的重要环节，食品安全可以说是奥运会保障工作的重中之重。而食品供应量大、种类多、标准高，举办国不仅要确保杜绝发生食物中毒等食源性疾病，还要避免发生食物恐怖和运动员食源性兴奋剂事件，这使得食品安全工作具有高度复杂性、艰巨性和高风险性。食品安全政策在保障重大赛事顺利举办及处理突发食品事件方面起到了积极的作用。本文从政策实施和监督的角度梳理奥运会承办国食品安全政策，总结分析重大赛事活动食品安全政策制定、实施、监督、效果等方面的特点，找到共同点和不同点，从各国成功和失败的经验教训中总结深层次原因，结合北京冬奥会的实际情况提取出值得借鉴的政策要点，为我国举办重大赛事食品安全保障提供政策建议。

关键词：奥运会；食品安全；政策

重大赛事食品安全由于涉及参赛者、观众、场馆、住宿等多个因素，面临着需求量大、供应种类多、检测标准高的严峻考验，这不仅要求举办国确保杜绝发生食物中毒等食源性疾病，还要避免发生食物恐怖和运动员食源性兴奋剂事件，由此可见重大赛事食品安全保障任务的高度复杂性、艰巨性和高风险性。食品安全成为直接关乎赛事举办成功与否的关键，尤其以奥运会为代表。

1　奥运会食品安全政策概况

食品安全政策在保障重大赛事顺利举办及处理突发食品事件方面起到了积极的作用。重大赛事食品安全政策多为举办国赛事方制订，体现了该国的重视程度，从食品安全角度促进了重大赛事筹备工作的科学性、严谨性和技术水平。

1.1　国外奥运会食品安全政策概况

对于食品安全保障的各种体系建设，各国都要有相关的政策、法规来指导。一些国家在奥运会举办阶段出台专门针对食品安全相关政策措施，包括政策文件、食品安全供应保障机制、应急保障措施等确保各食品环节的安全，比如悉尼奥运会和雅典奥运会。

（1）2000 年悉尼奥运会。

在举办前 5 年，悉尼政府就开始实施奥运食品工程，制定食品安全保障战略计划，采取了机构协调、危险评估、检查监督、信息预警等多方位的措施（见表 1），有序配置资源，预防食品安全事故的发生，保障奥运会的公共卫生。

表 1　2000 年悉尼奥运会食品安全政策体系

序号	政策措施	管理机构	职责内容
1	澳大利亚食品管理架构	联邦政府、各州和国家	制定食品政策和标准
		各州、区域和地方政府	实施食品法规
		各州、区域政府相关部门	调查食源性疾病
2	食品安全管理	NSW 食品管理局	管理食品生产、运输、销售的全过程
3	悉尼 2000 年奥林匹克运动会计划的研究	地方卫生主管部门	奥运会期间组委会指派卫生专业人员到赛事场馆进行信息、管理、监督、检查的交流
4	食品安全危险性评估	地方政府及相关机构、州际卫生部门、食品生产加工企业	评估食品安全危险性，提出建议
5	食品安全策略	监督管理应急部门	① 非奥运会举办地食品监测行动计划； ② 奥运会举办地食品安全； ③ 船只的监督检查计划； ④ 突发事件暴发调查和干预计划； ⑤ 并列医学中心
6	食品安全数据更新与分析		每日对与食品相关的设备、储存、温控等安全数据进行更新、修改和分析
7	食品货源的监督检查培训	各地方、各州的食品安全监管部门	包括食品安全策略和方法、行为解析、报告程序、技术材料等内容
8	场地食品检查	食品安全官员	① 每日监督检查驻地卫生； ② 比赛期间检查运动员村的食品安全
9	食品运输检查	食品安全官员	进入赛场前，检查化学物的安全性、核对食品安全目录和数据库的日记录

（2）2004 年雅典奥运会。

为保障 2004 年雅典奥运会食品安全，希腊政府针对食品安全保障的不同阶段制定了详细的行动安排。他们不仅制定了赛事筹备前的措施，还出台了赛事举办期间的监督机制(见表 2)。

表 2　2004 年雅典奥运会食品安全政策措施

阶段	措施	具体内容
赛事筹备前	制定严格的战略目标	建立有组织的、功能统一的食品服务体系，明确所有部门或机构的职责，实现奥运会期间食品生产、进口、运输、销售、配送等可能达到的最高的食品安全水平，保障运动员、裁判员及其他一般消费者的食品安全；同时，要求其以最快的干预措施及时、有效地应对和管理奥运会期间国内或国外可能影响奥运食品安全的任何与食品相关的危机

续表

阶段	措施	具体内容
赛事举办期间	科学安排卫生监督员的工作量	① 所有注册地址都有地域位置编码，有经度和纬度的数字电子地图； ② 设 44 741 个卫生保障点
	建立电子网络系统	卫生机构、公共卫生实验室、奥运事务管理单位及卫生部之间的信息交流、每天进行的监督检查信息都该系统实现
	标准化监督检查	基于奥运公共卫生监督保障点的情况，制定统一的监督检查表格
	标准化纠正/改正措施	针对标准化监督检查所能发现的问题，制定统一的标准化纠正/改正措施

1.2　我国奥运会食品安全政策概况

我国对运动赛事的食品安全问题一直非常重视，并出台了一系列政策措施予以保障。以《中华人民共和国食品安全法》《餐饮服务食品安全监督管理办法》等各项法令法规为顶层指导，针对重大活动食品安全保障，我国先后颁布了《重大活动食品卫生监督规范》《重大活动餐饮服务食品安全监督管理规范》；而针对具体食品安全问题的处理，我国出台了《食物中毒事故处理办法》《突发公共卫生事件应急条例》等规定。在奥运赛事方面，北京已于 2008 年成功举办奥运会并即将举办冬奥会，在食品安全保障政策方面有一定的经验。

（1）2008 年北京奥运会。

国家和北京市政府高度重视奥运食品安全管理，自申报成功后先后出台了一系列相关法规文件（见表 3），赛事举办之前从国家和北京市政府层面制定了周密的奥运食品安全制度保障和奥运食品安全标准体系，在举办期间执行 4 项保障措施确保食品安全。

（2）2022 年北京冬奥会。

《北京冬奥会食品安全“区域协作、基地保障、全程监管”行动方案（2018—2021年）》现已出台，北京市与全国 21 个省（区、市）55 个地市 81 个县的政府监管部门、基地和企业合作，推进 2022 年北京冬奥会、冬残奥会食品生产供应向标准化、基地化、品牌化发展，主要推出了以下 4 项举措。

① 北京召开联席会议对接食品企业间合作需求，京津冀签署区域协作保障协议，包括食用农产品监管、优质农产品进京渠道，为北京冬奥会食品安全的前期供应、运输、销售奠定坚实基础。

② 北京与其他省市农产品种养殖基地企业签署食品产销直挂协议，形成产销链条。外省市的食品基地统一种养殖，由当地政府监管、抽检后销往北京。

③ 实行合格食品产地准出制度，与津冀两地签订食品安全监管协议从源头保障食品安全，通过三地政府联合检查、执法保证实施效果。

④ 加强政府信息公开，呼吁公众媒体共同监督食品安全。2018 年北京市“政府信息公开工作年度报告”中提到，要推进 2022 年北京冬奥会、冬残奥会相关信息公开；人民网、法制日报等以“北京牵手 21 省构建冬奥食品安全机制，问题食品将不出产地”等为题进行报道，将食品安全监督工作透明化、公开化。

表 3　2008 年北京奥运会食品安全政策措施

阶段	属性	发布年份	政策名称	具体内容
赛前阶段	政策措施	2002 年	北京市食品安全监督管理规定	北京市实行食品市场准入制度
		2004 年	国务院关于进一步加强食品安全工作的决定	
			国务院食品安全专项整治工作方案	
			关于加强首都食品安全管理的若干意见	明确食品安全管理责任
		2005 年	奥运食品安全行动纲要	按照规模、场馆、供餐数量等，对食品原料供应、追溯、监测、准入条件、场馆监控和风险控制措施等进行了详细的规定
			关于进一步完善北京蔬菜市场准入制度的意见	
			加强北京市水产品市场准入管理的意见	
			北京市食品安全属地管理责任倒查及追究办法	
		2006 年	中华人民共和国农产品质量安全法	
		2007 年	北京市食品安全条例	
		2008 年	关于加强流通环节奥运食品安全监管工作的通知	要求各级工商行政管理机关保护国内外消费者合法权益，维护食品市场秩序
	标准	2006 年	奥运会食品安全包装、贮运执行标准和适用原则	
			北京奥运食品用包装、容器、工具等制品实施标准	
			奥运会食品安全食品动物饲养用药管理规范	

续表

阶段	属性	发布年份	政策名称	具体内容
赛中阶段	保障措施	2005 年	奥运食品安全行动纲要	确定指导思想，公布主要任务和措施，制定奥运食品安全保障计划
		2008 年	北京市食品安全条例	① 强调食品生产经营者和市场开办方的主体责任；② 加强对餐饮业的卫生检查，规范进货途径和加工行为，以食品卫生监督量化分级管理 A 级标准引导餐饮企业进行规范化管理；③ 加大对奥运会相关场所、沿线地区的非法食品生产、经营活动的监督和治理力度

2 奥运会食品安全政策特点研究

受举办时间及举办国、参赛国的政治、经济、文化等多方面的影响，每届奥运会的食品安全政策都呈现了不同特点，尤其是政策中体现的政府导向和监督机制的内容对食品安全政策的执行和实施效果起到了关键作用。

2.1 政府的前期重视程度对政策的实施效果起到了决定性作用

从已有的国内外重大赛事食品安全政策措施来看，大部分政府都会选择在前期利用政策手段预防恶性食品安全事件的发生。比如，在悉尼奥运会举办前期，悉尼政府成立新南威尔士奥林匹克卫生合作中心（以下简称 HOCC），推出新南威尔士 2000 奥林匹克健康服务计划及奥运食品工程；在北京奥运会举办前，北京及各协办城市的政府、食品监管部门针对奥运食品特点制定了具体、可行、具有预见性的食品安全规章制度，营造了良好的制度环境。

从政策的实施效果来看，早期计划和政策的干预起到了至关重要的作用。

悉尼奥运会的运动员餐厅拥有几百名厨房工作人员、100 余种餐具、20 000 m^2 的就餐面积，每天提供 5 万份食品，最终 2000 年悉尼奥运会共提供 100 万份膳食，无任何食源性疾病暴发。2008 年北京奥运会期间，北京及协办城市接待来自各个国家和地区的选手、观众、商务代表、媒体、工作人员约 750 万人，估计供餐超过 1 300 万份，最终北京奥运会期间无一例重大食物中毒、无一例饮水污染、无一例传染病疫情，并且药检结果仅有 6 名运动员不合格，而雅典奥运会这一数字高达 26。

无论是悉尼政府，还是北京市政府，政府导向作用明显，在做好保障计划的前提下，预防了食品安全事件的发生，保障了整个赛事的食品安全和相关政策的顺利实施。

2.2 “事前+事中”的监督机制确保了食品体系各个环节的安全

2000 年悉尼奥运会坚持预防为主的食品安全全流程监管机制。悉尼食品药品监督管理局在前期准备工作期间，发现悉尼大部分食源性疾病来自食品供应环节，风险因素包括食品的卫生、温控、清洁、污染等方面。鉴于此，HOCC 明确奥运会食品安全监管的重点环节及措施，修订《新南威尔士食品卫生规则》（1997 年），制定、执行新的卫生标准，严格把控食品温度、检测、运输等环节，谨防交叉污染。

2004 年雅典奥运会则以开幕和举办前后为时间点划分了两个阶段并制定了相应的监督机制。在开幕前主要针对食品生产、经营相关企业进行监督审查，举办前后主要针对涉及食品安全的场馆、人员进行监督检查，各有侧重。

从悉尼和雅典奥运会的经验来看，食品安全监督机制包含了食品加工、包装、储存、运输、高风险食品原料的配送、供餐人员自身等多个方面，通过“事前”和“事中”严格、细致的规定和把控，减轻食品安全监管工作量，对食品安全事件起到预防作用。

3 重大赛事食品安全政策启示

近年来，随着各国积极申办、筹办各类体育赛事特别是奥运会，食品安全越来越受到重视。建立系统、科学、严格的重大赛事食品安全政策体系，能够有效保障赛事的食品质量，避免出现食品安全事件。

3.1 完善重大赛事食品安全政策体系

赛事的完美落幕和运动员的优异成绩，都离不开完善的赛事政策支持体系。从各国奥运会的筹备、举办政策来看，为保障重大赛事的食品安全，应从立法、组织、监管三个角度建立完善的政策体系。

（1）层次分明的立法体系。

设置类型多样的食品安全政策，除了国家层面对食品质量安全管理进行原则性立法，其他措施、技术性规定等都授权行政机关制定；设置科学严谨的政策内容，从不同环节（生产、运输、包装、销售）、不同种类（种子、饲料）等角度实现科学分类，有侧重地制定政策。

（2）架构清晰的组织模式。

国际上普遍公认食品从生产到消费是一个有机链条，食品安全存在于所有环节，因此保障食品安全工作是一个系统、全程的管理，应该由专门的政府部门、专业的人员从农产品的种养殖开始到食品消费进行全过程把控。

（3）责任分明的监管方式。

食品安全的监管不仅是过程和结果的监管，更重要的是从源头开始预防，消除隐患，明确食品安全链条上生产、加工等各主体的相应责任。政府从中进行协调与监管，执法机构通过执法行为保证监督与实施的有效，有效、可靠地保障食品安全政策实施和监管。

3.2 制定常规化运动赛事食品安全政策

我国对赛事食品安全已经形成了以《中华人民共和国食品安全法》为主的政策体系，食品安全委员会从事各政府部门的协调工作，食品药品监督管理局负责监管食品安全问题。在此基础上，参考重大赛事食品安全政策的制定和实施效果。一方面，参考 2008 年北京奥运会的食品安全政策经验，与本国国情相结合，建立流程化的政策体系，并预先制定相应的预案，如有食物中毒等突发事件发生，可以在国家有关规定的指导下采取应急预案处理，将危险降到最低水平。另一方面，参考其他国家奥运会食品安全政策经验，学习国外成功的管理经验，力争将“应急式”奥运会食品安全政策体系转变为“常态化”重大赛事食品安全长效机制，保障各类国内、国际赛事的食品安全，同时也能提高我国食品安全的整体水平，以政策为引领，为即将迎来的冬奥会提供科学、规范的食品安全备战方案。

3.3 建立重大赛事食品安全政策监管机制

重大赛事中食品安全问题不仅影响参赛选手的身体健康、比赛结果和诚信，还可能引发突发群体性事件，从而影响赛事的成功举办。从实施效果来看，2008 年北京奥运会食品安全保障体系已经通过考验，无论是对我国食品相关行业的发展，还是对政府部门食品监管水平的提升，都意义非凡。不难看出，监管机制在整个食品安全政策体系中占据了重要地位。

建立重大赛事食品安全政策监管机制，首先，要进行标准的统一，鉴于现在大部分重大赛事国际化的趋势，将食品质量安全的国内标准与国际标准接轨，不仅可以促进赛事中涉及食品环节的相关企业提升食品质量，也利于提高我国食品安全水平的国际声誉，减少我国与国际食品行业的流通纠纷；其次，加强检验检测、认证体系的建设，研发、购置先进、快速的检测设备，提高食品安全相关管理部门的监管能力及处理食品安全问题的能力。另外，完善食品召回、溯源制度，从供应链角度对食品安全的源头进行把关。

参考文献

[1] 李忠尚，尹怀邦，方美琪，等. 软科学大辞典［M］. 沈阳：辽宁人民出版社，1989.

[2] 刘华南，潘迎捷，从建. 国际重大活动食品安全监管经验对 2010 年上海世博会的启示［J］. 世界农业，2007（11）：10-13.

[3] 白文杰，赵频. 试析北京奥运会食品安全保障体系［J］. 福建论坛（社科教育版），2009（6）：53-54.

[4] 北京奥运会食品安全保障工作“摘金”［EB/OL］. https://tech. hqew. com/news_1240724.

[5] 通州区食药局全力保障北京冬奥会食品安全“区域协作 基地保障 全程监管”动员部署大会顺利召开［EB/OL］. https://m. sohu. com/a/237691909_100011744/.

[6] 刘湘. 重大活动食品安全保障监管研究：以湘潭市为例［D］. 湘潭：湘潭大学，2009.

[7] 刘鹏飞. 我国食品安全监管信息化应用体系研究［D］. 淄博：山东理工大学，2014.

[8] 张晨博. 论食品安全政府监管的完善［D］. 武汉：华中师范大学，2009.

[9] 郭斐，张泽俊，陈明海，等. HACCP 体系在奥运餐饮中的应用及对我国食品安全管理的启示［J］. 中国食物与营养，2010（5）：4-8.

[10] 白文杰. 2008 北京奥运会食品安全保障政策及对我国畜牧业影响浅析［J］. 中国动物保健，2009（3）：89-94.

[11] 徐力生. 奥运筹办的政策保障［J］. 投资北京，2007（5）：17-19.

[12] 韩丹. 食品安全与市民社会［D］. 长春：吉林大学，2011.

[13] 钱正荣. 政策能力视域下的公共危机治理研究［D］. 武汉：武汉大学，2013.

[14] 廖锋江，周建国. 国家政策执行治理机制的选择逻辑：以食品安全治理机制为例［J］. 求实，2020（6）：16-29.

[15] 王健，刘媛，孙丰梅，等. 冬奥会背景下食品质量与安全专业人才培养模式的探索［J］. 农产品加工，2017（23）：85-87.

科技信息时代下的人力资源管理数字化转型

张晓静

（北京市科学技术情报研究所　北京　100044）

摘要：目前，全球经济进入数字化转型时期。尤其在此次新冠肺炎疫情下，重大突发事件对生产经营活动会产生重大的影响，对人力资源管理水平也提出了更高的要求。各事企业单位人力资源管理的数字化转型是势在必行的管理方式，以现代技术与管理相结合的形式，助力增强人力资源管理的有效性。本文从人才管理数字化转型、发展趋势、人员服务等多个优势方面进行分析，为各事企业单位促进长期经营发展和制定针对性的应对措施等方面提供参考意见。

关键词：人力资源；数据驱动；综合管理；数字化转型；信息技术

以移动互联网、云计算、大数据、人工智能、物联网、区块链等为代表的新一代数字化技术，正在重塑一切。在此次全球范围内的新冠肺炎疫情事件暴发后，更能看出新一代数字化技术正颠覆着人类的生产和生活方式，数字化人力资源管理模式的转型已经成为各个单位的核心战略。

1　互联网时代下传统企业人力资源管理的转型

随着互联网的发展和普及，越来越多的行业发生了变化，互联网技术与更多行业开始融合，在人员管理上开创出新的发展模式。

在以互联网技术为平台的人力资源管理模式下，其发展进程得以加快，实现了以大数据为基础的现代创新型的人力资源管理数字化转型。之前，以大数据进行人力资源管理是锦上添花的操作模式，而现在突发公共卫生事件助推了各个单位逐渐走向数字化人员管理的模式，人员管理从结构上发生了变化，加速构建了数字化管理的源动力，具体体现在以下几个方面。

（1）人员数字化信息管理

针对每个员工的基本信息、工作轨迹和成果展现，把个体的从业过程和个人技能特长数据化、标签化，努力积累一切能想到、能收集的与个体相关的数据并通过大数据和互联网技术整合在一起以构建综合性的人才管理平台。

（2）数字化线上培训与开发

以往员工的再教育培训都是以线下集中讲座为主，在线培训为辅。在此次疫情后，很多员工的再教育培训被改为在线培训，在解决了人员密集问题的同时，实现了交流、观摩、互动研讨和知识共享的相结合，推动了员工主动学习的积极性。

（3）员工绩效管理

作为人力资源的重要组成部分，考核激励工作一直是人力资源管理的重点。互联网数字化管理可以帮助在考核过程中量化数据指标，让考核工作以可评价数据为依据，从而提出改进措施。

（4）人机交互共创人才智能管理

助力人力资源智能化管理，离不开互联网技术、大数据系统和人工智能相结合的技术研发。数据化的手段、方法和工具是人力资源智能化管理的重要手段。人才大数据建设也主要基于庞大的数据管理、知识管理和政策管理。

2 数字化人力资源管理的运营

人力资源管理数字化转型的核心是人力资源部门实现数字化运营，运用数字化工具和应用来提供解决方案，并持续地尝试和创新。

（1）端对端的人才管理运营流程

重新定位人力资源运营管理的价值，从构建与战略相匹配的人才供应链、提供强体验员工服务和高效运营等角度，借助于数字化技术、数字化运营的思维，打造端到端的、闭环的人力资源运营流程。在业务流程梳理和完善过程中，充分理解数字化技术能为运营管理带来的价值，通过“制度流程化、流程表单化、表单信息化”的方式将人力资源运营管理的方方面面落实到数字化系统平台中，实现业务集成化、流程自动化和智能化的高效运作。

（2）智能化的员工服务

通过构建共享服务中心为员工提供高效、优质和多元化的员工服务，实现降本增效、提高员工体验、提升员工敬业度的目标，提供全方位的极致的员工服务内容。

（3）数字化管理的优势

①通过人力资源大数据的分析系统，使人员结构更加清晰，并对人力资源发展趋势做出正确判断。帮助决策者进行中长期的规划目标，为人力资源优化管理明确了方向。

②人机交互技术助力共创人才智能管理，使得行政性工作变得更加高效、经济且快捷。利用新兴的人工智能技术替代人工完成行政性人力资源事务，对工作效率更是有了进一步的提升。

③数字化管理模式能够帮助创新人力资源实践。具有创新性的人力资源技术类应用主要体现在人才招聘、劳动合同签署、绩效评估、员工自助服务、信息共享等多个领域。

3 数字化人力资源管理的未来发展趋势

互联网时代，各个单位的内部组织和员工构成等方面均面临一定的挑战。为了能在挑战中谋求新的发展，需要管理人员能够适当地调整人力资源管理方式。

数字化技术改变了各事企业单位执行者的逻辑思维，数字化转型是对各事企业单位管理战略的调整，执行战略的人才也需要被重新定义。借助数字化技术在人力资源管理领域发挥的作用和趋势，运用“数字化的思维”顺势而为，建立符合数字化人才的管理机制，打造与整体战略相匹配的人才供应链是人力资源管理部门从容应对数字时代人才管理挑战的必然选择（见图1）。

（1）数字化人才管理

数字化人才管理是指从人才招聘与选拔、培训与开发、绩效管理、薪酬管理到员工关系

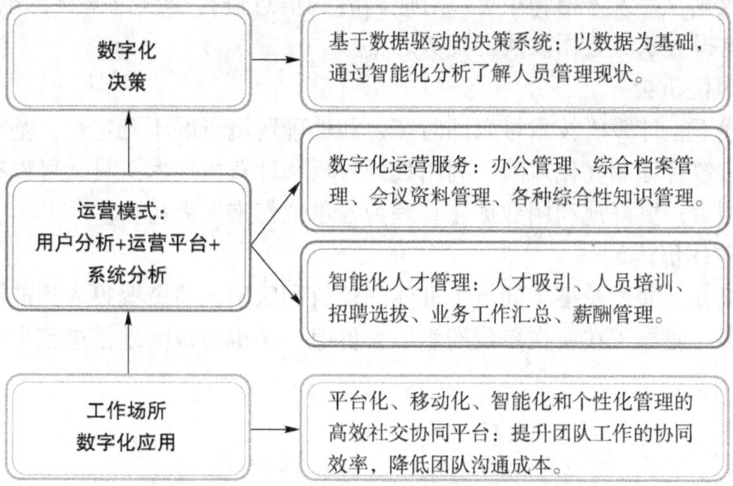

图 1　数字化人力资源管理的未来发展趋势

管理等各个方面，通过长期的数据经营管理可以汇总有针对性的应对措施，以促进各组织团队的长期经营发展。

（2）数字化员工服务

涵盖办公管理（OA）、综合档案管理、内容管理、证照管理、客户关系管理、会议文件管理、人大、政协履职管理及知识资源整合等各种综合性知识管理，通过跨平台技术、组织架构虚拟化、用户集中认证及应用模块化等技术手段，真正实现任何时候、任何地点与任何人沟通、协作和共享信息与知识的理想。

（3）数字化工作场所

数字化工作场所的兴起与云技术的发展同步，应用现代技术打造统一的数字化工作场所，旨在提升团队工作的协同效率，降低团队沟通成本，提升员工的敬业度和使命感，提高团队生产力。希望能够实现：①同事即使不碰面，也能高效协作；②不在固定场所办公，实现即时且方便追溯的在线沟通；③不在固定场所办公，同样实现有效协作。

（4）数字化决策

数字化管理模式的转型，主要在于生产、管理、决策和运营模式的转变，能够完全发挥现有数据的存量价值，以数据为基础，通过智能化的分析，使执行者轻松掌握人员管理现状、人才核心竞争力，以及所面临的机遇与挑战，从而帮助组织制定更科学的人才决策。人力资源数字化管理决策主要体现在以下三个方面：

①构建人力资源大数据仓库和数据分析体系；

②建立场景化的分析模型，完善人才管理的数字化和量化；

③通过业务流程化的数字平台将其融入战略制定、业务运营到员工管理的方方面面。

4　大数据时代人力资源管理的突破策略

（1）强化整体人才管理功能

传统人力资源管理包括人力资源规划、人才招聘、绩效考核、福利酬薪管理、培训与开发、员工关系管理等，它们彼此之间相辅相成。大数据时代的来临，让人力资源管理内容更加精细化、高效化。在人才招聘中可以对应聘者的信息进行全方位搜索，包括生活、工作、社会关系等，这得益于大数据发展的优势。

（2）平衡风险机会

大数据时代下，计算机技术可以即时产生和处理环境下的不确定性，基于对整体环境的动态分析进行有效管理和优化风险，利用数据分析和计算机技术工具，可以有效地消除风险所产生的负面结果，更好地利用数据化管理为各单位带来发展机会。

（3）区分整体价值

基于人才细分，通过挖掘不同员工群体的价值和区别，将资源投入到能够产生最显著的业务工作领域中，使员工在所在单位产生更大价值，这也将极大地推进整个事企业单位的管理创新。

5 结束语

人力资源管理数字化转型是一个持续迭代、不断进化的过程。以业务数字化为起点，以运营效益数字化和决策数字化为节点，打造人力资源管理数字化的闭环。其目的是全面提升数字化能力，让“数字化思维”贯穿于企业与“人”相关的经营管理的方方面面。

战略转型，人才先行。人力资源管理部门作为各事企业单位的重要支撑部门，不应是被动的参与者，应是推动者和引领者。各企事业单位人力资源部门通过新的数字平台、应用及服务方式改变员工整体体验；通过数字化来管理、组织和领导变革；通过人力资源自身的数字化运营，引领业务领导者和员工数字化思维模式的转变。

参考文献

[1] 赵阳. 企业人力资源管理的数字化转型［J］. 中国电力企业管理，2020（6）：84-85.

[2] 马素娣. 现代企业人力资源管理数字化转型［J］. 上海信息化，2019（5）：44-47.

[3] 罗文豪. 数字化转型中的人力资源管理变革［J］. 中国人力资源开发，2020（7）：3.

[4] 申忠斌. 大数据时代企业人力资源管理变革解析［J］. 人才资源开发，2020（19）：86-87.

[5] 潘东秀. 探索大数据时代企业人力资源管理变革路径［J］. 中国管理信息化，2018，21（19）：63-65.

HACCP控制体系在体育赛事食品安全中的应用研究

陈佳宇，燕娜，张素娟，郭建伟

（北京市科学技术情报研究所　北京　100044）

摘要：为了确保体育赛事的顺利进行，保证相关活动参与人员的身体健康与生命安全，研究重大赛事的食品安全并提出食品安全保障方法是非常有意义的事情。本文通过对HACCP控制体系在国内外体育赛事食品安全中的应用研究进行综述，提出了对2022年北京冬奥会食品安全保障工作的建议，希望对大型体育赛事相关的食品安全的实施和开展提供思路。

关键词：HACCP；体育赛事；食品安全

1　引言

随着我国社会经济文化的快速发展，体育运动从新中国成立以来也得到了长远的发展，各项体育活动在各地都得到了很好的推广和发展，特别是北京奥运会成功申报以来，在我国举办的体育赛事囊括的种类越来越丰富，规模也逐步扩大，体育赛事已经成为大众生活不可或缺的一部分。由于参加重大体育赛事活动的人数较多，来自全国各地甚至世界各地的众多人员短时间内集中活动，很容易暴发食品安全事件。为了确保体育赛事的顺利进行，保证相关活动参与人员的身体健康与生命安全，研究重大赛事的食品安全并提出食品安全保障方法是非常有意义的事情[1]。

2　HACCP控制体系的起源及定义

HACCP起源于20世纪60年代，由美国Pillsbury公司和美国陆军NATICK实验室，以及美国航空航天局共同提出，当时主要是为了生产太空食品。HACCP控制体系第一次被成功地应用在食品生产上是在1973年，美国食品药物管理局在生产低酸性罐头时应用了HACCP原理。1989年，美国食品微生物学基准咨询委员会阐述了HACCP的工作原理和基本体系。1989年美国食品药品物质管理局对外公布《食品生产加工的HACCP法则》，预示着HACCP作为一种理念正式公布。1988年，HACCP理念开始传入国内，国家标准GB/T 15091—1994中给出的HACCP的定义为：生产（加工）安全食品的一种控制手段；对原料、关键生产工序及影响产品安全的人为因素进行分析，确定加工过程中的关键环节，建立、完善监控程序和监控标准，采取规范的纠正措施。HACCP（hazard analysis critical control point），即危害分析关键控制点系统，是一种控制食品安全危害的预防性体系，是国际上公认的食品安全保证体系。为防止食物中毒或其他食源性疾病发生，对食品原料到食品消费的全过程，对可能造成食品安全事故的各种危害因素进行全面分析和评估，可有效地预防事故发生。

3 HACCP 控制体系在国外体育赛事食品安全中的应用现状

目前世界上各国代表性的食品安全管理模式主要有两种，一种是以加拿大、欧盟为主流的由一个部门进行综合管理的食品安全管理模式，另一种是以美国为主的多个部门共同参与协调管理的食品安全管理模式。发达国家基本均已经开展了食品安全检测、监测和管理的风险分析活动，建立了基于 HACCP 控制体系的关键控制点和危害分析的食品安全管理办法。

到目前为止，HACCP 控制体系推行和实施较好的国家有美国，日本、法国、英国、德国等国家，这些国家大多已实施强制使用 HACCP 控制体系。HACCP 控制体系的应用领域主要有蔬菜类、水果类、肉类、蛋制品类、豆制品类、乳制品类、冷冻食品类、甜品类、饮料类等。HACCP 控制体系的工作理念主要是针对食品中可能涉及的各类对食品安全有潜在危害的影响因子，包括化学危害、微生物危害及物理危害进行合理有序的控制。在国际上，HACCP 控制体系已经逐步成为食品生产和加工领域内的关键指导体系。国际标准化组织（ISO）和其他以食品生产安全为主的国际组织以 HACCP 原理为基础，逐渐形成了基于 HACCP 的食品安全管理体系。在国外，运动员食品安全管理机构使用 HACCP 控制体系对运动员的饮食安全进行有效的管理。在食品生产加工过程中，HACCP 控制体系的应用正在逐步被推广，已经由一种工具逐步变成一种安全有效的管理体系。但是鉴于各国经济发展水平及各种管理因素的困扰，国外运动员饮食安全管理问题仍然层出不穷。

在国外，HACCP 控制体系已经被应用到许多大型体育赛事的食品安全管理工作中。例如 2000 年悉尼奥运会，奥运期间食品安全的目标在于：奥运会期间保障公共卫生安全、避免比赛中断、预防食品安全事件的发生、保证资源的有效配置。2000 年悉尼奥运会的食品安全工作是由澳大利亚食品管理局负责的。澳大利亚食品管理局隶属于州政府，主要业务职能是食品安全管理，主要负责食品生产、加工和销售的整个过程的管理工作。2000 年悉尼奥运会期间澳大利亚食品管理局遵循的原则是高危险的食品行业必须具备可供随时查验的 HACCP 控制体系工作方案。鉴于奥运会期间食品安全涉及的范围和操作的复杂和多样性，悉尼政府及相关举办部门极为重视食品安全工作，在奥运会申报成功之后就着手开始准备，启动了奥运食品安全工程，陆续制定了食品安全相关的系列保障计划，在奥运食品安全生产、加工、食品检测、风险评估、人员培训、信息采集预警、组织协调等方面实施了一系列有效措施[2]。借鉴以往大型体育赛事食品安全的相关经验和教训，聘请当地卫生相关部门参与进奥运食品工作中，相关工作的开展参考当地专家意见。食品安全专人负责抽查食品相关设施的结构、卫生学结构设计、准备工作、操作和实施工作等。2000 年悉尼奥运会在食品安全的管理工作中正确运用 HACCP 管理理念，运动会举办期间没有出现公共卫生事件，没有食源性疾病发生，整个奥运会举办得非常成功。

4 HACCP 控制体系在我国体育赛事食品安全中的研究现状

国内学者的研究主要侧重于利用相关的客观指标衡量影响体育赛事食品安全的 HACCP 控制体系的原因。例如王海鹏、王绍辉基于 HACCP 控制体系在食品安全上的应用，建议体育赛事餐饮机构在食品生产、加工和运输的各个主要环节均应该进行详细的划分，同时对各个环节中的风险因素，如原材料、加工、食品容器清洗等多个因素进行评分，根据评分结果锁定关键点；然后针对关键点进行重点关注，并制定预防性的应对方案，基于上述准备建立指定餐饮机构的体育赛事食品安全监控体系，做到对体育赛事涉及的全部食品进行全程控制[3]。屈影通过研究指出建立体育赛事食品安全 HACCP 控制体系需要配合体育赛事的特殊需求，需要重点把握食品原材料的种植、生产、食品加工、食品包装、食品销售、食品运输等各个流程，严格把握体育赛事中涉及的全部食品的可能危害因素，并有针对性地制定相关防范措施[4]。杨静、白波应用 HACCP 管理理念，探讨体育赛事中食品安全的防控问题，指出应该从三方面构建食品安全体系，分别为：制定食品加工流程、计划 HACCP 实施表和严格要求 SSOP[5]。闫勇江利用具体案例，从食品安全 HACCP 管理的角度指出目前体育赛事中运用 HACCP 控制体系所面临的问题，结合 HACCP 控制体系的具体组成和特点给出了解决上述问题的关键主要在于控制两大流程：应用 HACCP 理念分析食品安全的危险因子和确定关键控制点[6]。2017 年，在上海举行的田联钻石联赛中，我国将 HACCP 理念应用到了赛事活动食品安全管理体系之中，指出食品采购环节中存在的危害因素主要包括：原材料本身存在的有毒有害微生物、食物生长过程中使用的杀虫剂等化学因子，以及包装材料中存在的玻璃、纸屑、塑料和金属碎屑等[7]。

近年来，我国各地的卫生部门也多次在各种大型运动会中运用 HACCP 控制体系来进行食品安全监控。在第 29 届北京夏季奥运会中，我国鼓励餐饮企业大力应用并展开 HACCP 管理工作，加强针对关键控制点的危害分析，着重对原材料生产、采购、加工、包装、贮藏、运输等各个环节的控制；在第 2 届夏季青年奥林匹克运动会，我国依据 HACCP 控制体系的要求，制定了《2014 年南京青奥会食品供应生产企业遴选方案》和《基于 HACCP 体系的供青奥会食品生产企业安全控制规范》，基于此集成了通用的青奥会食品生产及供应企业食品安全质量控制技术等，均是 HACCP 管理系统在体育赛事活动上的成功应用。

5 结语

世界各国普遍认为 HACCP 管理系统是一个预防性的、可行的食品安全监控系统，对在食品生产加工过程中可能发生的影响食品安全的危害因子进行识别、检测、评估，并采取有针对性的、预防性的控制措施的一种安全保障方法。为保障体育赛事中运动员食品安全，构建 HACCP 食品管理体系已是一种稳妥的主流的操作方案。运用 HACCP 系统，在提前了解危害因素的前提下，分析能起到预防或最大限度减轻危害因素影响的关键控制点，从而制定相应的预防措施，加强对关键控制点的全程监控，并制定有效的体育赛事中食品安全监控体系。

针对北京市是特大型消费城市、食品主要靠外埠供应的特点，北京市与来自全国 21 个省 55 个地市 81 个县的政府监管部门、基地和企业，共同启动了食品安全“区域协作、基地保障、全程监管”工作机制，防范和应对食品安全突发事件，落实食品安全保障措施和应急处置措施，全面保证重大赛事活动食品安全，确保 2022 年北京冬奥会食品安全万无一失。

我国在食品安全的管理上应用 HACCP 理论的起步较晚，将 HACCP 理论应用到大型体育赛事的食品安全方面的技术还不够熟练，还有很多潜在的问题有待于突破，大型体育赛事中食品安全还存在不少未知的盲点，因此应加强体育赛事期间食品安全体系的监控，准确掌握 HACCP 的各个环节，对关键风险控制点加强检测和管理，形成全面有效的大型体育赛事食品安全监控体系，多方位保障赛事期间的饮食安全。

参考文献

[1] 任锋. 大型体育赛事饮食活动特点及“HACCP”管理模式应对 [J]. 当代体育科技，2014，4（3）：123-124.

[2] 刘华南. 潘迎捷. 从建. 国际重大活动食品安全监管经验对 2010 年上海世博会的启示 [J]. 世界农业杂志，2007（11）：10.

[3] 王海鹏，王绍辉. 原材料采购在农产品加工企业中战略地位研究 [J]. 安徽农业科学，2013（21）：9074-9077.

[4] 屈影. 美国推进实施 HACCP 体系对我国的启示 [J]. 中国乡镇企业会计，2017（9）：290-292.

[5] 杨静，白波. 通过 HACCP 构建体育赛事食品安全体系 [J]. 食品研究与开发，2017，38（2）：210-213.

[6] 闫勇江. 通过 HACCP 构建体育赛事食品安全体系 [J]. 食品安全质量检测学报，2018，9（15）：4143-4147.

[7] DZWOLAK W. Documenting HACCP in a small restaurant：a practical approach [J]. Qual assur saf crop，2016，9（2）：1-8.

北京市科技工作者状况调查站点经验做法与功能作用

邵颖[1]，张惠娜[2]，付宏[2]

（1. 北京市科学技术情报研究所　北京　100044；

2. 北京市科学技术研究院　北京　100089）

摘要：北京市科技工作者状况调查站点是全国第一批建立起来的站点。为进一步发挥科技工作者状况调查站点作用，积极反映一线科技工作者的意见、呼声和建议，围绕首都社会，尤其是科技发展中的重大问题及事关科技工作者发展的切身问题，本文以北京市科技工作者状况调查站点体系为重点研究对象，全面系统梳理摸清北京市科技工作者状况调查站点现状，探索总结北京市调查站点运行管理、动态调整、激励机制等方面的经验和做法及调查站点体系功能作用的发挥。

关键词：调查站点；经验；功能作用

0　引言

2005年7月，根据中国科协《关于设立科技工作者状况调查站点的通知》要求，北京市科协开始建立科技工作者状况调查站点体系，至今已历经了16年的发展历程。建立伊始，站点类型主要集中在国家或省部所属科研机构、高等院校、大型企业，只有9个。随着这项工作的持续加强，到2019年底，北京市科协已经建立了全国科技工作者状况调查站点22个，省级科技工作者状况调查站点34个，共计56个。形成了覆盖科研院所、高等院校、医疗卫生机构、大中型企业、科技园区、区科协、市学会的两级分层、科学布局、类型广泛的北京市科技工作者状况调查站点体系，能够广泛、直接地联系首都各类科技工作者群体，为开展科技工作者状况调查提供基础支撑和组织保证，在党和政府与科技工作者之间形成了畅通、稳定的双向沟通渠道。

1　北京市科技工作者状况调查站点工作机制

1.1　组织领导机制

根据中国科协文件要求，目前调查站点按照两级管理、分工负责的原则开展工作。中国科协调研宣传部主要负责宏观管理和顶层设计，中国科协创新战略研究院负责业务管理和技术支持。各省、自治区、直辖市科协和新疆生产建设兵团科协，以及有关全国学会管理部门，简称为“区域责任部门”，负责组织区域内或全国学会的所有调查站点的日常管理与任务监督工作。就北京市而言，北京市科协即是调查站点工作的“区域责任部门”，也是调查站点工作的领导主体，具体工作由调研宣传部负责。

科协系统调查站点组织领导机制结构图如图1所示。

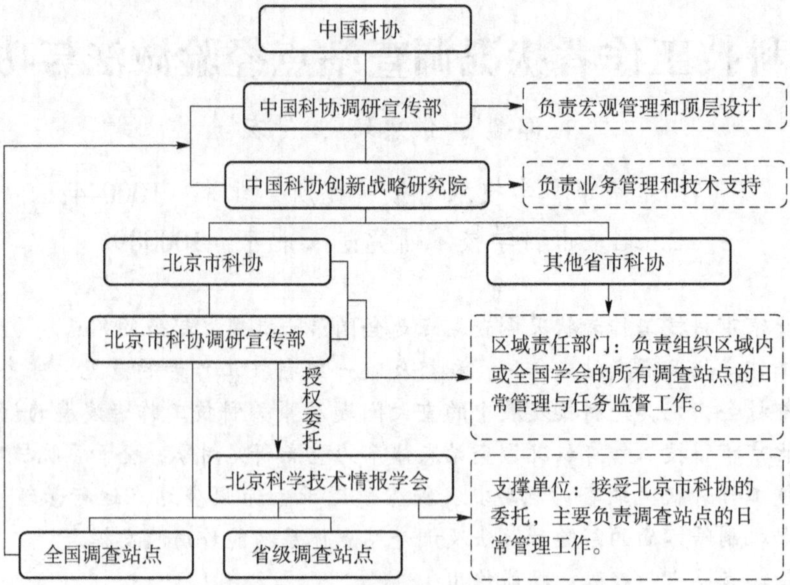

图1　科协系统调查站点组织领导机制结构图

可以从以上叙述和结构图中直观地看出，科协站点调查领导机制基本属于直接垂直领导，这种组织和领导机制有利于迅速开展站点调查工作，有利于及时将广大科技工作者的呼声与建议直接反馈至上级领导机关。具体到北京市而言，北京市科协还肩负着将科技工作者的意见、建议直接反映至市委市政府的责任。

从另一方面看，北京市科技工作者状况调查站点组织领导机制也是典型的“枢纽型”领导机制，一端联系着负责顶层设计与业务管理的中国科协各有关部门，另一端则联系着各个调查站点单位与工作人员，实际上是起到了“承上启下、中枢联动”的作用。所以我们将科技工作者状况调查站点工作称之为是党和政府联系科技工作者的桥梁和纽带，是科协作为“科技工作者之家”的重要体现，也是新时期科协服务科技工作者的重要阵地。

1.2　经费保障机制

中国科协在调查站点工作初始，就明确了每个站点1万元的工作经费保障机制。北京市科协从北京市实际出发，从2007年开始，每个站点匹配1万元的工作经费，实行“经费匹配补贴机制”。该机制的核心是：在中国科协给全国站点每年拨付站点运行经费1万元的同时，北京市科协给予全国站点和省级站点经费匹配补贴至每个站点每年2万元。目前北京市有全国调查站点22个，每年共计拨付经费44万元（含中国科协拨付的22万元），省级调查站点34个，每年拨付补贴经费68万元（全部为北京市科协拨付）。每年北京市科协在科技工作者状况调查站点工作中投入的经费匹配补贴总额达到90万元，具体如图2所示。

对于经费使用，2015年6月中国科协出台的《全国科技工作者状况调查站点管理办法》中对于科技工作者状况调查站点工作经费使用作出了明确的规定：“一是调查站点工作经费来源于中央财政的专项经费，按照财政部和中国科协有关规定进行预算编制、核定和支付。二是中国科协依据当年度工作计划、各区域责任部门具体指导管理的站点数量以及上年度考评结果，确定当年度站点运行经费总额及区域责任部门管理经费额度，按时足额拨付至各区

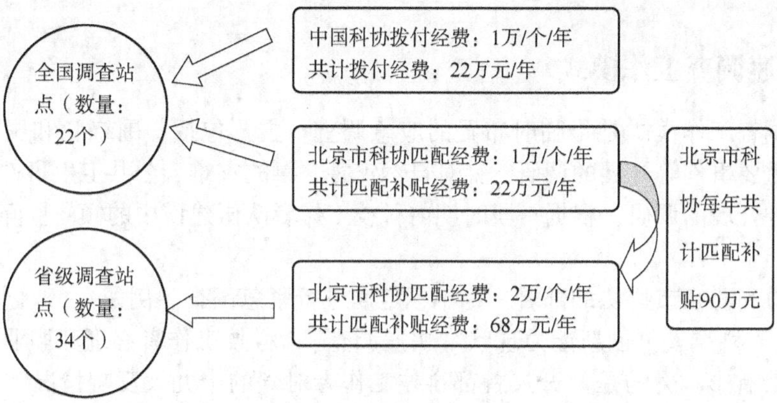

图 2　北京市科技工作者状况调查站点经费匹配补贴机制示意图

域责任部门。三是区域责任部门须将站点工作经费用于调查站点工作，包括开展调研、组织问卷调查、信息报送、业务培训、表彰奖励等。应遵循“奖勤罚懒、奖优惩劣”原则，可采用以奖代补等方式高效、合理使用经费。各区域责任部门可根据本《办法》精神及本区域实际情况，制定站点工作经费管理使用细则。”

根据中国科协文件的指导精神，北京市科协出台了《北京市科学技术协会科技工作者状况调查站点管理办法》，明确规定了北京市科技工作者状况调查站点经费管理办法，其中包括经费来源、经费额度、使用范围等具体事宜，使站点单位能合理合法地充分利用站点经费与资源，保障站点工作的良性有序开展。

2　北京市科技工作者状况调查站点工作模式

目前，北京市科技工作者状况调查站点体系已初步打造了两级分层、布局合理、动态调整、规范科学的调查站点网络体系和信息采集渠道，已形成了较为完整的工作组织体系、统计指标体系、调查样本体系和数据采集分析处理体系，具有规模化、体系化、规范化、制度化的特点。总结起来，北京市科技工作者状况调查站点的工作模式主要有以下几种。

2.1　一般调查工作模式

一般调查工作模式主要针对每年都进行的面上或专项问卷调查研究任务而言。一般调查工作任务主要包括两类。一是区域科技工作者状况综合调查，也称为“面上调查”。主要是与中国科协同步开展的每 4~5 年开展一次的北京地区科技工作者状况调查，对象覆盖各地区、各行业、各种类型的科技工作者，调查主题包含科技工作者的工作、生活、学习和思想状况等多个方面。二是专项调查，每年开展若干项，涉及的对象范围通常是部分地区或部分类型的科技工作者，调查主题一般集中于某个方面或某个领域，样本量一般少于综合调查。

与中国科协同步，北京市科协已经开展了三次大型面上调查，主要面向北京地区范围的科技工作者，主要了解科技工作者在职业发展、科研活动、培训进修、职业流动、思想动态、社会参与及生活待遇等方面的状况，反映科技工作者的意见、呼声、要求，反映近年来科技工作者队伍的变化情况，并对科技工作者队伍状况进行历史比较和群际比较，为党和政府制定相关政策服务。调查分析结果得到了市委市政府的重视，相关报告还被收入《北京改革蓝皮书》。

2.2 紧急、快速调查工作模式

紧急、快速调查工作模式是指临时布置的应急调查。主要包括：围绕党和国家重要政策、重要活动、重要事件等开展的调研，针对自然灾害、事故灾难、公共卫生事件和社会安全事件等突发事件开展的调研，根据一段时期内科技工作者队伍建设中的倾向性问题开展的调研活动。

根据中国科协和北京市科协的部署，每年不定期进行紧急调查。例如："双创"政策落实情况紧急调查、"科技人员创新能力现状"快速调查、"科技工作者心理和职业发展状况调查"等，其中最有影响力的是"开展首都科技工作者对党的十九大反响情况"紧急调查任务。

2.3 同步扩大（借力）工作模式

同步扩大（借力）工作模式是指在接到中国科协要求全国站点完成问卷调查任务时，北京市科协会依据自身的实际工作需要，酌情将填答范围同步扩大至省级调查站点。主要做法就是北京市科协借助中国科协的网络问卷调查系统，将问卷调查任务同步扩大至省级站点，然后委托专业机构进行数据分析、撰写报告等。此种工作模式已经在北京市科技工作者状况调查站点工作中实行了多年，目前已经成为一种相对固定的工作模式。

2.4 专题座谈会工作模式

专题座谈会工作模式是北京市科协独创的调查站点工作模式。它是北京市科协根据当前国家和北京市科技方面重大政策和重点问题，精心选择主题，召开专题座谈会，邀请相关站点科技工作者从自身经验出发，研讨政策或者问题，最终归纳形成上报市委市政府的意见与建议。

专题座谈会工作模式自 2014 年开始实行以来，已经成为了北京市调查站点工作的重要工作模式与手段。其中许多座谈会议题及相关的意见与建议得到了有关领导的高度关注。

2.5 基础信息收集工作模式

基础信息收集工作模式是指北京市科协每年一次对所管理的调查站点进行基础情况摸底，为了解科技工作者的分布、流动等情况做基础集成。另外，北京市科协还不定期以调研课题的形式委托相关科研机构对调查站点体系进行深入的调研，最终形成相关的专项调研报告。概括地说，此种工作模式主要包括日常信息收集与调研课题信息收集两种方式。

对于日常信息收集方式，北京市科协主要通过网络问卷调查信息收集和站点信息收集，除此之外还通过每年组织的站点工作总结大会进行现场信息收集。这里重点阐述一下，总结大会现场收集信息方式是指，在站点工作大会上，通过与当年所管理的调查站点工作人员进行访谈或是现场发放调查问卷的形式，了解每个调查站点的运行与管理情况，做好基础信息收集工作，为今后调查站点的动态调整与深入调研提供基础信息依据。

对于调研课题信息收集方式，北京市科协会不定期委托专业科研机构对调查站点工作进行专题调研。其中具有代表性的调研课题有：①2012—2013 年委托中国科协发展研究中心的调研课题——"北京市科技工作者状况调查站点建设"调研课题，最终形成的专题研究报告作为北京市科协站点体系科学化建设的指导性文件；②委托中国科学技术发展战略研究院于2013—2014年对北京市科技工作者状况进行了全面摸底调查，最终形成了关于北京市科技工作者状况的专项调研报告；③委托中国科学技术发展战略研究院在2015—2017年对北京市调查站点体系进行了科学性、系统性的研究，最终形成了相关专项调研报告。

3 北京市科技工作者状况调查站点工作主要经验做法

作为最早开始设立省级调查站点的省份之一，多年来，北京市科技工作者状况调查站点体系切实履行科协作为党和政府联系科技工作者的桥梁纽带职责，协助科协及时、准确地了解和掌握科技工作者的思想状况、需求、意见和建议，维护科技工作者合法权益，打造出了以调查项目为载体，以调查渠道、调查技术、调查系统为支撑，以调查成果服务智库建设为导向的工作格局，在科技工作者与党和政府之间建立通畅稳定的沟通渠道方面发挥了重要作用。

3.1 加强站点工作顶层设计与战略构建

为科学合理建设科技工作者调查站点，切实使调查站点成为市科协联系服务首都科技工作者的重要渠道，切实使调查数据科学理性，北京市科协于2012年、2013年、2015年分别邀请中国科协发展研究中心和中国科学技术发展战略研究院对北京市科技工作者状况调查站点建设情况进行了摸底及顶层规划设计研究，形成了《北京市科技工作者状况调查站点建设》《北京科技工作者状况调查》《北京市科协调查站点基本情况调查体系研究》等系列研究成果，深度分析总结北京市科技工作者状况调查站点体系及站点工作存在的问题及下一步战略构建，以深度研究引导北京市调查站点工作向专业化、系统化和科学化方向发展。在工作谋划上，北京市科协每年都会召开年度科技工作者状况调查站点工作会，总结上一年工作经验和问题，研究部署下一年度工作任务。

3.2 将站点工作主动融入科协工作整体

在科协的众多业务中，科技工作者状况调查站点工作只占很小的一部分。但是，作为科协组织联系服务首都科技工作者的重要渠道之一，北京市科协把调查站点工作主动融入科协整体工作，切实做好桥梁纽带。一是每年在遴选调查站点单位时，优先从科协系统的相关单位、组织中选择，体现站点工作的上下联动关系；二是对非科协系统的站点单位，积极把它们纳入市科协相关活动、工作和项目中，在潜移默化中宣传科协组织，吸引凝聚它们成为科协系统的一分子，如中冶建筑、机械信息工业研究院等都是通过这种途径加入到市科协大家庭中来的。三是把站点工作作为市科协专业智库体系建设的基础支撑，站点不仅仅只是科技工作者“信息直报点”，还是科协各项决策咨询活动的有力参与者和贡献者。

3.3 持续关注和服务首都科技工作者

北京市科协十分重视和关注首都科技工作者状况及对站点工作理论与实践创新的研究。在理论研究方面，北京市科协每年都会在调研课题选题中设立“科技工作者状况类选题”，围绕关系科技工作者切身利益的重大共性问题、首都科技工作者队伍的变化趋势、成长环境和思想动态，包括科技人才发展战略研究、有效激发科技工作者投身创新驱动发展、维护科技工作者合法权益等方面设立相关研究课题。在实践探索方面，北京市科协积极探索服务首都科技工作者的新模式与新机制，以开创站点工作新局面。比如，通过探索北京青年优秀论文评选机制推动学术成果科普化，给予科技工作者精神和物质激励；通过探索导师制的青年人才托举工作，弘扬科学家精神，传递科学思想和科学方法；通过推动开展科技评价，助力科技工作者成长和服务创新驱动，多举措增强科协对首都科技工作者的吸引力和凝聚力，以便利于调查站点工作的顺利开展和推进。

3.4 逐步完善站点规章制度管理体系

为规范北京地区的科技工作者站点管理，在遵循《全国科技工作者状况调查站点管理办法》基础上，北京市科协制定了《北京市科协科技工作者状况调查站点工作手册》和《北京市科学技术协会科技工作者状况调查站点管理办法》，明确了科技工作者状况调查站点的功能和任务及指导调查站点开展工作的基本指南，并不断对其加以完善。北京市科协还根据北京地区特色，形成规范科学的动态调整制度。根据中国科协制定的“两级、三类、统筹”调查站点总体构架，北京市科协对市级站点和辖区内全国站点进行动态调整，以减少样本老化对调查质量的影响，并在中国科协站点统一规划的基础上，根据北京市实际情况提出具体的年度调整方案。一般来说，全国站点期满后可以调整为市级站点，市级站点又可以择优升级为全国站点，机构类调查站点运行期满5年后综合考虑科技工作者队伍变化趋势及站点工作绩效，逐步进行调整轮换，而区县调查站点、园区调查站点和学会调查站点可保持相对稳定。

3.5 推动站点成果服务北京地方决策

为充分发挥科协组织人才荟萃、智力密集优势，更好服务党和政府科学决策，北京市科协积极主动推动站点成果服务北京地区决策，通过建立覆盖广泛、布局合理、动态调整、规范科学的科技工作者调查网络体系，为科协建设高水平科技创新智库提供有力支撑。2009年创刊《科协站点信息》并不定期出刊，获得多次批示或回复。为及时了解到科技工作者们在思想观念、就业方式、科研环境、生活状况、流动趋势等方面的新动态，为制定相关的政策提供参考，北京市科协还定期开展专题调研。比如，《我市非公高技术企业科技人员状况调查分析》《当年功臣呼唤公平正义，要求解决退休金过低问题》等调研报告和建议，受到了北京市的重视，这为促进解决科技工作者实际困难发挥了积极作用。北京宣武中医院站点反映的“关于开具死亡证明的困扰”问题，经市政府人民建议征集办公室转市公安局、市卫生局，并得到了两家单位的重视。在了解核实情况后，这两家单位先后给予了答复。

3.6 将站点工作纳入科协智库体系建设

北京市科协将站点工作作为推进科协高端科技创新智库建设的重要基础及推进科协系统深化改革的重要抓手。北京市科协专业智库基地是北京市科协依托专业团队的专业知识，在具有决策咨询研究潜力的高校和学会等设立的半实体化的非营利性研究组织。目前，北京市科协在北京已建立16个智库基地，包括中科院老专家咨询团、北京测绘学会、北京农学会、北京减灾协会、北京科技政策与管理研究会、北京医学会、北京气象学会、北京科学技术情报学会、北京工商大学科协等大部分智库是以调查站点为依托设立。比如，在北京工商大学建立的“北京工商大学专业智库基地”，就是结合校科协多年“全国科技工作者状况调查站点”站点信息撰写经验，致力于打造出技术高超、队伍完备、成果优良的专业智库基地。北京市科协在北京科学技术情报学会建立的“情报学会智库基地”，也是基于学会多年来的调查站点方面工作经验，持续跟踪关注青年科技工作者和新兴科研机构的发展：一是进行重大科技前沿和创新战略跟踪研究；二是科技群团在全国科学创新中心建设中的地位和作用研究；三是全球高端人才流动趋势跟踪研究。可以说，推动调查站点体系建设与智库体系建设同步、协调、互利发展，是北京市科协站点工作的一大特色。

4 北京市科技工作者状况调查站点发挥的功能与作用

近年来，通过依靠科技工作者、联系科技工作者和服务科技工作者，北京市科技工作者状况调查站点体系不断发展建设，发挥了了解首都科技工作者状况、反映科技工作者诉求的显微镜和扬声筒作用，成为首都科技工作者反映意见、建议、呼声和诉求的重要渠道，并在建制度、建体系、建数据等方面做出了很多有益的探索。另外，北京市调查站点体系在服务地方政府决策，撬动社会资源共同关注科技工作者发展、加长科协服务科技工作者手臂方面发挥了重要作用。

4.1 反映首都科技工作者呼声建议的重要途径

近年来，依托科技工作者状况调查体系，北京市调查站点体系及时采集北京地区科技工作者的情况，以站点信息“直通车”形式，将他们的所思所想和所虑所忧及时、真实、持续地反馈至中国科协。站点信息既反映北京科技工作者基本情况，也反映科技工作者队伍建设中的倾向性、苗头性问题；既反映北京科技工作者在工作、生活、职业发展中遇到的困难和问题，也反映北京科技工作者的意见、建议和诉求，为北京市领导了解基层一线科技工作者状况提供第一手资料，这些调查成果为决策者科学决策提供数据支持与服务，受到领导的充分肯定。

4.2 政府感知首都科技工作者意见的特殊渠道

北京市科技工作者调查站点体系是北京市级、区级两级党委政府了解北京区域范围内科技工作者状况的重要渠道。北京市级、区级两级党委政府通过北京市调查站点体系可以及时感知科技工作者在就业方式、科研环境、生活状况、流动趋势、思想观念等方面出现的新情况和遇到的新问题，并反馈给相关决策部门，为政府科学决策提供重要支撑。比如，2019年，北京市科学技术情报研究所利用调查站点调查数据撰写的《关于首都科技工作者对党的十九大反响快速调查的报告》获时任北京市委副书记批示。

4.3 凝聚了较为稳定的首都站点工作人员队伍

在调查站点设立之初，北京市科协就对站点工作人员在政治素质、调查工作专业技能、分析技能和文字能力、沟通能力、组织能力、责任意识等方面提出了基本要求，还明确要求站点人员需要掌握本区域、本领域、本单位科技工作者的数量、分布、结构、类型等相关情况。经过多年的发展，北京市科协根据科技工作者队伍数量、结构和分布方面的变化，多次扩充站点数量，加上由于样本老化或其他需要调整下去的站点，北京目前共有 84 个从事过科协调查站点工作的单位，覆盖了高校、科研院所、企业、医院、高新技术园区、中学、基层科协、全国学会八种不同类型。一般来说，每个站点都会配备一名或多名站点工作人员。这样，北京市至少凝聚了100多名熟悉科协科技工作者调查体系的科技工作者。这些人，都是科协与北京市科技工作者沟通的桥梁和纽带，是做好站点工作的中流砥柱。

4.4 动态积累首都科技工作者数据信息资源

北京市科协一直重视利用站点体系动态积累首都科技工作者的相关数据信息资源，并注重对这些数据的分析和研究。近年来，北京市科协邀请中国科学技术发展战略研究院科研人员对北京市的调查站点体系进行基础数据收集和基础数据分析。一方面，这些数据及相关研究能推动北京市科技工作者相关理论研究工作的顺利开展。另一方面，这些数据资源及相关研究也为后一步的决策咨询提供了数据资源支撑。当前，北京市科协通过北京市科技工作者状况调查体系，积累了大量丰富翔实的第一手动态资料，成为社会各界关注和研究科技工作者的重要数据资源库。

4.5 通过站点工作促进科协自身体系建设

北京市科协一方面积极推进调查站点工作，另一方面也通过站点工作增强了科协自身的社会影响力，促进了科协自身体系建设。从科协系统自身建设来看，站点很大一部分来自科协系统内的单位和组织，这项工作内化于各单位职责中，促进了科协自身体系建设。从站点提升科协影响力的层面来说，通过站点工作，使得一批科协体系外的科技工作者认识科协、了解科协，进而加入到科协组织中来，通过站点工作提升了科协的社会影响力。从通过站点工作提升科协组织凝聚力方面来看，站点工作使得原本比较松散的学术组织或社会团体凝聚在一起完成调研或调查工作，增强了科协的凝聚力与号召力。

参考文献

[1] 邓大胜，史慧，李慷. 科技工作者普遍关注的几个问题：全国科技工作者状况调查站点报送信息汇总分析 [J]. 科协论坛，2016（7）：41-45.

[2] 吴芸，赵延东. 科技工作者的政治参与行为及影响因素：基于全国科技工作者状况调查数据的实证分析 [J]. 中国科技论坛，2018（11）：125-132.

[3] 赵令锐，陈锐. 科技工作者对学术不端行为的认知状况分析：基于第三、四次全国科技工作者状况调查数据 [J]. 今日科苑，2019（2）：84-89.

[4] 于巧玲，邓大胜，史慧. 女性科技工作者现状分析：基于第四次全国科技工作者状况调查数据 [J]. 今日科苑，2018（12）：87-91.

[5] 李慷，张明妍，于巧玲，等. 全国科技工作者状况调查研究分析 [J]. 今日科苑，2018（11）：72-77.

公立基础教育中应重视科技教育

——日本科技教育政策演变及应对“宽松教育”措施的启示

赵芳，刘彦君

（北京市科学技术情报研究所　北京　100044）

摘要：从冷战时期至今，日本公立基础教育的科技教育政策、措施和后果几经变化，其中的经验教训对我国的公立基础教育有着重要参考和借鉴意义。本文通过梳理文献，对比政策文件表述变化、课时增减、民众反响、学者和国内外机构的评估研究，发现日本的科技教育政策经历了“强化—减少—再振兴”的演变过程。同时本文概述了日本从民间和政府两个角度应对科技教育领域“宽松教育”政策的措施，在此基础上，结合日本科技教育改革取得良好效果的经验，为提高我国基础教育中的科技教育质量，从政府协同工作机制、政策保障落实、科技教师培训进修、教育过程改善和教学技术更新等角度提出了对策建议。

关键词：科技教育；宽松教育；教育政策

从二战后的冷战时期至今，日本公立基础教育中科技教育的政策方针经历了“强化—减少—再振兴”的演变过程，由此产生的后果、经验和教训值得我国公立基础教育借鉴。

1　日本基础教育中科技教育的演变历史

经过梳理，日本科技教育政策的发展和演变基本可以分为以下三个阶段。

（1）强化科技教育阶段（冷战至20世纪70年代末）

二战后，一方面日本政府深刻认识到了科技人才在社会经济发展和科技进步中的决定性作用，重视加强科技教育，早在1953年8月制定并实施了《理科教育振兴法》[1]。另一方面，冷战时期在苏联科技领域大发展的冲击下，西方国家推行增大理工科知识比重的基础教育计划，如美国通过《1958年国防教育法》，加强数学、自然科学的教育，以培养科技英才，1964年国会延长了该法有效期[2]。同属西方阵营的日本亦步亦趋，1957年11月公布了《关于振兴科学技术教育措施》，其中一项重要措施就是“加强中小学的科学技术教育”；为提高科技教育质量，从1958年（昭和33年）起，中小学《学习指导要领》对数学和理科的教学内容和教学时数做出了明确规定；从1968年起，又把现代科学的成果大胆纳入到中小学的教学内容中去[3]；直到20世纪70年代末都维持了强化理工教育的基本方针。

这种教育方针是日本在科学技术方面赶超欧美先进国家的重要原因，也为工业领域带来了大量人才储备，推动了制造业的腾飞和经济的高速发展。

（2）科技教育弱化阶段（1980年至20世纪90年代末）

自20世纪80年代开始，这种重视科技教育的方针开始转变，科技教育的时间/内容减少、难度降低。随着苏联威胁的减弱并消失，欧美世界对高强度基础教育产生责难之声，称之为“灌输·填鸭式”教育，开始提倡“愉快教育”“自主学习”。日本亦在此时开始与“世界接轨”，在1977年发布、1980年实施的中小学《学习指导要领》中，强制性地在公立中小学教育中减少学习时间和内容，降低理科难度（见表1），经过1989年、1998年修订，日本的基础教育不断继续着“宽松之路”。

表1　新旧版中小学《学习指导要领》中数学和理科的标准课时比较[3]

项目	1968年/1969年（昭和43年/昭和44年）	1977年（昭和52年）	1989年（平成元年）	1998年（平成10年）
小学算术（6学年总学时）	1 047	1 011	1 011	869
小学理科（6学年总学时）	628	558	420	350
中学数学（3年总学时）	350	385	385	315
中学理科（3年总学时）	420	420	315~350	290

日本社会长期以来对“宽松教育”抱持着普遍的负面印象，认为“宽松教育”导致学生的学习意愿衰减，出现理科厌学现象。根据综合国际教育成就评价协会（IEA）展开TIMSS（trends in international math ematics and science study）的数学调查报告显示（见表2），1999年与1995相比，日本学习积极性高的和中等的学生比例是下降的，积极性低的学生所占比例上升得比较明显。另外，日本学习积极性高的学生所占比例比国际平均水平低很多，积极性低的学生所占比例反而高出很多。最后，女生的积极性的下降趋势更为明显。科学调查报告的结果与数学基本类似（区别是在科学上男生的积极性下降更明显）。从趋势上看，在“宽松教育”政策背景下，日本学生确实对学习数学和理科的厌学情绪越来越高。

表2　1995年和1999年日本学生学习数学和科学的积极性指数趋势[4]

Project	High PAT Percent of students			Medium PAT Percent of students			Low PAT Percent of students		
Time	1995	1999	1995—1999 difference	1995	1999	1995—1999 difference	1995	1999	1995—1999 difference
Math	10 (0.5)	9 (0.5)	-1 (0.7) ▼	69 (0.9)	61 (0.7)	-8 (1.2) ▼	21 (1.0)	29 (0.9)	9 (1.3) ▲
International Avg. (Math)	30 (0.2)	30 (0.2)	0 (0.3)	57 (0.2)	56 (0.2)	-1 (0.3)	13 (0.2)	14 (0.2)	1 (0.3)
Sciences	10 (0.6)	10 (0.5)	0 (-0.8)	64 (1.0)	60 (0.9)	-3 (1.3)	26 (1.0)	30 (1.0)	4 (1.5)
International Avg. (Scie)	30 (0.3)	31 (0.3)	0 (0.5)	55 (0.3)	55 (0.3)	4 (0.4)	15 (0.3)	15 (0.2)	0 (0.4)

注：▼代表明显下降，▲代表明显上升。

学生学习意愿衰退进一步导致学生“学习能力低下”，被日本教育专家和普通民众认为最有说服力的证据是PISA调查和TIMSS调查（见表3），这些调查数据[5]显示，日本的名次出现下滑现象。

表 3 PISA 和 TIMSS 调查中日本的数学和理科排名变化

项目		1995	1999	2000	2003	2006	2007
PISA	数学名次			1	6↓	10↓	
	理科名次			2	1	5↓	
TIMSS	数学名次（小学）	3		3			4↓
	理科名次（小学）	2		3			3
	数学名次（中学）	3	5↓		5		
	理科名次（中学）	3	4↓		6↓		

还有一些日本学者认为“宽松教育”带来教育不公平，“综合学习时间”效果严重打折，甚至认为“宽松教育”是日本人才断档、经济发展停滞、国际竞争力下降等问题的罪魁祸首之一。虽然上述观点显得过于草率，在逻辑和实践上都需要进一步的分析探究，但是以“宽松教育”为背景的日本教育政策在支持理工科教育方面的长期“失位”却是不争的事实。

（3）科技教育的再振兴阶段（2000 年后至今）

针对“宽松教育”带来的消极影响，日本政府推出了一揽子的政策方案。为了扭转日本学生理科厌学现象，文部科学省 2001 年推出《科学技术·理科教育振兴计划》，利用各部门机构的合作改进教学方式、教学设施和教材；之后，2007 年又修订全国中小学教育的指导性文件《学习指导要领》，从根本上改革以往的“宽松教育”政策，增加数学和理科教育的课程内容和标准课时；2017 年新颁布的《学习指导要领》，从课程内容和教学方式方面都明确提出要提升学生对数学和理科的兴趣度。

除了文部科学省的政策方案，经济产业省 2018 年 6 月公布了一项提案，强调利用民间力量和数字技术推进教育改革，并从同年 7 月开始在日本全国各地的学校启动基于该提案的“未来教室”项目。[6]总务省虽然没有直接提出本部门的政策方案，但是利用通信信息化技术方面的资源优势配合文科省制定教材教具的编制方案。

2001 年振兴计划推出之后，2003 年 IEA 展开的 TIMSS 调查结果显示，与 1999 年相比，对数学和科学的喜好程度高的日本学生所占比例有不少提高，而喜好程度低的学生所占比例得到控制或减少（见表 4）。继 2007 年修订《学习指导要领》之后，2015 年的调查结果显示，与 2003 年相比，不喜欢数学和科学的学生所占比例进一步缩小。这些长期调查数据说明，经过长期的政策努力使理科厌学现象得到一定程度的缓解。

表 4 1999 年、2003 年和 2015 年日本学生学习数学和科学的喜好程度指数趋势[7]

Project	Agree A Lot			Agree A Little			Disagree		
Time	1999 Percent of studens	2003 Percent of studens	2015 Percent of studens	1999 Percent of studens	2003 Percent of studens	2015 Percent of studens	1999 Percent of studens	2003 Percent of studens	2015 Percent of studens
Math	6（0.4）	9（0.6）	9（0.5）	33（1.0）	30（0.8）	32（0.8）	61（1.1）	61（1.1）	59（1.1）
Sciences	8（0.4）	19（1.0）	15（0.7）	42（12）	40（0.8）	48（1.0）	49（1.3）	41（1.4）	37（1.2）

2 “宽松教育”趋势下日本加强科学教育的应对措施

针对20世纪80年代起国际上推广的“宽松教育”政策，民间从这一政策推行之始即以私塾作为应对策略。相比之下，日本政府顺应此政策弱化了科学教育而带来一系列负面影响之后，也开始实施各式各样的应对方案。

2.1 民间层面：兴起私塾教育

日本私塾颇具历史渊源，可以追溯到封建时期的平安时代，在江户时代开始具有现代形态和特征，此后断断续续存在于日本教育之中。20世纪初的二三十年，骏台塾、Z-会、河合塾等的成立表明私塾从一个传播新知识的私人教育场所转型为面向中小学生的营利性的补习教育机构。

二战后，日本私塾经过20世纪50—70年代的持续发展之后，由于20世纪80年代开始推行的“宽松教育”产生的负面影响反而给私塾提供了迅速发展的契机。对公立教育质量产生担忧的家长通过“私塾教育”即补习班教育弥补公立教育特别是科学教育在课业质量上的缺失，并通过将孩子安排到不受“宽松教育”政策影响的私立学校来回避教育质量下降的风险。20世纪80年代之后，特别是幼儿园和高中，私立学校数量得到了较快增加[8]。

不管是就读于私立学校还是公立学校，私塾教育都是“刚需”。1985年，日本文部科学省展开的中小学生校外学习活动实态调查结果显示，小学生参加私塾的比例为16.5%，初中生的比例为44.5%，与1977年相比，分别高出了4.5个和6.5个百分点[9]。根据日本总务厅的调查，1981年私塾有18 683所，到1986年扩张到34 367所[10]。

自20世纪80年代起，日本家庭支出的高昂课外补习费用促成了民间教育产业的蓬勃，由此奠定了日本私有民间教育产业的底子。以2002年补习费用的调查为例，公立和私立幼儿园3年的总费用是228 000日元，公立小学6年的总费用共计498 000日元，公立和私立初中3年的总费用共计1 215 000日元，公立和私立高中3年的总费用共计942 000日元(见表5)。

表5 2002年日本各学段课外补习费用[11] 单位：日元/年

项目	幼儿园（3年平均值）	小学（6年平均值）	中学（3年平均值）	高中（3年平均值）
公立	31 000	83 000	219 000	133 000
私立	45 000	—	186 000	181 000

私塾的发展为经济产业省通过发展促进教育产业参与科技教育政策的制定埋下了伏笔。1986年日本公平贸易委员会事务局对私塾产业进行调查研究，将私塾划为教育服务产业，后又经过教育部门和经济部门的调查研究，私塾1988年被明确认定为教育服务产业，归属于经济产业省管辖，并受文部科学省监督。与此同时，私塾的行业组织——全国私塾协会成立，负责规范协调整个私塾市场。1999年日本终身学习局正式将私塾作为一种民办教育机构纳入教育体系。

2.2 政府层面：文部科学省与经济产业省各显身手

做出回应的政府部门主要有2个。一个是主管教育的文部科学省，站在传统守护公共教育资源的立场；另一个是主管产业的经济产业省，则站在商业化教育的立场。不过这2个部门就教育政策主导权既有竞争也有合作。

(1) 文部科学省推出一揽子政策方案

文部科学省推出的政策主要有两类：一是“科学技术·理科教育振兴计划”，二是修订《学习指导要领》。

基于对学生学习意愿（态度）的调查结果，为了扭转日本学生理科厌学现象，文部科学省推出“科学技术·理科教育振兴计划”作为应对方案。“科学技术·理科教育振兴计划”包含一揽子的政策方案，核心内容有5部分：超级科学高中计划（SSH）、SSH的中小学简略版“理科爱学示范校”、科学教育合伙项目、地方科技教育人才促进事业、先进科技·理科数字教材开发（见图1）。

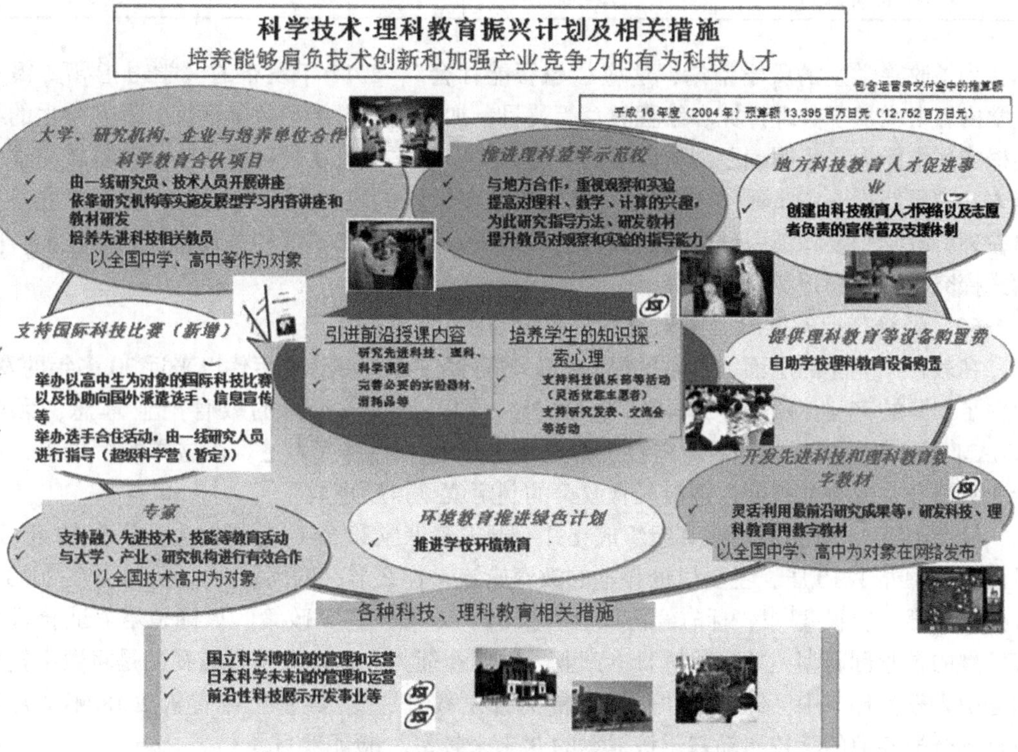

图1 科学技术·理科爱学计划一揽子政策方案[12]

上述一揽子的政策方案实施了以下几个措施：推动重点高中、大学、公共研究机构、企业、科学馆/博物馆等之间在教育上的协作；开发和采用数学、理科教育先进数字化教材；设置国家产业技术史资料中心；推动科技、理科教育的综合事业；促进环境教育的绿色计划；配齐理科教育设备等费用补助。

总体来说，文部科学省推出的这一揽子政策方案受到了认可。以超级科学高中计划（SSH）为例，根据2002—2019年的数据统计，指定校从26所增加到212所[13]，不少学校在指定期限结束后继续申请。通过对指定校的调查发现，SSH计划使日常教学中融入了更多的观察试验、与专家对话、课题研究、撰写报告等内容，实现了高中到大学的科学教育无缝接轨。

除了振兴计划，修订《学习指导要领》更能体现文化科学省的政策方向。2007年修订、

2008 年发布的《学习指导要领》从根本上改革以往的“宽松教育”政策，大幅增加了学科课时数，特别是在 1998 年《学习指导要领》中课时受到削减的数学和科学，大体恢复到了 1989 年的水准（见表 6）。与此同时，数学和理科的课程内容更加充实，教材变得更厚，并且强调课程内容的衔接性、国际性和系统性[14]。

表 6　不同时期《学习指导要领》对数学和理科课时的比较

项目	1989 年（平成元年）	1998 年（平成 10 年）	2007 年（平成 19 年）
小学算术（6 学年总学时）	1 011	869	1 011
小学理科（6 学年总学时）	420	350	405
中学数学（3 年总学时）	385	315	385
中学理科（3 年总学时）	315~350	290	385

为了改善学生的厌学情绪，适应“超智能社会”，2017 年发布的《学习指导要领》在教学内容上增加了数理探究和编程教育等科目，加强理科思维和数学训练，提升学生的综合性探究思维能力，还明确了理科课程的实施方式，将关注点从教师教学法的改善转向学生学习方式的更新[15]。文部科学省在对《学习指导要领》的改善及必要措施的解读中进一步指出在理科教学中要积极引导学生通过自己的观察及动手操作掌握相关理科知识与技能，以对话式探究学习贯穿理科教育始终[16]。

（2）经济产业省推出“未来教室”政策

在教育产业化的层面，日本的民间私有教育经过 20 世纪 90 年代以来近 30 多年的发展，建立了雄厚的产业内容和资本基础。另外，国际上近来流行的教育产业理念，无论是 STEAM 还是少儿编程，从教育内容上都是以先端理工科教育为主。在这样的背景下，经济产业省甩开文部科学省介入理科教育政策的制定就显得顺理成章了。

从 2018 年 1 月经济产业省组织成立并召开未来课堂和 EdTech 研讨会，到 2019 年 6 月，研讨会共举办了 10 届，主要讨论日本的教育应该是什么形态的问题[17]。研讨会在 2018 年 6 月公布了第一次提案[18]，标志经济产业省推出“未来教室”政策，目标是培养适合日本经济发展的企业创新型人才，促进日本产业界的创新能力。这一政策最重视的是将数字技术的优势引入教育环节中，即实施“创新型能力开发教育法”。经济产业省从 2018 年 7 月开始在日本全国各地的学校启动基于该提案的“未来教室”验证项目。

此政策鼓励私有民间教育企业参与 STEAM、编程教育、个性化教育等新兴教育产业领域，同时，鼓励大型金融、制造业的资本参与教育投资，并对接这些大型企业的人才战略制定相应的教育计划。

经济产业省每年的实施预算约为 18.4 亿日元（约 1 200 万元人民币），以扶持民间教育企业。通过大数据和人工智能等各种作为学习工具的教育技术，增加学生参与 STEAM 学习的内容、精准提供个性化的优化学习项目、以视频和在线对话的形式提供讲义等服务，使“教室”不拘泥于学校，而可以是各种社会现场和研究设施，“老师”不仅指学校的教师，还包括研究人员、朋友、企业家等。

经济产业省认为民间教育可以新的 EdTech 人才培养方式引领教育创新，超越以往私塾的“考试产业”模式和“公立教育补充”的功能，成为能力开发型的产业。

3 日本科技教育政策和措施的启示

针对“宽松教育”背景下出现的理科厌学、学历下降、人才断档、经济发展停滞等负面效应，日本政府部门推出了一系列政策和改革措施，扭转改变了科技教育长期“失位”带来的不利局面；给日本高质量人力资源储备、制造业发达和经济高速发展提供了有力支撑。日本的科技教育改革之所以取得了良好成效，总结其中经验，主要有以下几方面。

3.1 政府积极发挥作用

为激发青少年的科学兴趣，培育青少年的自主学习能力，建构其科学文化知识体系，提升科研水平与创新能力，保障学生在其基础教育到高等教育的各个阶段均受到良好的训练与教育，从而能够成长为科技发展所需的创新人才，日本政府包括中央政府和地方政府，不仅积极制定了一系列政策与计划，也配备了资金保障各项政策措施得到落实。以超级科学高中计划（SSH）为例，政府通过项目方式提供专门的学习指导和资金支持，鼓励项目学校与各学术机构、大学建立联系，发挥了政府指导、政策导向作用。

3.2 采取适应学生认知规律和兴趣的科学教育方式

日本中小学科学教育重视学生科学素养的提高，关注科学精神的培养，因此在中小学科学教育实施过程中，运用各种可行的教育方式去引导学生形成良好的科学素养，拥有健康积极的科学精神。

日本的科学教育方式有以下特点。①重视观察和试验在理科课程中的作用。学生通过观察和试验获得感性认识，此举可培养学生的科学思维，同时为培养学生的生存能力、实践能力和创造能力打下基础。②重视培养学生的探索能力。通过与日常生活的密切联系、通过进行观察、试验和课题研究，让学生主动学习，在学习实践中用自己的力量去发现问题、解决问题，体验探求知识和规律的喜悦和感动，从而培养学生的科学素质、科学研究能力、科学思考力判断力，同时提高学生对自然科学的兴趣。③重视个性化教育。日本中小学生健康积极的科学精神的实现，主要得益于日本中小学科学教育重视学生的个性化发展，提供课题研究、比赛、研讨会、与专家交流等多种途径尊重学生的差异化学习，鼓励学生对科学知识进行创新性的学习与探究。④塑造科学教育环境。日本中小学科学教育的顺利开展，主要是因为日本具备完善的科学教育环境，不仅校内具备先进的科学试验室，校外也有各种各样的科学教育场馆，科学教育的开展甚至深入到社区、街头。

3.3 保障科技教育资金，实现教学资源全覆盖

日本为了保障政策的落实，早在 2004 年投入科技教育经费高达 127.52 亿日元，用来开展计划项目、竞赛活动、数字教材开发普及、购买更新教育设备等。日本对科技教育的投资重视实效。比如，针对科学教育硬件设施设备不足、利用率不高的情况，引导学校尽量根据学生的年龄特征进行投资，因为对于小学生，一个自动测距器远不如一个小卷尺更有乐趣；确保教学设备足够每个学生都有动手操作的机会和条件；鼓励教师根据试验要求，自制教具，提高科学教育的趣味性和吸引力。

4 加强科技教育工作的建议

参考日本在冷战期间和2000年后重视科技教育而推出的一系列政策措施，我国中小学加强科技教育可以从以下方面着手。

4.1 建立产业经济管理部门参与的科技教育多部门协同工作机制

日本中小学科技教育政策的落实涉及很多部门，不仅包括文部科学省、地方教育委员会、学校、企业，而且经济产业省也作为重要角色参与决策管理。国内应该借鉴日本经验建立起产业经济部门等多部门联动的中小学科技教育协同机制，将政府部门（包括教育管理部门、科技管理部门、产业经济管理部门）、中小学、大学、企业等组织都纳入中小学科技教育体系。要积极发挥市科协系统作为政府部门与科学共同体之间的桥梁和纽带作用，在政府部门—中小学—大学/企业之间搭起桥梁，将中小学的科技管理部门、产业经济管理部门、科技教育部门和科研部门组织起来，共同推进中小学科技教育工作。

4.2 引入项目管理流程保障政策落实

以日本的超级科学高中计划（SSH）为例，SSH计划实行规范的项目管理流程，发布“SSH实施指南”后，中小学校自愿申请，再由专家严格审核。学校一旦成为SSH指定校，就必须负起责任，按照任务书计划实施，还要每年撰写实施情况报告。所以，为了保障科学教育政策的实施及效果评价，建议在国内中小学科技教育中也引入项目管理流程，加强实施过程的监管，同时保留资料以供对科学教育效果进行长期评价，充分认识政策措施背后隐性、潜在的效果，对其长期价值进行认定和预测。

4.3 为科技教育教师提供进修机会

日本的教育委员会会招聘大学、研究机关等的科研人员作为讲师到所辖的教育中心，以中小学教师为对象进行有关科技、理科、数学的培训，或者组织中小学教师直接到大学、研究院所进行培训。为了加强教师对科技、理科及数学专题的理解，培训内容以讲义、观察、试验等为主。建议各地教育部门或科协与科研院所、科协组织合作加强科技教育师资培训，解决教师知识更新慢、教学方法陈旧的问题，或者组织教师进行访问交流等，帮助教师及时了解科学的前沿动态。

4.4 探索科学教育过程的改善

日本中小学的科学教育注重与社会生活的联系，主张科学探索源于自然和日常生活。这种观点被很多国家认同，但是我国教师对此还没有足够的重视。建议国内科学教育过程可以分为以下几个环节：提出问题、作出假设、制定计划、实施计划、记录结果、得出结论、表达与交流、完善结论。“提出问题”阶段应该是学生对在实际生活中所遇到的难题的自发发问，而不是教师给定任务。学生应该通过动手操作去体验科学探索过程，而不是教师直接提供他人的研究历程分析理解探索过程。

4.5 推进馆校结合

日本重视根据地域和学校的实际情况充分利用各地博物馆、科技馆、天文馆、植物园、动物园、水族馆等丰富资源，通过野外观察及和大自然的亲密接触来获取理科的有关知识，提高学生对科学学习的兴趣和积极性。

将科技馆、博物馆的学习资源引进中小学，一方面解决学校科技教育设备、器材不足的问题，另一方面塑造科学教育环境。建议搭建中小学校与科技馆、博物馆甚至大学、研究院所之间的联系通道，使中小学的科技活动可以去这些场所开展，利用场馆和试验室的学习资源。将馆校结合形成制度，纳入教学计划。

4.6 实施 EdTech 教学法

十八大以来，党中央把创新摆在了国家发展全局的核心位置，日本经济产业省通过推行 EdTech 法来培养适合经济发展、企业所需的创新型人才方式值得借鉴。EdTech 法重视新兴技术对基础教育传统的学习方式、学习环境和学习内容的变革，具有提高学生学习兴趣、全方位发掘学生潜力的效果。

美国新媒体联盟 2017 年发布专题报告预测对基础教育产生重要影响的新兴技术主要有：近期（1 年内）是创客空间、机器人，中期（2~3 年内）是分析技术、虚拟现实，远期（4~5 年）是人工智能、物联网[19]。2018 年在日本大阪召开的主要探讨教育技术新动向的 ICIME 国际联合会议内容体现出教育技术研究的热点有学习分析技术、虚拟现实技术、人工智能技术和生理指标技术[20]。

根据当前教育技术的研究重点和热点，教育部门可以联合相应部门促进以 EdTech 为内容的企业发展或项目研究，引导幼儿园、中小学校积极应用各类教育技术。

参考文献

[1] 赵秀琴. 日本中小学的科学技术教育［J］. 日本问题研究，1979（4）：32-61.

[2] URBAN W J. More than science and sputnik：the national defense education act of 1958［M］. Tuscaloosa：The University Of Alabama Press.

[3] 学習指導要領の一覧［EB/OL］. http://www.nier.go.jp/guideline/index.htm.

[4] IEA 官网，TIMSS1999，数学调查报告（第四章）［R/OL］. https://timss.bc.edu/timss1999i/math_achievement_report.html.

[5] 日本文部科学省. PISA（OECD 生徒の学習到達度調査）［R/OL］. https://www.mext.go.jp/b_menu/toukei/data/pisa/index.htm.

[6]「未来の教室」とEdTech 研究会の「第 1 次提言」がまとまりました［EB/OL］. https://www.meti.go.jp/press/2018/06/20180625003/20180625003.html.

[7] IEA 官网，TIMSS2003，数学调查报告（第四章）［R/OL］. https://timssandpirls.bc.edu/timss2003i/mathD.html.

[8] 文部科学統計要覧（平成 31 年版）［R/OL］. https://www.mext.go.jp/b_menu/toukei/002/002b/1417059.html.

[9] 岩瀬令以子. 現代日本における塾の発展［J］. 東京大学大学院教育学研究科紀要，2006：121-130.

[10] 鈴木富美子等. 学習塾からみた日本の教育［M］. 東京：総合研究開発機構，1996.

[11] 文部科学省. 2002 年儿童学习费用研究结果摘要［R/OL］. warp.ndl.go.jp/info:ndljp/pid/11293659/www.mext.go.jp/b_menu/toukei/001/006/03121101/003.html.

[12] 科学技术·理科爱学计划一揽子政策方案［EB/OL］. https://www.mext.go.jp/component/english/__icsFiles/afieldfile/2011/02/21/1302285_006.pdf.

[13] 超级中学（SSH）项目指定校一览［EB/OL］. https://www.jst.go.jp/cpse/ssh/index.html.

[14] 1989 年、1998 年、2007 年的《学习指导要领》［EB/OL］. http://www.nier.go.jp/guideline/index.html.

[15] 邓晴. 自主对话式学习：日本《学习指导要领》中的理科教育改革［J］. 世界教育信息，2018（8）：62-66.

[16] 文部科学省. 幼稚園、小学校、中学校、高等学校及び特別支援学校の学習指導要領等の改善及び必要な方策等について（答申）［R］. 东京：中央教育審議会，2016.

[17]「未来の教室」とEdTech 研究会［EB/OL］. https://www.meti.go.jp/shingikai/mono_info_service/mirai_kyoshitsu/index.html.

[18]「未来の教室」とEdTech 研究会-第 1 次提言［EB/OL］. https://www.meti.go.jp/shingikai/mono_info_service/mirai_kyoshitsu/pdf/20180628001_1.pdf.

[19] Horizon report 2016&2017 for K-12 edition & higher edition［R/OL］. https://www.nmc.org/nmc-horizon/.

[20] 赵福政，李哲，张海，等. 教育技术研究的创新：前沿、热点及趋势［J］. 数字教育，2019（4）：1-8.

英国公共卫生体系建设特点及科技社团在突发公共事件中的作用

王晓迪，筱雪，张炜

（北京市科学技术情报研究所　北京　100044）

摘要：世界发达国家的公共卫生体系大多按照建设目标、规划制定、组织管理、实施路径等主要信息系统和体系建设等方面进行总体规划。科技社团在参与突发公共事件应对时，通过整合政府、企业和社会等各种力进行智库咨询、学术交流和科学普及，在突发公共事件处置中发挥出应有作用。本文以英国公共卫生体系建设和应急管理系统为主要研究对象，结合英国医学科技社团在抗击突发公共卫生事件中提供有力的科技支撑，在总结成功经验的基础上，对英国医学会在应对突发事件时如何立足自身优势充分发挥桥梁纽带的作用进行分析研究，并为中国建立应对综合性突发事件的危机管理体系提供有益启示。

关键词：英国；公共卫生体系；科技社团；突发事件；科技支撑

1　背景介绍

公共卫生对社会发展起着至关重要的作用，随着全球社会和经济的发展，公共卫生不断受到各国政府和民众的重视，公共卫生事业的发展和改革也被纳入近期各国重点发展的优先领域。

2009 年以来，世界卫生组织（WHO）共宣布了六起“国际关注的突发公共卫生事件（PHEIC）”，其中包括甲型 H1N1 流感、脊髓灰质炎疫情、埃博拉病毒疫情、寨卡病毒疫情和新冠肺炎疫情。在经历了各种不同的突发传染疾病公共卫生事件后，世界各国和各地区都建设相应的防疫体系，采取不同的有效措施，力争在最短时间内将疫情制止。传染病公共卫生事件的传播速度非常快，这不仅关系到国家的长久安治，也严重关系到跨国界的公共卫生，对全人类的安全会造成不利后果，成为影响政治、经济、外交和国家安全的重大问题。

2　英国公共卫生体系建设

在全球突发公共卫生事件体系建设中，英国名列前茅。英国是世界上最早实行国民医疗服务体制的国家，建立的国民医疗服务体系是欧洲最大的医疗服务队伍，被世界卫生组织称赞为全球最好的医疗服务之一。英国公共卫生应对系统较为健全，分工明确，且联动性较好。

2.1　英国突发公共卫生事件管理系统

英国突发公共卫生事件管理系统实施垂直管理，它是以卫生部和国民医疗服务体系为主导，自中央到地方的垂直管理体系。其危机应对的决策者与执行者责任分工明确，以英国卫生及社会健康部为主要战略决策者，其职能是负责制定政府战略性指导纲要，为地方政府机构提供智囊支持，由相关部门及地方机构进行执行和实施。

突发事件应急协调组负责指定应急处理方针及协调其他部门工作；卫生部地方办公室负责协调各地区协作；流动医疗救护局负责突发事件现场的发病评估、预警、鉴定、管理和协调各项活动；紧急事件局负责向事发地派遣卫生专家和流动医疗组。

整体来说，英国突发公共卫生事件管理系统分为国家到地方的垂直二级管理体系，其运行机制以政府主导，强调部门之间的良好协调，地方实施主要管理措施的原则。

2.2 英国公共卫生服务体系建设

英国从中央到地方的垂直管理体系主要设置为两个层面，一是中央政府战略层面，二是地方机构执行层面，进一步构建权威化、专业化和科学化的公共卫生服务体系的综合框架(见图1)。中央政府战略层面主要职责是负责卫生政策的制定与终结、疫情的研究和判断、信息系统的构建和传达、应急的工作的协调和协作。地方机构执行层面的主要职责是负责具体事件的应对、提供医疗服务与卫生保健职能。在执行层面中，国民健康服务系统（NHS）地区行政机构在整个系统中的职责是确保地方卫生服务机构在突发事件中的快速及适宜的反应。其中，应对突发公共安全事件的重要角色是健康防护署（HPA）。

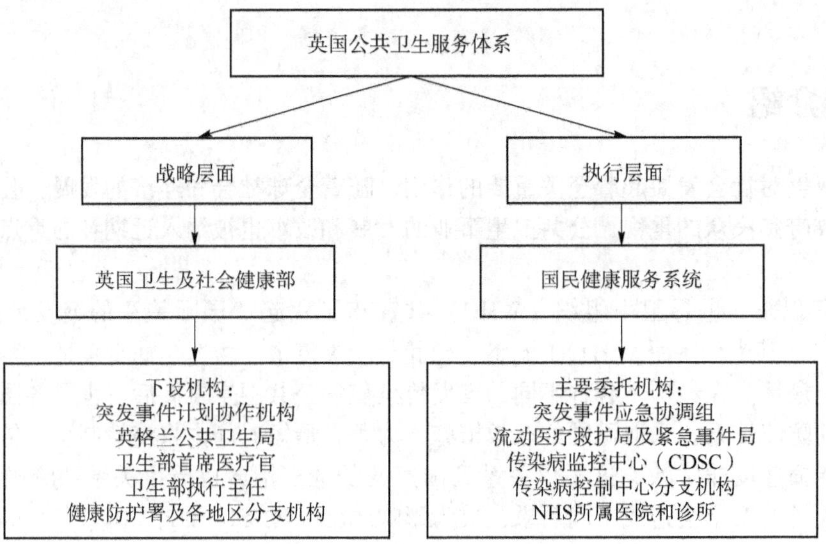

图1 英国公共卫生服务体系建设

2.3 建立科学化的流行病传染病监控和预警系统

英国在经历疯牛病、口蹄疫和SARS等公共卫生危机过程中，形成应对各种严重流行传染病的公共卫生监测防御机制和网络，公共卫生监测防御网络主要包括疫情监测、下发指导纲要、疫情通报、普及防范知识和人员培训。

英国公共卫生监测网络由中央和地方两大部分组成。①中央级机构，包括英国卫生及社会健康部等政府职能和全国性专业监测机构，其中由英国健康防护署建立的传染病监测中心是最主要的监测机构，主要负责在第一时间发现疫情，迅速采取措施，隔离现场、分析病毒，从而抑制公共卫生事件的危机。②地方行政当局和公共卫生部门，是整个疫情监测网络的基本单元，主要负责疫情的发现、报告、跟踪和诊断治疗。

3　英国医学领域科技社团在公共卫生应急事件中的作用

医学社团拥有医学科技工作者学术团体，其学科齐全，人才济济，在面对突发公共卫生安全事件中，医学社团不仅有重要的历史使命，而且具有很大的优势。为此，充分发挥医学社团的作用，制定医学社团应对突发公共卫生事件预案是十分必要的。

医学社团的主体是从事医疗卫生工作的科技人员，其职业精神是医学社团所独自具备的。以英国医学会为例，英国医学会是世界较为著名的非官方医学会之一，成立于 1832 年，80%的成员是从业医生，其宗旨是促进医学及其相关学科的发展和维护医学专业的荣誉、利益。在全国范围内，有超过 230 名专职咨询人员服务于英国医学会所有会员。

3.1　组织协调医学学术资源

医学社团拥有的医学人才分布在全国各省市医学科学领域，定期参与国际医学技术交流和开展医学科学相关的各种活动。在突发公共卫生安全事件中，医学社团的优势是拥有优质医学人力资源、整合医学科学研究资源和组织协调医学学术资源。

2008 年 1 月，中英建立了卫生创新合作伙伴关系。该行动计划由应急反应研讨会、医院管理质量服务及社会卫生人才培养和政策研究等 8 个研究项目组成，旨在促进公共卫生应急、传染性疾病和非传染性疾病防治、医院管理和医疗服务质量评估及社区卫生体系四个重点领域的双边合作。在新冠肺炎疫情事件中，英国政府在 2020 年 2 月 3 日宣布投资 2 000 万英镑用于研发针对新型冠状病毒的疫苗，以帮助中国抗击疫情。

英国医学领域专家认为疫苗是应对多种致命疾病（包括新型冠状病毒）的最佳方法，支持针对新型冠状病毒的疫苗研发。该团队将在 16 周内完成从病毒基因测序到初步临床测试的疫苗研发过程，之后还需要 2 至 4 个月完成疫苗“一阶段”的系统临床试验，以测试疫苗的安全性。本次快速响应计划由英国国家科研与创新署、国家卫生研究所、英国医学会医师等专业研究人员与其他国际合作伙伴一道，针对新型冠状病毒的疫苗开发、诊断、疗法及传染病学、病毒的传播，提交研究提案。

3.2　参与科学传播和科普教育工作

英国医学会旗下的《英国医学杂志》（*British Medical Journal*，BMJ）是世界著名的四大综合性医学期刊之一，在公共安全事件中发挥着期刊科普优势，为医疗救治和卫生防疫提供专业的及时指导建议。《英国医学杂志》是享誉世界的顶级综合医学期刊，始创于 1840 年，引导全球卫生大讨论，以能够直接改善患者健康的方式去吸引、启发更多的医生、研究人员和其他卫生专业人士参与其中，并为他们提供知识与信息，致力于帮助医生做出更好的临床决策。

在此次新冠肺炎疫情暴发后，BMJ 建立了应急团队，及时组织专家与数十名来自全球的专业编辑及临床专家通力合作，在 2020 年 1 月至 2 月先后权威发布相关资料。

英国医学会作为医学专业领域科技社团，其主要职责是帮助临床医生了解主要信息，为指导患者加强防护、协助判断预后。此次发布的 COVID-19 疾病专题专为帮助医生在临床一线即时地优化诊疗决策、避免减少差错、改善患者预后。该专题内容按照标准诊疗流程设计，全面总结疾病诊疗知识，包括概述、基础知识、诊断、治疗、随访及资源六大部分，覆盖诊疗全流程，并经过严格的同行评议和编辑流程，覆盖32个临床专科。

英国医学社团与突发公共卫生事件的关系密切，医学社团应有为国分忧、为民健康、为民族复兴的意识，在加强解决突发公共卫生事件中医学社团大有作为，应充分发挥医学社团的优势，发挥好作为智囊团体和参谋助手的作用。

此外，BMJ建立的临床实践平台（BMJ best practice，BP）是可真正用于临床情景的临床决策支持系统，BP平台设计了特色的导航栏。在此次新冠肺炎疫情暴发后，BP平台设立了COVID-19专栏，对COVID-19的定义、患者病史、诊断因素、诊断标准、治疗流程等提供权威、综合的诊疗知识，综合世界最新的研究成果、指南和专家意见，为临床诊疗决策提供即时支持。

4 结束语

英国作为一个重视科技创新发展的国家，除了拥有一批献身科学事业的开拓者外，也非常重视科技社团的桥梁纽带作用，英国科技社团通过整合政府、企业和社会等各种力量，形成了成熟灵活的科技传播和科学教育网络。这些社团独立于政府部门和营利性机构，管理方式灵活高效，在遇到突发重大事件时，集合社团号召力量和权威力量，发挥了更为活跃和重要的作用，对社会产生了重大影响。英国依靠科技社团的社会资本和优质管理经验，发动各种力量，发动多元主体参与，实现社会多种资源共享，形成了立体的可造福于社会的发展模式。

参考文献

[1] 万兴旺，赵乐，侯璟琼，等. 英国科技社团在科学传播和科学教育中的作用及启示［J］. 学会，2009（4）：14-20.

[2] COVID-19：current understanding of its pathophysiology，clinical presentation and treatment［J/OL］. https：//pmj. bmj. com/content/early/2020/10/06/postgradmedj-2020-138577.

[3] 熊光清. 疫情对英国公共卫生体系提出新挑战［J］. 人民论坛，2020（10）：24-26.

[4] 侯国清，姜桂兴. 英国的科技政策白皮书［J］. 中国高新区，2006（2）：85-87.

[5] 周忠良. 国外突发公共卫生事件应对体系比较［J］. 人民论坛，2020（10）：48-52.

[6] 王小万，陈丽萍，刘丽杭. 英国国民卫生服务制度（NHS）的结构性改革与治理模式［J］. 中国卫生政策研究，2017，10（11）：27-35.

北京市科技工作者状况调查站点功能发挥问题及对策建议

张惠娜[1]，邵颖[2]，付宏[1]

（1. 北京市科学技术研究院　北京　100089；
2. 北京市科学技术情报研究所　北京　100044）

摘要：科技工作者状况调查站点是国内唯一以科技工作者为对象的调查站点，北京市科技工作者状况调查站点是全国第一批建立起来的站点。本文以北京市科技工作者状况调查站点体系为重点研究对象，全面系统梳理北京市科技工作者状况调查站点现状，探索总结并分析北京市科技工作者调查站点体系在建设和发展过程中遇到的问题、挑战与机遇，明确新形势下站点功能定位与发展需求，并提出推动调查站点建设的对策建议。

关键词：调查站点；功能发挥；问题；对策建议

1　北京市科技工作者状况调查站点存在的问题

经过十几年的实践，北京市科技工作者状况调查站点工作获得了首都科技工作者的认可和社会各界的广泛关注，取得了不少可喜的成绩。但对标中央和市委对群团改革的要求，北京市科技工作者状况调查站点体系还存在短板和挑战，体现在：调查站点规模结构尚不能满足开展细分调查的需要，站点联系和服务科技工作者的功能亟待拓展，信息化、网络化科技手段运用不足，通过站点报送基层信息并及时报送舆情监测的技术和方法还不成熟，以及与科技工作者联系不亲、不紧，对科技工作者的政治引领、政治吸纳和桥梁纽带作用发挥得不够等。

1.1　调查站点管理体系有待进一步科学化

调查站点管理体系在站点人才建设方面，还存在专业力量不足问题；在问卷设计、调查实施、数据处理与分析方面，也存在人才短板；在调查站点调查工具的使用方面，存在软、硬件不足及指标体系缺乏标准化、规范化问题；在平台信息化及精准推送方面有待提高，移动端利用不足，不利于对科技工作者队伍的长期评估监测；在站点体系机制建设方面，存在上下联动不足，内外合作不多问题；在成果应用机制的构建方面，在面向决策、面向公众和面向学术方面，都存在有待优化的空间。此外，调查站点管理体系还存在样本老化的问题，未来应通过站点轮换、样本轮换等方式，增强样本动态调整的科学性。

1.2　组织和联系科技工作者的能力有待提升

当前，北京市科技工作者状况调查站点还存在与科技工作者联系不紧、不亲的问题，在组织和联系科技工作者方面有待提升。调研中发现，目前，北京一部分调查站点体系外的科技工作者还不了解站点，对站点的属性、功能、活动等不甚熟悉，甚至不知道站点工作，这很大程度上归因于站点在科技工作者的组织连接方面的作用发挥得不够，站点作用发挥的活力仍不够，为科技工作者提供的专业化服务能力不强，对科技工作者的创新引领能力也不强，站点体系主动联系和服务科技工作者的能力有待提升。另外，当前的调查站点大多都设在一线单位，很多站点还没有能力、没有抓手来维护科技工作者的权益。这些调查站点普遍同基层一线科技工作者距离最近，联系最密切，沟通最直接，最容易准确了解他们的实际情况和真实想法，但还存在面向高层次科技工作者的服务与调查不足问题。还有一个不容忽视的问题就是，调查站点在反映科技工作者动态及舆情的时效性较弱，在发现科技工作者苗头性问题的趋势功能发挥方面有所欠缺，反映舆情民意的时效性偏弱。

1.3 政治引领科技工作者作用亟须加强

中国科学技术学会（以下简称中国科协）是科技工作者的群众组织，也是党领导下的人民团体，是代表广大科技工作者利益、反映科技工作者诉求的组织，因此，在科协的政治性、先进性、群众性、专业性等多重属性中，政治属性是最突出、最重要的属性。刘云山同志在中国科协第九次全国代表大会所致祝词中突出强调，中国科协作为党联系科技工作者的桥梁和纽带，要把保持和增强政治性、先进性、群众性作为主线贯穿工作各方面，坚定不移走中国特色社会主义群团发展道路。科技工作者状况调查站点作为科协服务科技工作者的重要渠道，理应充分发挥政治引领科技工作者的职能，但目前，北京的科技工作者状况调查站点体系在政治引领科技工作者方面的能力亟须提升。鉴于站点工作人员的流动性较大、站点工作尚未在站点单位受到足够重视等原因，站点工作人员尚不具备充足的时间和精力去发挥政治引领作用，亟须在今后通过站点体系的调整和功能的提升加以完善。

1.4 服务北京决策方面的功能有待进一步拓展

中国科协设立调查站点体系的初心是致力于服务国家决策。经过多年的发展，北京市科协也在探索利用北京市的站点体系服务于北京地方决策，通过动态调整站点、增加站点数量、突出代表性等做法，以满足北京市站点体系服务于区域决策的现实需要。但目前北京市的站点数量不足以支撑北京的地方决策，在科学性、典型性方面都有所不足。下一步，北京应不断优化北京市站点管理体系建设，研究站点科学布局，增强样本体量与代表性，推动站点工作为北京加快全国科技创新中心建设提供决策支持。

2 优化北京市科技工作者状况调查站点的对策建议

当前，北京进入全国科技创新中心建设的关键时期，面临新的机遇与挑战，科技成为经济社会发展的重要支撑，北京市科技工作者状况调查站点工作应以完善调查体系、提升数据和站点信息质量为重点，以提升研究咨询水平、服务科技工作者相关决策为功能目标，加强顶层设计、统筹协调和分类指导，创新体制机制，强化人才队伍，夯实基础设施，加强数据分析，推动建立形成调查站点的资源积累机制、文化养成机制和整体社会形象塑造机制，推动站点管理体系功能进一步拓展，开创站点体系科学发展的新局面。

2.1 聚焦主业，保障调查站点核心作用发挥

站点在成立之初的功能定位，就是使站点成为广泛联系区域范围各类科技工作者群体的纽带，成为宣传党和国家方针政策的重要窗口，成为及时反映舆情民意的快速通道，为党委政府决策提供有力支撑。为实现这一目标，站点工作应聚焦在问卷调查任务、信息报送任务和应急性任务上，站点的运行及设立原则是促使这些站点核心主业及时、有效进行的保障。

2.1.1 加强理论研究，夯实站点工作科学基础

分领域、分类型深入开展首都科技人力资源研究和科技工作者动态监测，为计算分群体权重提供更加准确可靠的依据；开展科技工作者相关调查指标研究，实现指标统一性和数据可比性；开展科技政策、人才政策的多学科交叉研究，将科技工作者状况调查发展成为能够支撑决策的社会实证研究。

2.1.2 注重人才建设，加强站点人员培养培训

结合新时期站点功能定位与业务要求，加强站点工作人员业务能力的培训。由于调查数量大幅度增加，需要进一步加强对站点负责人尤其是新增站点负责人的培训，使每个调查站点的负责人准确、清楚地理解信息上报要求和信息撰写的基本技巧，并提高从日常工作中发现问题的能力，在源头上保证所上报信息的质量。强化站点工作人员责任意识、服务意识和奉献意识，鼓励站点工作人员深入走访科技工作者，通过体制机制建设促进站点工作人员担任起科技工作者日常联系的联络员、宣传政策的宣传员、协调解决实际问题的协调员、征求意见的问计员、调研问题和不足的调研员。另外，要提升科协服务调查站点工作人员的能力和水平，要在各站点上报信息后第一时间予以反馈，并针对其中存在的问题，积极与该站点负责人联系，提出修改意见，力争使调查站点报送的信息在质量上有进一步的提高。

2.1.3 完善激励机制，促进站点功能充分发挥

科技工作者状况调查站点工作应围绕科技工作者站点的主业——收集科学决策所需要的数据展开，这一核心功能可通过激励机制的构建加以强化。通过激励机制构建引导调查站点更好地聚焦主业，履行站点核心功能。支持各站点单位站点工作纳入本单位本部门的考核，建立领导负责制，并将此作为对站点管理工作考核的维度之一。在对站点日常的管理与考核中，通过对核心功能加以考核，强化科技工作者状况调查站点的核心功能；通过对非核心功能加以激励以弱化非核心功能，有利于科技工作者调查站点更好地聚焦主业，强化调查站点的核心功能。整合科协现有人员激励和支持模式，加大对优秀站点及站点工作人员的多元化激励。站点信息专报若得到领导批示，可围绕相关站点信息在报送单位设立相关研究课题，就该选题开展深入研究。加大对优秀调查站点工作人员的多元化奖励，在每年的全国科技工作者日，对在站点信息报送和调查问卷等方面作出突出贡献的优秀调查站点工作人员进行宣传表彰奖励。

2.1.4 创新调查方式，拓宽调查网络信息渠道

拓宽科技工作者舆情监测途径，建立以调查站点体系信息调查为主，网络舆情挖掘为辅的科技工作者舆情监测工作体系。充分利用网络信息技术及时掌握科技工作者舆情动态，结合现有实体站点与虚拟的“无形”站点，把海量网络资源与现有实体站点体系整合起来，建立样本覆盖更加广泛、调查执行更加高效的科技工作者调查网络。在科技工作者之家网站

上设置留言或论坛板块，作为科技工作者发声的阵地。围绕科协重点关注领域，定期发布站点信息选题指南。推动信息征集方式向多元化方式转变，比如征文、课题征集、座谈，利用站点渠道或媒体开展征文。建立提案与意见的反馈机制。

2.2 强化管理，助力站点工作规范有效运行

深入分析当前面临的形势与挑战，加强顶层设计，制定工作规划，明确目标任务和政策措施，加强科技工作者状况调查站点发展规划和引导，指导站点工作又好又快发展。

2.2.1 完善管理机制，提升站点工作时效性

推进样本库建设。积极稳妥地推行站点联系范围内科技工作者的登记制度，对重点关注科技工作者人群进行登记，观察其成长路径，关注其成长需求。完善样本数据库的维护和使用办法，减少个人信息的重复采集，减轻站点工作量，提高调查效率，有效控制样本使用频率。

设立绿色通道，建立对于紧急事件和苗头性倾向随时汇报的机制。确保科技工作者建言献策渠道，尤其是汇报紧急事件的渠道畅通，体现调查站点及时准确地反映舆情民意的优势。

2.2.2 创新调查方法，推动工作科学化发展

探索新型调查手段和形式，打造网上网下相互促进、有机融合的调查站点工作新格局。加快基础平台建设，探索网络在线调查、电话调查、手机调查等新形式、新方法。借助大数据技术，实现调查手段与方法技术升级。建立集数据采集、跟踪、统计分析与预测为一体的调查站点数据采集与分析系统，将现代技术的大数据采集与传统社会调查的小数据采集有机结合，逐步实现调查工作的信息化与现代化。

妥善应对样本老化问题，科学规范使用调查站点资源，尽量避免或延缓样本老化，从而保持调查站点的稳定性，降低维护调查站点的成本。依据站点运行周期、站点联系对象的规模和调查质量监测结果，分期分类地进行站点调整轮换工作。

2.2.3 加强沟通交流，打造站点工作新格局

加强调查站点间的信息沟通与业务交流，打造网上网下相互促进、有机融合的调查站点工作新格局。结合网上科协建设，拓宽站点组织加强站点之间的沟通交流和联系服务科技工作者的渠道。通过站点之间的协调与沟通，促进科技工作者真正实现由物理连接、物质连接转向精神连接、价值连接，由单一连接、单向连接转向泛在连接、双向连接，由弱连接、同质连接转向强连接、跨界连接。通过站点工作加强科协对于科技工作者的凝聚力和吸引力，真正在党和政府与科技工作者之间建立畅通稳定和双向沟通的渠道。

2.3 建立机制，以站点助力接长科协组织服务手臂

加强制度保障，在现有关注科技工作者范围基础上，扩展服务人群，确立“面向地方决策”“面向海外科技工作者”“面向高层次科技工作者”的“三个面向”服务范围拓展目标，借助站点体系助力科协接长服务手臂。

2.3.1 注重组织建设，构建科协基层组织建设新形态

建立完善多级联动的科技工作者调查站点体系，将站点建设与科协基层组织建设结合起

来，在企业科协、高校科协等现有基层科协组织基础上设立科技工作者调查站点，赋予科协基层组织承担问卷调查、动态信息上报等任务职责。把调查站点作为基层组织的特殊形式，在科技工作者密集的地方广泛建立。通过调查站点深入科技工作者之中，听取他们的意见建议，集中他们的智慧，及时反映给各级党委政府。通过站点向所联系的科技工作者及时宣传科技政策、人才政策，扩大科协组织的影响力，不断增强科协组织对科技工作者的凝聚力和吸引力。

2.3.2 完善站点布局，扩大站点工作辐射的影响范围

优化调查站点布局，科学动态调整调查样本，完善指标体系，提升数据质量。在领军科技人才、一线创新人才、青年科技人才聚集的高等学校、科研院所、高新企业等机构优先设置调查站点，更加全面覆盖各层次、各区域、各职业、各学科等不同类别科技工作者，更加准确地掌握科技队伍的现状和变化。加强北京市级站点建设，扩大站点规模，支持区级建立站点。针对三城一区科技创新主平台，由市科协统筹推动其区级站点建设，及时了解全国科技创新中心建设进程中各类型新型研发机构、海外驻京研发总部、跨国科技创新主体等相关机构科技工作者的状况。

扩大样本数量，提高社会调查科学性。建立高层次科技工作者样本库，弥补现有调查站点对高层次科技工作者关注不够的问题。探索建立面向海外科技工作者调查的新机制。通过在海外华人科技工作者密集的区域建立调查站点，或者在留学基金委等能与赴海外科技工作者机构建立密切的单位设立调查站点，了解海外科技工作者发展现状与政策需求。在新型研发机构、海外人才服务机构、老年科技工作者协会等机构设置站点，适当保留具有典型意义和代表意义的站点。针对三城一区科技创新主平台，由市科协统筹推动其区级站点建设，及时了解全国科技创新中心建设进程中各类型新型研发机构、海外驻京研发总部、跨国科技创新主体等相关机构科技工作者的状况，促进站点体系覆盖面更广，代表性更强。

北京市科技工作者状况调查站点体系要不断发展创新，酝酿建设新型研发机构站点，在新型经济组织，如中关村智能制造大街和新型研发机构中增设调查站点，使这些新型经济组织加入到调查站点体系中，使更多在新型经济组织中的科技工作者加入到北京市调查站点科技人才队伍中，为调查站点工作注入新活力、新血液。

2.3.3 加强对外宣传，增强科协和站点的社会影响力

加大站点工作对外宣传力度，在每次重大科技工作者调查之前，加大与媒体的合作，发挥报刊、专著、内刊等渠道作用，充分利用各级政府部门网站、电子期刊、微信公众号等新媒体的传播功能，加强信息发布，不断提升调查站点的社会影响力。加强中国科协及区域责任部门与主流媒体、门户网站的合作，提高公众、科技工作者、调查站点所在单位领导及站点管理人员对科技工作者状况调查站点工作意义的认识，争取广泛的社会支持。撬动社会力量，完善首都调查站点工作体系。各站点要主动协调有关部门，积极争取人员编制、场所配套、设备配备等方面的政策支持。

参考文献

［1］邓大胜，史慧，李慷. 科技工作者普遍关注的几个问题：全国科技工作者状况调查站点报送信息汇总分析［J］. 科协论坛，2016（7）：41-45.

［2］吴芸，赵延东. 科技工作者的政治参与行为及影响因素：基于全国科技工作者状况调查

数据的实证分析［J］. 中国科技论坛，2018，11（5）：125-132.

［3］赵令锐，陈锐. 科技工作者对学术不端行为的认知状况分析：基于第三、四次全国科技工作者状况调查数据［J］. 今日科苑，2019（2）：84-89.

［4］于巧玲，邓大胜，史慧. 女性科技工作者现状分析：基于第四次全国科技工作者状况调查数据［J］. 今日科苑，2018（12）：87-91.

［5］李慷，张明妍，于巧玲，等. 全国科技工作者状况调查研究分析［J］. 今日科苑，2018（11）：72-77.

［6］邓大胜，史慧，李慷. 科技工作者普遍关注的几个问题：全国科技工作者状况调查站点报送信息汇总分析［J］. 科协论坛，2016（7）：41-45.

［7］鲁晓，洪伟，何光喜. 海归科学家的学术与创新：全国科技工作者调查数据分析［J］. 复旦公共行政评论，2014（11）：7-25.

［8］朱依娜，何光喜. 高校教师工作与科研时间的性别差异及其中介效应分析：基于全国科技工作者状况调查数据［J］. 科学与社会，2014（9）：86-100.

［9］李媛. 科协站点建设与科技管理工作结合的实践与思考［J］. 科协论坛，2018（4）：38-39.

［10］侯米兰. 发挥全国学会优势做好科技工作者调查［N］. 科技导报，2015（24）：12.

［11］杜春发. 坚持为科技工作者服务努力做好调查站点工作［J］. 科协论坛，2017（10）：42-44.

［12］黄建华. 做反映科技工作者状况的有心人［J］. 科协论坛，2016（8）：57-58.

［13］刘县兰，许宏，曾海萍，等. 广州市科技工作者压力源状况调查［J］. 中国健康心理学杂志. 2015，23（1）：56-60.

［14］华静，王玉斌. 县域科技工作者工作满意度研究：基于全国 206 个县的调查数据［J］. 农业技术经济，2015（4）：119-128.

［15］江希和，张戌凡. 科技工作者状况分析及对策建议：基于江苏省科技工作者调查［J］. 科技管理研究，2017（24）：50-60.

［16］王文玲. 宁波市科技工作者状况与需求调查分析［J］. 宁波经济，2010（4）：38-40.

［17］黄青年，杨小朵，魏平，等. 宁波市女性科技人才现状调查与分析［J］. 宁波大学学报，2012（4）：121-124.

基于突发公共卫生事件下中国各省市出台交通利民措施的思考

张媛

（北京市科学技术情报研究所　北京　100044）

摘要：自2019年12月新冠肺炎疫情从武汉开始向周边城市和地区扩散，中国各省市为应对疫情纷纷出台多项交通利民措施。本文详细阐述了突发公共卫生事件的概念、分类、分级，分析了中国各省市出台的多项交通利民措施在疫情防控工作中起到的作用，指出了中国道路交通在实际抗疫过程中存在的问题，并提出相关对策建议。

关键词：突发公共卫生事件；新冠肺炎；交通利民措施；应急物资储备

新冠肺炎疫情目前已经蔓延至全球百余个国家和地区，2020年3月11日世界卫生组织总干事谭德塞宣布，新冠肺炎疫情具有全球大流行的特征，并表示这是首个冠状病毒传播引发的全球大流行。疫情暴发的速度之快，范围之广，给全球各个国家的突发公共卫生事件应对体系带来了严峻的挑战。而中国疫情的暴发时间恰逢春运开始，暴发地点又位于集铁路、水路、公路、航空于一体的交通枢纽的武汉市。由于新冠肺炎主要是通过呼吸道飞沫传播和接触传播，武汉市民在防护措施不到位的情况下，密切流动，更加快了疫情在全国范围的传播速度。

疫情发生后，党中央国务院高度重视，习近平作出重要指示，指出各级党委和政府必须坚决服从党中央统一指挥、统一协调、统一调度，做到令行禁止。各级党委和政府积极响应，把人民群众生命安全和身体健康放在第一位，制定周密方案，组织各方力量开展防控，采取切实有效措施，坚决遏制疫情蔓延势头。本文对疫情期间中国各个省市出台的交通利民措施进行了分析总结。

1　突发公共卫生事件

1.1　突发公共卫生事件的概念

突发公共卫生事件是指突然发生、造成或者可能造成社会公众健康严重损害的重大传染病疫情、群体性不明原因疾病、重大食物和职业中毒及其他严重影响公众健康的事件。

1.2　突发公共卫生事件的分类

突发公共卫生事件的分类方法有多种，从发生原因上来分，通常可分为：生物病原体所致疾病、食物中毒事件、有毒有害因素污染造成的群体中毒、出现中毒死亡或危害、自然灾害（如地震、火山爆发、泥石流、台风、洪涝等）的突然袭击、意外事故引起的死亡、不明原因引起的群体发病或死亡。

1.3 突发公共卫生事件的分级

按照突发公共卫生事件的性质、产生的危害程度、影响范围，可将其分为特别重大、重大、较重和一般等4个级别，见表1。

表1 突发公共卫生事件的分级

颜色	危害程度	确认与影响
红色	特别重大（Ⅰ级）	规模极大，后果极其严重，影响超出本省区范围，需要动用全省区的力量甚至请求中央政府增援和协助方可控制，其应急处置工作由发生地省级政府统一领导和协调，必要时（超出地方处理能力范围或者影响全国的）由国务院统一领导和协调应急处置工作
橙色	重大（Ⅱ级）	规模大，后果特别严重，发生在一个市以内或是波及两个市以上，需动用省市级有关部门力量方可控制
黄色	较重（Ⅲ级）	后果严重，影响范围大，发生在一个县以内或是波及两个县以上，超出县级政府应对能力，需要动用市级有关部门力量方可控制
蓝色	一般（Ⅳ级）	影响局限在基层范围，可被县级政府所控制

2 中国各省市为应对疫情出台交通利民措施

疫情防控期间，每天都会有人选择乘坐各种交通工具，穿梭于各条线路、各个车站，尤其在相对密闭的空间，如地铁里、公交车内、候车厅，能否有效地采取积极的防控措施，做好公共交通的病毒防控、查杀工作，保障市民安全出行，是取得抗疫阶段性成功的关键。各省市的交通运输委、城市管理委员会、公安交管局等有关部门充分挖掘现有潜力，研究制定个性化利民措施。

2.1 分类制定个性化出行供给策略

为积极推进复工复产、复市复学，保障通勤交通需求，各省市有关部门在出行供给政策方面纷纷出台个性化交通利民策略。

(1) 优先保障一线生产企业的通勤需求，统筹调度公共汽车、出租汽车、网约车的运营，对于较长距离的通勤交通，采用定制班车。例如：天津开通定制直达班车，落实乘客实名制，车辆定时消毒；山东青岛交运集团开通“返岗直通车”，开通覆盖山东省济南、聊城、淄博、菏泽、烟台等各市的50余条线路；四川省开通“春风行动”班车35趟，运送复岗进城务工人员几千人；江西景德镇在乐平长途汽车站开通预约应急包车服务，目的地主要为机场和高铁站。

(2) 泊位临时停车施行优惠减免，重点场站延长免费停车时长。例如：河北省石家庄市为市民免费提供2.4万个泊车位，日均免费近2万车次；深圳市“宜停车”泊位的收费标准按非工作日标准执行；天津市小客车在道路公众泊位临时停车，免收2 h停车费用；天津滨海国际机场、天津站、天津西站、天津南站停车场的免费停车时长由15~30 min统一延长至2 h。

（3）集中对共享单车清洁消毒，鼓励市民短程内骑车出行。例如：天津市的摩拜（美团）单车、哈啰单车、青桔单车提供总计 15 000 个免费骑行码，同时推出骑行卡 5 折降价优惠活动；安徽蚌埠为火车站派出所民警提供了哈啰单车 30 天免费骑行的公益服务。

2.2 政务业务施行网上办、自助办、延期办策略

各地公安交管部门根据本地疫情防控工作需要，主动改进服务方式，调整办理时间，所有需要到政务大厅办理的业务均施行网上办、自助办、延期办策略。

（1）车辆行驶相关业务施行网上办理，有特殊情况的开辟“绿色通道”。例如：贵州省黔南州交管局在全州设置车驾业务“应急窗口”，为疫情防控应急及居民生活必需品运输车辆开通车驾牌证办理“绿色通道”，提供“加急办、预约办、便捷办”服务；陕西西安车管所推荐需要申领临时行驶车号牌车主使用“交管 12123” App，实行临时号牌网上申请、网上受理、后台审核、邮寄送达。

（2）交通运输相关项目简化网上审批流程。例如：甘肃省交通运输厅按照“特事特办”的原则，最大限度压减审批环节。网上申报时，申报人只提交相关材料扫描件电子版即可，纸质材料可以在疫情解除后补报。

（3）延长驾驶证换证、机动车检验等期限。例如：山东青岛对在疫情防控期间不能按期办理驾驶证审验换证、机动车检验的，可延期到疫情结束后办理；对驾驶证逾期、未换证、未审验和机动车逾期未检验等情形，不予处罚。

2.3 为医护人员开通应急窗口、免费服务保障策略

（1）组建“医护保障车队”，为所有医务工作者提供免费服务。例如：滴滴出行与上海医务工会联合组建“医护保障车队”，在浦东、静安、徐汇 3 个行政区域的指定医院先行试点，首批 300 名司机师傅 24 h 待命，所有费用由滴滴公司承担；浙江宁波为所有符合条件的医护人员的滴滴账户开通了免费叫车功能。

（2）对运送救护、防疫相关的医疗器械、防护用品开通“应急窗口、绿色通道”。例如：陕西西安对于符合以上条件的车辆加急办理业务，优先放行。

（3）对应急物资运输车辆采取高效便捷通行策略。例如：甘肃省对于运输疫情防控物资及人员的运输车辆，鼓励承运单位或驾驶人通过甘肃省交通运输厅门户网站下载“新型冠状病毒感染的肺炎疫情防控物资及人员运输车辆通行证”式样，在本地自行打印，自行填写，随车携带，享受免费通行政策。

3 抗疫期间各省市交通所存在的问题

3.1 各省市交通的防控抗疫标准差异较大，无法统一布控

为防止疫情通过道路交通大肆传播，全国多地城市暂停运营部分地面交通工具（火车、客车、地铁等）。武汉、徐州、呼和浩特、温州、乌鲁木齐、宁波几个城市自 2020 年 1 月 23 日 10 时起先后暂停全部地铁线路的运营。上海、重庆、厦门、郑州、石家庄、昆明、南京、长春等几个城市先后暂停部分线路及车站运营。但是不同的城市受疫情影响的程度不同，需要暂停运营的标准差异较大。另外，暂停运营的发布机构不统一，有的城市是由交通

主管部门发布通知，有的由运营公司发布通知，还有的由防控工作领导小组发布通知。

3.2 城市交通运营公司既要积极应对防控工作，又要自行消化亏损

近几年，我国城市交通发展迅速，公路、铁路、航空客运量直线上升，通勤客流的需求加大，极大促进了城市交通领域的经济发展。但疫情的突袭造成各省市交通供求关系突变，因主动或者被动防疫要求，居民的出行目的、出行方式、出行强度、出行时间、空间分布等出行特征突变，导致交通出行需求和交通系统负荷大幅降低。而为了有效控制疫情扩散，保障社会正常的运转秩序，必须暂停部分交通工具的运营，这是取得抗疫阶段性胜利的重要手段。

3.3 应急物资储备不足

疫情发生后，首先需要做好运营一线员工的防疫保护工作，及时提供防护装备（尤其是口罩）、消毒配套设施、基本药品等物资。疫情期间，上述防疫物资的需求量骤增，短时间内供不应求，使各省市道路运营公司被动应战，说明应急物资储备不充分。

4 对策建议

4.1 明确突发公共卫生事件分类标准，权责明晰化

在现有的道路交通相关法律中增加突发公共卫生安全条款，明确分类标准、暂停运营标准、防护措施、费用负担方等，将控制权、调配权下放至各省市交通运输部门及相关机构，由其根据实际情况自行布控，及时上报。

4.2 适时调整运营公司政策，规划资金

习近平在部署全国抗疫工作时明确强调：交通运输是复工复产的“先行官”，必须打通“大动脉”，畅通“微循环”。但处在疫情防控和服务保障第一线的交通运输业受损严重，亏损持续加大，从业人员收入大幅下滑，项目建设进度滞后、产业链供应受阻。党中央、国务院多次作出安排部署，在减税降费、金融支持、财政补贴等方面出台多项政策，各省市运营公司应根据新政策及时调整公司发展策略，提早做好资金规划，改革企业融资模式，保障运营公司在疫情防控期间平稳健康发展。

4.3 尽早建立健全统一的应急物资保障体系

疫情防控初期，医疗物资短缺问题十分突出，尤其是医用口罩和消毒用品的短缺，使运营一线员工在装备不足的情况下被动应战。应尽早建立健全统一的应急物资保障体系，坚守安全底线，在应急需求出现时，确保第一时间供应得上。实时掌握需要列入战略储备的物资品类，及时实现收储。以最广泛的渠道筹集储备物资，使储备品种更加丰富，构建多方联动的储备体系。

5 结语

突发公共卫生事件本身的性质决定了在现实生活中不可能存在完美的应急管理机制，需

要认真总结经验教训，不断创新，不断优化。只有这样，才能在抗疫战争中取得胜利，以必胜的心态积极应对下一次突发公共卫生事件。

参考文献

[1] 左琪，武苏阳，万鹏. 疫情恢复期武汉城市交通面临的挑战及对策［J］. 城市交通，2020，18（3）：17-19.

[2] 张铭. 城市轨道交通应对新冠肺炎疫情防控工作研究［J］. 交通企业管理，2020，35（4）：4-6.

[3] 杨涛. 对疫情下城市交通应急保障策略的思考［J］. 江苏城市规划，2020（3）：6-7.

[4] 曹磊，边颜东. 新冠疫情下城轨运营防疫的相关问题及建议［J］. 城市轨道交通，2020（5）：50-51.

科技声像情报实践应用研究

赵宏伟

（北京市科学技术研究院　北京　100089）

摘要： 科技声像情报是科学技术工作的重要保障，在科技情报信息工作中占有重要地位。那么如何有效利用科技声像情报的特点和优势传递情报信息，更好地服务科技进步和经济社会发展，是科技情报声像部门应积极探索的课题。本文重点阐明了科技声像情报的意义与特点及其在实践中的重要作用，论述了其在科研工作、新闻传播和科普实践中的广泛应用，并说明了其数字化处理及网络化发展的前景，重点分析了科技声像情报工作在实践中的运用，为实际工作中的科技声像情报工作提供了参考。

关键词： 科技声像；情报；数字化；网络化

科技声像情报是运用现代声像技术制作科技情报报道和服务的一种手段，同社会、政治、经济和科技有着密切联系，与计算机检索、传统的文献资料等共同构成现代科技情报工作的基础，成为科技情报的重要组成部分，也是科技情报学和科技信息服务工作不可或缺的重要因素。

1　科技声像情报的意义

科技声像情报指用声音和图像记录的科技信息，也可指人类通过听觉、视觉器官直接感知或借助技术工具和方法间接感知客观世界具体形态和变化的科技信息，以及虚拟世界形态和变化的科技信息，运用声像信息技术和设备，集合多种信息元素嵌入，将科技信息以影像、音响、语言等组合形式，通过拍摄、采集、编辑制作、加工处理、存储和播放等系列技术手段和方法作用于人的听觉和视觉，在各领域进行积累和传播。科技声像情报以声像作为信息媒介，以科技影像、图片、幻灯、磁带、录音带、磁盘为主体，汇及声像技术、电子技术、文学艺术、美学和情报等多种学科，分为技术情报片、科技技术片、科技领域片、科技成果片、动态综述片等形式种类，是科技信息领域和科技宣传工作不可或缺的重要传播手段和载体。

科技声像情报以科技内容为核心，将声像艺术与科学知识有机结合，利用科技声像手段，以形式多样、题材广泛的内容，起到了传播科技知识、弘扬科技精神、推广科技成果、保障科学研究、促进科技发展的重要作用。以其可视性、便捷性、实时高效性等特点为战略决策、推广成果、制定规划、引进技术、普及科技知识提供了有效服务，促进取得良好的经济效益和社会效益，成为推动我国科技事业发展的重要保障，推进了科技情报研究手段现代化，扩大了科技情报研究服务范围，在新时代发挥了“科技喉舌”的重要作用，具有广泛的传播力和影响力。

2 科技声像情报的特点

科技声像情报具有科学性、真实性、可视性、多样化特点，表现为客观性、广泛性等，在此论述可视性、便捷性、实时高速性三个特点。

2.1 可视性

可视性是科技声像情报最主要的特征。科技声像情报以声音和视觉形象来收藏和传递信息，将情报内容以动态映像形式表现，人们通过眼、耳等视觉和感官多通道摄入声像信息，一目了然了解情报内容，直接掌握信息。也就是说，科技声像情报是通过具体、鲜活的影视语言为科技情报工作提供直观、形象、迅速的传递手段。它将大量信息过程和信息结果用精美画面与精练语言表现，避免了大量文字赘述，增强了感性认识，让人即使远隔千里也有身临其境之感。特别对于难以表现的抽象画面，运用科技声像手段即实现编导意愿，便于受众理解、产生共鸣。

例如第十三届科技声像“银河奖”一等奖作品《太空种子》，这个名字易让受众产生疑问：种子不是生长在泥土里吗？太空里也会有种子？太空种子怎样生长？“在种子体内，变化也在悄悄地发生。细胞内的液体和气体成分在重力作用下会出现密度驱动，进而发生物质流动。细胞中的酶、结构蛋白、激素等微量分子在这种流动中参与种子新陈代谢、生长发育等生命活动。”针对此段解说词，若不看画面，受众无法从文字上体会到细胞内的变化过程、微量分子与种子如何在流动中产生新陈代谢等活动。而运用科技声像手段，通过三维数字技术配以音效和解说，使受众真实地感受到了太空种子从细胞构成、孕育到结果的生命全过程。这就使原本看来枯燥、晦涩又抽象的解说词，变得鲜活而通俗易懂。再如，原子内部的电子运动本身看不见摸不着，而运用动画设计表现，会使抽象变具体，使概念形象化，为准确反映科学技术内容增加了灵动的艺术创造手段。

2.2 便捷性

科技声像情报最终形成的结果是科技声像资料，而这些涉猎各行各业的录像和照片等资料，是各个领域不可复得的重大资产。那么如何更好地保存、管理和利用这些资产，是关系到各科技声像部门、各媒体以至对国家、社会开展多种服务手段的关键。

大数据时代给科技声像情报带来了便捷，媒体资产管理系统的诞生提高了科技声像资料的再利用率，更加便于科技声像情报发挥作用。媒体资产管理系统是一种借助计算机产生的集大存储量、高效率于一身的计算机系统。将摄录下来的视音频和照片等声像资料统一保存在硬盘上，可随时调取所需资料重复播放，无年限制约，既节省资源又提高工作效率，规避了传统声像资料“录像带怕潮、保管难度大、磁带易断磁、检索查找难度大、存放占空间”等问题，降低运行成本，提高工作效率，益于资源共享。科技声像情报能够完全满足科技声像资料需保存、收集、编辑、查找、发布信息等功能需求，是各类型媒体及视、音频资料、文本文件、图表等内容进行全面管理的总体解决方案，相当于科技声像资料的“总管家”。这种完整集中的信息库，不受时间和地点限制，使科技声像情报的运用更便捷。

2.3 实时高速性

科技声像情报信息容量大，传播广泛、传递及时、传输效果佳，能将情报信息在时间和空间上浓缩到近距离画面上，使情报信息内容能够整体、系统、全面地集中体现。传统的文献情报从作者撰稿、编者审核、校对、发排、印刷、出版发行到读者手中，通常至少需要半年以上时间，而科技声像情报从采编、摄制到播放，一般只需数天。如果实况转播，可使观众宛如身临其境，实时获取信息。

电视技术的发展为科技声像情报拓展了空间，可通过电视直播与事件发展变化过程同步并行。例如：从 2020 年 4 月 24 日中国首次火星探测任务“天问一号”探测器发射成功到 2021 年 5 月 15 日“天问一号”成功着陆火星，从对接机构接触开始，电视屏幕上通过 3D 动画模拟和“人工智能+5G”前沿技术再现了“天问一号”在太空的相对位置，经过捕获、缓冲、拉近、锁紧等步骤，特别是锁紧步骤，事先安置好的摄像机让国内外观众目睹了“天问一号”在空间准确对接的历史瞬间，演示了我国火星探测任务从发射到着陆的实施步骤全过程。这些科技声像资料成了国家和人类的宝贵财富。电视直播“天问一号”从发射到着陆的实施过程，是科技声像情报真实性、精准性、时效性、超越空间、超越语言、超越文字的典范。

3 科技声像情报在实践中的应用

科技声像情报在科普和科技成果推广中有着重要意义，在社会多个行业获得了广泛应用。科技声像技术已被社会各领域运用，被各层面受众所接受。

3.1 科技声像情报在科研工作中的应用

科技声像情报融入了社会发展的方方面面，科研课题、工程建设项目立项、各种规划等都需要科技声像情报的支撑。科研项目研发阶段有借鉴前人研究方法和研究成果的需求，可以说很大程度上依赖于科技声像资料。表现为可运用科技声像手段以其可视性、便捷性和实时高速性等特点，生动再现了科研项目研发的全程工作及成果，还原了科研项目的真实记录，跟踪摄录项目组试验过程存储视音频资料，通过声像跟踪服务向科研人员提供准确的科研信息。分析结论和数据会实时反馈课题组，使科研人员能及时获得攻克难关的资料，避免重复劳动。在确保课题高质量完成的同时，也避免了各协作单位在研发过程中的推诿扯皮、延误进度等现象。由于科技声像具有文字档案所不能替代的图像特殊性和现实的查证作用，对科研工作中的问题有着记录和还原的可靠研究及参考价值，确定项目达到的技术水平、成本目标和质量目标，为专家组提供了直观、准确的课题依据，有效完成项目论证和通过鉴定的全过程。特别在科研成果验收环节，“科研总结汇报片”以“有图有真相”的视音频影像资料，充分发挥了文字不可替代的功效，促进了科研工作的有效利用，有力保障项目科研成果通过验收。

3.2 科技声像情报在新闻传播中的应用

全国科技情报部门通过摄制科技情报电视录像片、收集引进国外电视片，中央广播电视总台与地方电视台通过转播与自播等方式，形成了科技声像自行摄制、引进交流、社会有线播放、电视台无线播放等多层次科技声像情报工作格局。这种声像情报产品及其提供的情报服务，通过电视台播放，提供给社会有关部门使用，可在不同范围协助相关部门开展工作。如北京市科学技术情报研究所声像部同驻地党委、政府及人民群众架起了桥梁与纽带，为CCTV-7《星火科技》、CCTV-10《电影人物》和BTV《北京新闻》等栏目输送多部科技声像资料，形成了以电视技术为主体的科技声像情报用准确、详尽记录提供一次文献；以简洁明了、精准快捷的报道发挥二次文献的作用；以专述、综述等形式开展第三次文献情报服务。通过主流媒体播出为相关科研单位提供科技情报服务，使科技声像情报在更深层次的社会环境中发挥作用，让科技情报与社会活动结合相得益彰。

3.3 科技声像情报在科普中的应用

科技声像情报发挥着延续科学生命、传播科学知识的作用，如教学科普课件、科普读物声像制品等深受受众喜爱。它将人类的科学和技术活动，集科学知识、科学思想、科学方法及科学精神融入作品，通过科技声像媒介进行科学普及以达到教育目的。例如北京市科学技术情报研究所声像部摄制的《有限空间作业安全知识》宣教片，科学简明地介绍了有限空间概念、有限空间作业中易造成人员中毒、窒息的主要危害因素和有限空间作业安全管理知识等内容，并以污水井疏通作业及地下室清理作业为例，形象直观地介绍了典型有限空间作业安全操作规程。该宣教片语言通俗，画面生动，便于受众学习和理解。该光盘的出版发行，可作为广大有限空间作业相关人员的学习参考资料，也可为有限空间作业安全监管人员提供有益的指导。电视声像情报资料还被广泛应用到文化、教学、经贸等部门，常常被译为法、英、德等多国语言，送往世界各地进行学术交流。例如《贵州省寄生虫病科研与防治》等电视片，准确科学地报道了贵州省在寄生虫病防治与科研这一领域中的基础研究情况、特点及在国际上的领先水平，被世界卫生组织选为用于国际交流的文献。科技声像情报为发挥科技声像资料的情报职能起到了积极作用。

4 科技发展对科技声像情报的影响

4.1 科技发展促进科技声像情报发展

人类不断探索的求知欲推进了科学技术的发明进程。从1839年世界第一张光学照片在法国的诞生，到1997年世界第一台全数字高清晰度记录格式HDCAM录像机在日本的研发成功，为科技声像情报带来了便捷。如今，媒体资产管理系统的出现，包括非线性编辑、高清大容量存储摄录像设备的升级改进，大大提高了专业声像设备的技术质量。随着新媒体时代科技声像技术的飞速发展，三维数字技术、云计算、大数据和人工智能+5G等高精尖技术的赋能，将科技声像应用推进新的阶段，为科技声像情报服务提供了坚实的技术保障，加速了科技声像情报业向纵深发展。

4.2 数字化处理和网络化发展促进科技声像情报进步

计算机技术的发展和数字技术的应用为科技声像情报拓展了方向，二者将技术与艺术融为一体，将以往大量科技声像情报经过数模转换技术，将模拟信号转换成数字信号储存在计算机硬盘或光盘上，且可长期储存和快速传递，具有可靠性高、存储量大、使用寿命长、对存储环境条件要求不高等特性，是科技声像情报资料理想的存储方式。同时计算机和网络技术的快速发展及多媒体技术、数字化视频压缩、数模转换技术、音频压缩、流技术的发展和应用为科技声像情报的流式传播奠定了基础。如流媒体技术利用集中的存储系统建立科技声像情报资料中央知识库，使其通过网络发布，为读者建立简单易用的 Wed 页面检索平台，将大量科技声像情报通过网络发布供检索者使用。电子技术和计算机在电视技术中的广泛运用，为电视录像技术独具特色的“随意性”产生了有力的推动作用，从而打破了原来科技情报学内在基本矛盾的平衡，导致了声像情报的转变，使其不断开辟着更加广阔的前景，延伸了科技声像情报的范围，得到质量提升最大化。

5 结语

科技声像情报日益受到人们的重视。当今世界范围内，任何一个国家、民族或工厂、企业都不可能脱离科技声像情报而独立存在和发展，因此重视科技声像情报服务工作，是当今增强情报传输效果的重要手段，对提高情报工作的社会效益有着重要作用。本文的研究内容，对推广科技声像情报在各行业的应用、促进科技声像情报的研究等具有重要意义。

参考文献

[1] 刘峰. 联合作战视阈下的声像情报概念研究［J］. 情报理论与实践，2021，44（3）：101-108.

[2] 蓝剑，严定超，陆星宇. 浅论科技声像传播的发展趋势［J］. 新闻潮，2020，254（9）：16-18.

[3] 吴建平. 科技声像情报的形态及发展趋势［J］. 四川冶金，2012（1）：72-75.

[4] 韩旭. 浅析传统声像情报向当代声像情报的转变［J］. 中国科技信息，2010（17）：143-144.

[5] 刘晖，沙小苹. 新形势下开展医学声像情报工作的实践与思考［J］. 中华医学科研管理杂志，2010（3）：2.

[6] 卫路兵. 浅谈科技声像资料的数字化管理［J］. 甘肃科技，2010，26（5）：110-111.

[7] 周仁和. 科技声像概论［M］. 北京：国防工业出版社，2009.

[8] 陈雷. 声像在科研工作中的应用［C］//中国兵工学会情报专业委员会 2007 年学术研讨会. 中国兵工学会，2007.

B市科技项目组织方式变化和预算方向变革分析

刘平平[1]，邵颖[2]，杨新生[3]

（1. 北京科技经济信息联合中心　北京　100044；
2. 北京市科学技术情报研究所　北京　100044；
3. 中国铁路北京局集团有限公司　北京　100860）

摘要：近年来，科技经费预算编制工作在总体思路、方向要求、组织方式等方面发生很大变化，本文通过阐述B市科技项目组织方式变化和预算方向变革具体内容，以期在政府职能转变趋势中和科技经费预算管理大环境下，科技主体能够结合科技项目组织方式变化和预算方向变革产出“看得见、摸得着”的科技成果。

关键词：科技项目；组织方式；预算方向

1　B市科技项目组织方式变化

1.1　以预算绩效为导向

近三年B市积极营造创新创业生态环境，进一步转变思想观念、改进工作作风，进一步加强项目凝练、论证、决策等环节的规范管理。该市越来越注重以绩效目标实现为导向，加强财政支出管理，持续提高财政资金使用效益；越来越强化责任意识，“见物见人见成果”，强调预算管理绩效可量化、可考核、可感知。

在预算各环节与实际情况结合方面，严谨细致、真抓实干，持续主动深入到各类创新主体和基层单位开展调研，奔着问题去，帮助企业会诊采取措施；奔着抓落实去，督促检查加快科技创新构建高精尖经济结构相关政策落地情况；奔着服务去，主动为企业发展提供支持和帮助。全面了解真情况，努力解决真问题，不断提高服务科学决策的水平和狠抓工作落实的能力。

1.2　注重成果转化产业化环节资金投入

在科技成果转化方面，尤其提倡专项成果优先落地转化。预算安排进一步聚焦化，减少“撒芝麻盐”① 式普惠性项目，将资金更多地投入到重点项目和成果转化、产业化等重点环节。要求建设高水平、高质量的专业孵化器，加快科技成果转化落地。例如：科技服务业要集中精力抓重点，在创业孵化行业着力培育一到两个国际顶尖孵化器；新能源智能汽车产业要梳理重点板块，对具有技术优势和发展潜力、有望成为行业标杆的板块给予重点支持；新材料产业要找准发展重点，支持和培育能够成果转化和产业化的关键材料，留住一批隐形冠

---

① http：//news. bandao. cn/a/322222. html.

军企业发展。同时，发挥创业投资引导基金作用，落实高新技术成果转化、产业转型升级(产业技术创新)、信息化发展等专项资金。

1.3 项目安排结合城市发展定位

项目安排紧密结合城市发展定位，推进文化和科技融合要充分释放科技创新对文化建设的支撑潜力。文化和科技融合示范基地具备较强的创新能力，同时注重围绕文化和科技融合的主营业务收入增长性，实现相关基地可持续发展。促进文化科技融合的工作重点，一是培育文化领域的高新技术企业，提出量化指标；二是培育文化科技类龙头企业；三是支持文化领域的科技支撑技术研发、共性技术平台建设，如 AR 技术、大数据技术在文化领域的应用。

2 预算专项方向要求

2.1 新型研发机构预算工作找准定位

面对新形势，在更多的要素和维度中找准定位、找对方式方法，坚持把学习作为立身之本、履职之基，勤于思考、勤于谋划、勤于抓落实，争做推动工作的行家里手，创新经费支持和管理方式，并在申请登记、项目申报、职称评审、引进聚集顶尖人才、人才培养等方面探索相应的支持措施，推进形成各类研究机构优势互补、合作共赢的发展格局。

2.2 通过承接国家科技重大专项厚植基础研究

在持续优化体制机制、研发模式、人才培养、基金使用决策等方面聚焦，推动基础研究和关键核心技术领域取得创新突破。同时，要求优化国家重大科技战略项目的组织实施机制，建立健全激励创新的项目管理机制，对不同类型的研究项目，形成差异化的支持和管理措施。厚植基础研究，通过基础创新带动整个创新体系的提升[①]。

2.3 加大对“高精尖”产业发展的支持力度

加大对金融科技、医药健康、人工智能、集成电路设计等高精尖产业细分领域孵化器的支持力度，要求积极谋划布局人工智能、区块链、5G、工业互联网等领域的“新基建”[②]布局，发挥好科技支撑高质量发展作用，预算安排坚持在“深、细、实”上下功夫，精心研究项目和方案，为创新要素完善和流动、产业基础再造和能力提升、“高精尖”经济结构构建持续提供增量支持，如持续提供增量支持新能源智能汽车技术创新预算、新材料技术创新预算、新一代信息技术创新与智能制造预算、医药健康技术等。

尤其注重医药健康技术创新领域。提出科技创新是实现高质量发展的第一动力，要深入研究市科委高精尖产业发展情况，为制订相关产业政策、合理配置资源、推进项目落地和产业发展等提供更有力支撑。

---

① https://www.chinanews.com/gn/2020/04-22/9164073.shtml.

② http://www.sasac.gov.cn/n4470048/n13461446/n14761619/index.html? from=singlemessage.

2.4 深入贯彻区域协同发展战略

进一步聚焦区域协同创新推动专项支持重点，充分利用 B 市丰富的科技资源，从全局高度和更长远考虑来认识和推动区域协同创新工作，在市场、政策、应用场景等方面更好地与周边城市协同，将科技创新成果在周边地区推广应用，如农业技术、远程医疗技术等，拉动周边产业升级和发展。

2.5 布局国际创新资源合作

坚持以全球视野谋划和推动科技创新，积极融入全球科技创新网络，主动布局和利用国际创新资源，在更高起点上推进自主创新。

2.6 精细化管理与解决城市发展公共问题

城市发展进入产业转型、城市管理转型、城市发展转型的关键时期，强调社会发展领域财政资金有限，要引导企业加大研发投入，形成和培育企业核心竞争力。在项目组织中，首先要明确应用需求和问题导向，将有技术实施基础的单位与应用场景建设相结合，解决城市发展的公共问题。同时，强化分析研判，形成可行的技术路线和实施方案，例如：环境综合治理项目组织立足本市定位和共性问题；大气臭氧、温室气体等研究工作结合国家层面的研究和支持，注重共性技术；城市精细化管理项目注重公共卫生、社区管理相关内容、关注支持城市建设与安全、农业科技等民生科技研究。

科技支撑乡村振兴，落实乡村振兴战略，重点引导农民、农业科技人员创新创业，以及农业技术服务和专业化服务机构创新，做出特色，实现农业双创模式的复制推广。

2.7 发挥智库优势，重视科技支撑研究的作用

强调注重用好智库等专业机构力量，调动市场力量，发挥第三方机构、行业协会、智库等作用，加强长期合作，形成有力支撑；发挥国内外智库优势，完善项目组织管理方式，做好财政资金分配与核定，组建跨单位的研究团队，实现数据集中管理及动态更新，进一步开阔视野，加强与国家科技部、中科院等相关部门的沟通衔接。

国外科技经费管理比较与分析

刘平平[1]，杨新生[2]，邵颖[3]

（1. 北京科技经济信息联合中心　北京　100044；
2. 中国铁路北京局集团有限公司　北京　100860；
3. 北京市科学技术情报研究所　北京　100044）

摘要： 本文从国外科技经费管理制度、近三年各国科技预算整体投入具体方向、科技经费资助特点与趋势等方面进行分析，以对我国科技经费管理提出一些借鉴与启示。

关键词： 科技经费；科技预算；经费管理

1　国外科技经费管理制度分析

1.1　从体制层面可概括为分散型和集中型

分散型管理模式，其主要特点包括：一是设有科技主管部门配合科技统筹协调部门进行国家科技战略、政策的制定，明确国家财政科技资源的重点分配方向；二是大部分科技计划由科技主管部门制定执行或协调执行。美国采用的分散型管理模式，有以下主要特点：一是没有设立科技主管部门，国家科技管理事务由各相关部门按照分工职责和所辖领域分别完成，但国家从最高层设立了统筹协调机构，负责科技政策、科技规划的制定等，以统筹协调国家的科技资源；二是财政科技预算分散，由不同的政府部门来执行；三是科技计划由不同的部门分别制定，重要的跨部门科技计划由科技统筹协调部门设立专门的机构进行协调管理，而计划的执行则由不同的科技部门分别进行。例如，美国国防部、卫生部、能源部、国家航空航天局、国家科学基金会等与科技活动密切相关的部门，负责执行的研发预算分别占美国研发预算总额的55%、21%、7%、6%、3.5%。

另一种则是被英、法、德、日、韩等国家广泛采用的集中型管理模式。

以上模式的共同点是在国家决策层面都有一个高于部门之上的科技政策资源配置的统筹协调机构。如美国有白宫下属的科技政策办公室，日本有由首相任会长的综合科学技术会议，韩国有由总统任主席的国家科学技术委员会，英国有向英国首相提供科学、工程和技术咨询的科学技术委员会，法国有隶属于总理府的法国科学和技术高等理事会。这些议事机构在科技工作顶层规划和统筹协调方面起到了十分重要的作用，在国家层面有效地实现了科技工作的统一管理。

1.2　管理模式的比较分析

1.2.1　各国不同模式简介

美国科研机构的研发活动一般实行项目制的管理方式，项目负责人在申请预算之初就已经将人员经费、差旅费、学术交流活动产生的费用囊括在整个科研项目经费预算中。研究费用支出占比大部分约50%以上，人员经费（含工资、福利、补贴、培训、差旅等）占比约33%。

德国科研经费按照支出性质分为机构运行费和科技项目经费。机构运行费只给国立科研机构，按照审批的规模核定。机构运行费的管理实行“包干制”，各机构使用经费具有高度主动权。研究机构和企业都可以通过投标竞争申请科技项目经费。

近年来，德国政府科技投入进一步强化“顶层设计，统一规划”，引入了绩效评估，对于国立科研机构，确立了“以计划导向”为主的项目经费配置模式和机制，有着严格的研发经费管理体系和政策咨询机构。联邦和州政府设有科学委员会作为政府科技政策咨询机构，由政府代表和总统指定的科学家组成。联邦政府和州政府共同资助研发机构，联邦政府内主要由教研部、经济和技术部、国防部对研究机构提供资助，大学的研发主要由州政府资助，其中，教研部负责制定和贯彻研发政策。德国还建有许多现代化研究机构，其运行费绝大部分来自政府，但其活动独立并不受政府的直接管理，比如马普学会、弗朗霍夫学会、蓝名单研究所、联邦科技机构（联邦政府各部门直属事业单位）。

日本国家科研经费从拨付性质可分为以下两种。

①机构运营交付金。属于定向拨付，每年直接以财政拨款的形式下拨特定单位。主管部门对下属的、为实施国家科技计划设立的专门研发机构，如：日本原子能研发机构、日本宇宙航空研发机构、日本海洋研发机构，以及承担国家重大科技计划项目管理与资金分配的机构。机构运营交付金主要用于机构人员开支和常规业务开支。

②竞争性研究资金。分为委托研究型和研究补助型。委托研究型的科技计划是政策引导型计划，体现国家目标和公共利益。研究补助型的科技计划基于科研人员的自由思考，相关研究资金是国家对科研人员和科研机构进行研究的补贴。机构通过竞争申请获得的项目经费，其使用受到严格的细则规定。以文部科学省为例，竞争性研究资金分为直接经费和间接经费，其中：直接经费仅限用于支付与研究相关的物品费、差旅费、酬谢金及其他费用，间接经费是补助研究机构的运行管理费用。日本政府的大部分竞争性项目安排了间接经费，它主要用于解决国家科研基础设施投入不足的问题和缓解科研机构在人员经费上的压力。

在近年日本政府财政科研经费中，配置模式向竞争方向转变，竞争项目的研究经费每年保持上升趋势，以期通过竞争改善公共财政投入效率。

英国科技经费管理体制大体分为三级层次。

①行政管理层。主要由政府的贸工部、教育与技能部、国防部和能源部组成。他们从所管理的部门预算中安排科技经费，只负责为研究理事会制定宏观开发战略。

②业务管理层。由研究理事会和高教基金委员会组成。研究理事会拥有独立的政策制定权、经费使用和管理权。各研究理事会用于资助科技项目的经费主要来自政府“科学预算”，分别在其所管理的研究领域内，确定有关研究开发方向、计划和项目。

③经费使用层。由获得研发经费的各类科研机构组成。

韩国20世纪90年代末开始推行研究机构的改革，政府对政府研究机构的资助方式从“一次性拨款制度”转向“基于项目的管理制度”，以提高政府研究机构的效率，确保管理的针对性和有效性。韩国的科技预算可以分为研究开发预算、科技振兴预算和科学技术行政预算三大类。

巴西科技发展委员会以直接资助或与各州联合资助的方式支持科研项目、规划实施及研究网络的建设，同时，还为科学技术的传播提供财政支持，包括举办科技活动、资助研究人员和学生参与国内外重大科学会议及科技活动、科学杂志的出版。

根据巴西科技发展委员会网站的科研项目征集公告，2018 年将提供总计 2 亿雷亚尔的资金。面向科学技术与创新类研究的项目分为 A，B，C 三类，最高财政资助金额分别为 3 万，6 万，12 万雷亚尔。2018 年的研究项目征集公告有所创新，在一些被允许的项目中设有科学促进奖金，且每个项目中所申请的奖金的数量也不再受限制，只要提议的总额符合相应类别金额的限制与规定即可。

1.2.2 科技经费实施稳定性支持与竞争性支持相结合

保证稳定性支持的比重。美、日两国政府的研发预算分配方式均以稳定性资助为主。美国的稳定性资助主要拨付给了政府研究机构、大学、大公司（大多与国防相关）等，也有一部分是通过计划或基金的方式（竞争性方式）拨付给了竞争获胜机构。

实施竞争性和稳定性相结合的支持方式。在基础研究领域，稳定性与竞争性经费配置的比例一般为 7∶3 甚至 8∶2。以基础研究为主的科研机构通过年度预算拨款稳定支持绝大部分科研经费，辅以部分竞争性科研项目。例如，德国的马普学会年度预算经费的 80%以上来自政府预算拨款；法国的国家科学研究中心 80%以上的经费来自政府财政预算；美国洛斯阿拉莫斯国家实验室 73%的经费来自美国国会的财政拨款。欧洲研究理事会（ERC）资助的项目周期一般长达 5 年，目前正在探索延续资助的机制，其“概念探索”基金实际上就是一种延续资助机制。欧盟未来新兴技术（FET）旗舰计划项目更是开创了高强度（10 亿欧元）和长周期（10 年）稳定支持原创性高风险研究的先河。日本文部科学省的“世界领先水平研究据点项目（WPI）”，一般给予每个据点 10 年内稳定支持 13 亿日元，对产生特别优秀成果的据点提供 15 年的支持。

1.2.3 财政科技投入方式基本可以分为直接支持和间接支持两种

其中，直接支持主要包括：① 对研发机构和科技装置或平台的运行补贴拨款；② 以科技项目形式的拨款或资助；③ 开展国际学术交流和合作的资助；④ 对人才培养和招聘的补贴；⑤ 对科技成果转化中申请国际、国内专利认定的资助。间接支持主要有税收激励、科技溢出和其他政策扶持等手段。

1.3 财政科技经费使用的监管分析

（1）注重科研经费申请的预算管理

美国的绩效预算编制包括绩、效、预算三要素。预算要与业绩挂钩，各部门在编制预算、提出支出要求时，必须制定 5 年战略目标和年度目标，制定出一套能反映部门业绩的绩效指标，并定期提供长期战略规划、年度绩效规划及年度绩效成果报告 3 种报告。

（2）注重细化科研经费使用的内部监管

国外科研经费的内部监管措施一般包括主任责任制、定期报告制、同行评议制、合同审查制等。美国对科技经费采取的监督方式包括听证制度、报告制度、备案制度、审计、调查、绩效影响评估等；监管范围覆盖前端的预算分配、中期的使用管理及后期的审计评估等。

（3）关注科研经费使用的信息披露

德国科研机构的财务部门要定期编制通行的财务报表、披露相关会计信息，以便于接受社会各界的监督与评价。美国相关科研部门的 OIG 在每一财年都要向国会和公众发布关于科研经费使用的红皮书和橙皮书，某些科研机构还出台“吹口哨”制度（鼓励与保护检举）。

（4）在文化建设上充分发挥科学家共同体的道德约束作用

西方发达国家在历时数百年的科学技术发展进程中，形成了一套成熟的、科学家所共同接受的学术和道德规范。其中，科学家共同体在科研经费管理和使用中发挥了重要的道德和制度约束作用。科研人员一旦违反这一道德规范，将受到科学家共同体相应的处罚，严重的可能被清除出科学界，甚至被追究相应的法律责任。

2 近三年各国科技预算整体投入具体方向

（1）脑科学

美国政府将为国家卫生研究院在“脑计划”研究方面加大投入，截至 2016 年，美国政府已为国家卫生研究院“脑计划”科研项目投资 1.5 亿美元，资助相关项目数量也比前年增加 1 倍。

（2）智慧城市

美国在 2016 年政府财政预算中，将 3 000 多万美元用于投资智慧城市新研究和部署智慧城市设施。

欧洲以英国、西班牙和意大利智慧城市数量最多。欧洲区域发展基金、其他城市和各国政府已将大量资金用于推动智慧城市。2017 年西班牙瓦伦西亚编列 10 亿欧元预算投入智慧城市建设。

（3）人工智能

与 2020 财年预算相比，美国政府 2021 财年预算大幅增加了非国防的 AI 研发投入，并有望在 2022 年前使非国防 AI 研发投资翻番。这一增幅使美国国家科学基金会的 AI 研发额和跨学科研究机构的支出超过 8.3 亿美元，这一数字较 2020 财年预算增加了 70%以上。

欧盟在 2018 年 4 月发布《欧盟人工智能》报告，描述了欧盟在国际人工智能竞争中的地位，并制定了“欧盟人工智能行动计划”，欧盟成员国签署人工智能合作宣言，计划在 2018—2020 年间投入 200 亿欧元，升级教育和培训体系。

德国政府 2018 年 11 月通过《人工智能国家战略》，计划到 2025 年总计投入 30 亿欧元，打造“人工智能德国制造”品牌。

在日本 2019 年初始预算中，人工智能等相关研究和人才培养预算增加 20% 到 220 亿日元。

（4）太空探索

2016 年，美国财政预算 12 亿美元用于美国宇航局的商业航天计划，7.25 亿美元用于美国宇航局的太空技术任务理事会。

（5）前沿技术

日本持续贯彻前沿科技战略布局，在 2018 年颁布《综合创新战略》的基础上发布了《2019 年科技创新综合战略》，结合日本国内外形势，制定了日本未来在生物技术、量子、人工智能、环境能源等关键领域的发展目标，提出将日本建成为“世界上最适宜创新的国家”。此外，日本还相继发布了《网络/物理安全框架》《生物战略 2019》《纳米与材料科学技术研发战略》《东京量子合作声明》等科技领域的顶层战略，持续加强对涉及国运的前沿科技的谋划和部署。2020 年度是日本第 5 个科学技术基本计划的最后一年。第 5 个科学技术基本计划制定了日本 2016—2020 年的 5 年科技振兴政策，明确写入了 5 年计划期间投入 26 万亿日元科技相关预算的目标。

欧盟及其主要成员国根据自身发展需要和技术优势纷纷调整科技战略布局。欧盟发布的《提升欧盟未来产业的战略性价值链》报告中指出在清洁型互联自动驾驶汽车、氢技术和能源系统、工业互联网等 6 个民生前沿科技领域提高全球竞争力的举措建议，并计划为 10 个成员国的科技基础设施项目提供 40 亿欧元支持。法国公布国防领域人工智能发展计划，拟优先投资决策支持、规划、情报分析、协同作战、机器人及网络空间作战等 6 大领域。德国发布《国家工业战略 2030》，提出有针对性地扶持汽车、光学、3D 打印等 10 大重点工业领域，保持和提升德国先进工业制造的全球核心竞争力。

（6）量子领域

美国在 2018 年底通过了为期 10 年的“国家量子计划法案”，并明确授权美国能源部、美国国家科学基金会及国家标准与技术研究院在 2019—2022 年内投入约 12.5 亿美元，推进量子通信、量子计算机和超精密量子传感器三大领域的发展。随后，美国能源部将量子信息科学作为其发展布局的重点，其 2019 年预算的 6 个研究计划中有 5 个都与量子信息科学相关，分别是先进科学计算研究计划、基础能源科学计划、生物和环境研究计划、高能物理计划和核物理计划。为了进一步支持国家量子计划的实施，美国能源部在 2020 年 1 月宣布将在未来 5 年内提供 6.25 亿美元建立 2~5 个多学科的量子信息科学研究中心。

欧盟计划通过近 30 年的努力，凭借“地平线 2020”计划（2014—2020）、“地平线欧洲”计划（2021—2027），通过支持量子通信与量子计算相关项目实现量子科技从基础研究向基础设施的发展演进。2018 年 10 月，欧盟正式启动投资 10 亿欧元的“量子技术旗舰计划”。

英国在 2014 年启动国家量子技术计划，并于 2015 年发布《量子技术国家战略》，指导未来 20 年英国量子科技的发展。英国第一期（2014—2019）国家量子技术计划已经结束，总计投入了 2.7 亿英镑。

德国在 2018 年发布《量子技术——从基础到市场》计划，计划在 2018—2022 年资助约 6.5 亿欧元。

日本近年来也将量子技术视为高新科技领域进行重点支持。2016 年 1 月，日本政府在《第五期科学技术基本计划》中把量子技术称为创造新价值的核心优势基础技术；2017 年 2 月，日本量子科技委员会发表的《关于量子科学技术的最新推动方向》报告提出了未来应重点发展量子信息处理和通信、量子测量、传感器和影像技术、最尖端光电和激光技术等方向。

俄罗斯于 2019 年 12 月宣布计划在未来 5 年投入约 7.9 亿美元推进国家量子行动计划，明确提出要制造一台实用的量子计算机。

（7）影响国家实力和国家安全的重大领域：网络空间与安全科技

日本对网络安全领域的投入也急剧增长，2019 财年为网络领域相关的国防预算分配了 180 亿日元，与 2018 财年相比增幅高达 64%。

加拿大于 2018 年 6 月更新了其《国家网络安全战略》，预计未来五年将投入 5.077 亿加元推进该战略的实施。

（8）清洁可再生能源科技

美国能源部先进能源研究计划署在 2018 年 11 月宣布投入 9 800 万美元用于资助变革性能源技术开发。2019 年 3 月，美国能源部投入 1.3 亿美元，支持光伏、光热等早期技术研发。

欧盟委员会在 2019 年 2 月宣布设立创新基金，将在 2020—2030 年间投入超过 100 亿欧元，支持能源、建筑、运输、工业和农业等部门的清洁技术研发。

3 科技经费资助特点与趋势

3.1 全球主要经济体创新投入力度持续加大

由于全球经济增长放缓，2019 年全球研发投入总量增速稳中有降，但绝对值保持增加趋势。据美国权威杂志 Rdmag 预测（见图 1），2019 年全球研发投入达 2.3 万亿美元，同比增长 3.6%。全球科技研发投入呈亚美欧三足鼎立格局。从地区分布看（见表 1），2019 年亚洲科技研发投入约为 1.03 万亿美元，占全球研发总投入的 44.24%，相比 10 年前增长 10 个百分点；北美、欧洲地区的研发投入继续保持增长态势，但在总量中所占份额随着亚洲的崛起而逐年萎缩，分别为 27.07%和 20.31%；全球其他地区研发投入基本陷入增长停滞状态。

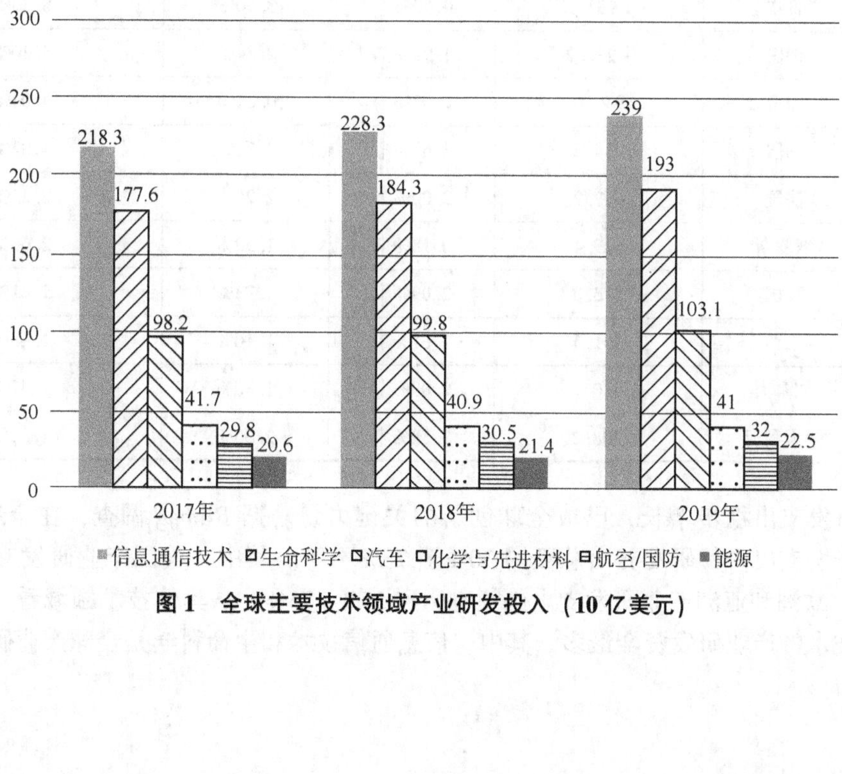

图 1 全球主要技术领域产业研发投入（10 亿美元）

表 1　全球研发投入地区分布

地区	2018 年		2019 年	
	研发投入/亿美元	全球份额	研发投入/亿美元	全球份额
北美	6 130.3	27.29%	6 296.1	27.07%
南美	510.3	2.27%	516.8	2.22%
欧洲	4 636.3	20.64%	4 724.7	20.31%
亚洲	9 778.4	43.53%	10 291.9	44.24%
非洲	197.5	0.88%	202.4	0.87%
俄罗斯/独联体	646.1	2.87%	648.8	2.79%

新兴经济体的研发投入高速增长，但研发强度低于发达经济体。从国别看（见表 2），美国以 5 810.3 亿美元仍保持全球第一，但占总投入的份额已由 10 年前的 34%缩减至 24.98%；中国的研发投入持续强劲，以 5 192.2 亿美元位列第二，其份额由 10 年前的 12.5%增至 22.32%；日本研发投入为 1 931.7 亿美元，位列第三；印度研发投入增速最快，同比增长 9.07%，达 940.6 亿美元，首次超越韩国位列第五。韩国研发投入强度居世界之首，高达 4.35%；欧洲数国则由于经济疲软等诸多原因，研发投入增长乏力，但研发强度总体处于较高水平。

表 2　全球研发投入排名前 12 的国家（按购买力平价计算）

排名	国家	研发投入/亿美元	同比	研发投入/强度	全球份额
1	美国	5 810.3	2.70%↑	2.84%	24.98%
2	中国	5 192.2	6.94%↑	1.98%	22.32%
3	日本	1 931.7	0.90%↑	3.50%	8.30%
4	德国	1 232.2	1.99%↑	2.84%	5.30%
5	印度	940.6	9.07%↑	0.86%	4.04%
6	韩国	934.6	3.63%↑	4.35%	4.02%
7	法国	662.2	2.00%↑	2.25%	2.85%
8	俄罗斯	619.4	0.18%↑	1.50%	2.66%
9	英国	513.8	2.09%↑	1.73%	2.21%
10	巴西	391.5	1.61%↑	1.16%	1.68%
11	加拿大	330.7	2.00%↑	1.80%	1.42%
12	澳大利亚	308.2	3.53%↑	2.35%	1.32%

产业研发支出稳步增长，已成全球创新的关键力量。据 Rdmag 调查，在全球范围内，各国产业研发支出占其研发支出总额的 30%至 75%不等。其中，美国产业研发支出占总支出的 66%；欧洲和亚洲产业研发支出份额也达到 50%~75%。从具体技术领域看（见图 1），信息通信技术的产业研发资金最多。其中，信息通信技术和生命科学是全球产业研发增长的主要驱动力。

3.2 长期投入经费稳定支持基础研究

美国在2015年10月发布的第三版《美国创新战略》将创新性基础研究列为六大关键举措之一，要求美国高校、国家实验室、企业实验室等长期坚持投资基础研究。美国国家科学基金会持续投资与支持基础研究，美国联邦政府每年投入约380亿美元经费进行基础研究，其中24%来自美国国家科学基金会。美国国家科学基金会在2018年2月发布的《构建未来：投资科学发现和创新战略规划2018—2022》中，重新界定了美国国家科学基金会的愿景是成为研究和创新的全球领导者，这一定程度上体现了美国基金资助机构对基础研究的重视。

欧盟“地平线2020”计划（2014—2020）的战略优先领域之一就是聚焦基础研究，作为其后续计划的“地平线欧洲”（horizon Europe，2021—2027）计划，又将基础研究作为三大重点关注领域之一，这说明欧盟长期重视基础研究，将其视为战略布局的重点。

俄罗斯进入21世纪以后开始重新审视其基础研究发展战略，出台了一系列相关举措，包括改革国家级科学院系统、牵头建设国际大科学项目、支持国家科学中心开展跨学科研究、设立并完善国家科学基金制度和加强青年科研人员培养等，同时制定了许多发展计划，包括2012年发布的《2013—2020年俄罗斯国家科技发展计划》《2013—2020年俄罗斯基础研究长期计划》《2013—2020俄罗斯国家级科学院发展计划》等。

韩国在2018年先后发布了《第4期基础研究振兴综合计划（2018—2022）》和《2019年度基础研究工作实施计划》等计划，确立了“以研究者为中心”而非“以课题为中心”的支持体系，加大对基础研究投入力度。

此外，英国、德国、法国、日本等主要发达国家政府对基础研究都有长期稳定的资助体系，将基础研究置于重要位置。例如，英国在人工智能领域基础研究方面，通过发布白皮书、出台相关政策、强化人才培养、拓展国际合作等多种手段，优化支持人工智能发展的基础条件和环境，对整个人工智能技术的发展基础、战略方向、人才储备进行长期稳固布局。同样，日本在2017年3月发布的《人工智能技术战略》报告中，也将人工智能研发重点聚焦到基础研究创新，通过集合各领域顶尖人才开展下一代类脑架构和数据知识集成的人工智能基础创新研究。德国和法国均拥有国际知名的科研机构专门从事基础研究，德国的马普学会及法国的国家科研中心都被视为各自国家基础科学研究的中坚力量。

3.3 以全球视野资助广泛的科学研究领域，瞄准世界科技研究前沿，注重科研成果应用和市场化

英国近年来增设的研究机构和研究项目几乎都属于世界最前沿、最热门的领域，如人工智能和机器人、数字技术、无人驾驶汽车、先进的医疗保健技术和服务、智能制造等。以产业战略挑战基金为例，该基金有两个资助原则：一是英国在此领域具有世界领先的研究基础且产业界已做好了创新准备，二是该领域的市场前景广阔，既能快速增长又可持续。因此，该基金确定的医疗保健和医药、机器人和人工智能、清洁便利的能源、无人驾驶车辆、未来制造和材料、卫星和空间技术、量子技术、变革性数字技术八大领域都紧跟世界科技发展前沿。

4 启示

4.1 科技投入加大对基础研究的支持

基础研究是一个国家科技进步的根本，在促进科技水平进步中起着举足轻重的作用。科学技术发展的垫脚石和助力是基础研究，是推动国民经济发展的动力，也是知识经济发展的重要部分。从世界科技强国发展历程看，在追赶阶段需要以高强度的基础研究投入作为保障。例如，日本全社会研发强度在20世纪50年代中期达到1%的时候，其基础研究占研发经费的比重就已经达到20%，甚至在1965年达到30.3%。在国家经济发展进入人均GDP 10 000美元关口后，则伴随着基础研究经费投入规模长期稳定增加。例如，美国人均GDP在20世纪70年代末达到10 000美元，基础研究经费投入在基数较大的基础上仍能保持较高增速，此后大致每10年经费翻1倍；日本在1981年跨越人均GDP 10 000美元关口，在已成为世界基础研究经费投入第二大国之后，到1995年基础研究经费投入又增加了4~5倍，快于同期其他国家的年均增速。目前，世界科技强国的基础研究投入在全社会研发经费配置中的比例普遍稳定在15%~25%。

较发达国家而言，我国科研机构和大学在商业利益的驱使下更愿意进行应用研究或开发研究活动。虽然发达国家投在开发研究的资金占了大部分，但基础研究的比例也不低，基本维持在五分之一左右，并且呈现出增加的趋势。我国政府应积极借鉴发达国家的先进做法，加强对科研机构、大学和企业对基础研究的支持和资助，不断发展和提高以科技创新为主的基础研究的能力，鼓励产学研协同创新，促进三方在基础研究领域的合作。

4.2 建立多元化的科技投入模式

国际上采取多元化投入模式的国家，其民间的科技投入和境外的科技投资都很活跃；而且相应地，政府投入占比也较高，政府也分担了部分风险，并且起到了科技投入导向作用。在科技投入方式上，多元化的投入模式正好符合我国以政府政策为导向，外资大量涌入、企业和民间经济发展迅速但风险防范能力比较薄弱的现实情况。政府必须建立完善的科技投入金融支持政策，通过税收减免、第三方保险、补助金等有效措施，提高企业、个人、金融机构对科技投入的积极性，进一步推动高科技中小企业的创新，发展和完善市场经济下的多元化科技投入体系。

4.3 完善科研人员自主管理科研经费制度

通过改革和创新科研经费使用和管理方式，积极探索让科研人员潜心研究、为激发创新创造活力创造良好的制度环境。

4.4 坚持国际合作，促进科技创新

在当前各国经济面临共同挑战的情况下，中国需要进一步加大对外开放，深化合作，加快推动科技创新。

参考文献

[1] 陈云伟，曹玲静，陶诚，等. 科技强国面向未来的科技战略布局特点分析［J］. 世界科技研究与发展，2020，1（42）：5-37.

[2] 聂常虹. 西方典型发达国家科研经费管理经验借鉴［J］. 人民论坛，2014（2）：232-234.

[3] 王征. 基于科研经费管理的科研廉政机制建设研究［J］. 财政监督，2014（23）：33-39.

[4] 聂常虹，王丹. 他山之石可以攻玉：西方典型国家科研经费管理体制对我国的启示［J］. 发展，2015，4（3）：36-44.

[5] 顾全. 典型科技发达国家财政科技投入管理对我国的借鉴研究［D］. 成都：西南交通大学，2013.

[6] 李方毅，郑垂勇. 发达国家促进财政科技研发投入的经验与借鉴［J］. 科技管理研究，2015，333（11）：23-27.

[7] 邓衢文，刘敏，黄敏聪，等. 我国及世界科技强国的基础研究经费投入特点与启示［J］. 世界科技研究与发展，2019，41（2）：11.

[8] 王丹丹，杜丽华. 眼科学获得国家自然科学基金面上项目资助格局的分析［J］. 中华眼科医学杂志（电子版），2020，10（4）：6.

[9] 聂常虹. 我国科技经费管理的问题与改革建议［J］. 全球化，2014（4）：65-73.

[10] 聂常虹. 中国科技经费管理体制研究：基于发达国家经验［J］. 世界农业，2013（12）：1-5.

[11] 陈勇鸣. 构建以人为本的科研经费管理体制［N］. 学习时报，2016-04-25（4）.

重大突发事件的科学传播体系问题研究及建议

——以新冠肺炎疫情为例①

叶浅草，王彦峰

（北京市科学技术情报研究所　北京　100044）

摘要：2020年，新冠肺炎疫情的暴发并蔓延，让我国科学传播供需矛盾凸显，反映出了我国科学传播体系体制机制等多方面存在的问题和不足，重大突发事件的科学传播体系的完善和国家科学传播体系的重构迫在眉睫。本文将采用文献研究法、案例研究法、调查研究相结合方法开展研究，针对我国重大突发事件的科学传播体系存在的问题进行梳理和分析，并提出完善重大突发事件科学传播体系的相关建议。

关键词：重大突发事件；科学传播；科技管理；科普

《中华人民共和国突发事件应对法》中关于突发事件的概念为：突然发生，造成或者可能造成严重社会危害，需要采取应急处置措施予以应对的自然灾害、事故灾难、公共卫生事件和社会安全事件。重大突发事件发生后，社会公众往往围绕某一议题进行大量的、活跃的传播，绝大多数社会人口往往卷入其中并得到极度广泛的媒介报道，形成社会性科学议题，造成巨大的社会影响。实践证明，科学传播已经成为重大突发事件信息传播的重要组成部分。科学传播作为沟通科学与社会的重要桥梁，不论是作为科学共同体的内部交流、面向公众和社会各界的科学普及和技术推广，还是教育系统的传授，以及决策部门的咨询，关系到提升全民科学素质、构建全民创新发展动力基础的伟大使命，在当前创新型国家建设中发挥着越来越重要的作用。此次新冠肺炎疫情，让我国的科学传播供需矛盾凸显，反映出了我国科学传播体系存在的问题和不足。

1　我国科学传播体系现状和存在的问题

1.1　科学传播体系在整个科技管理体系中所处地位不当

习近平深刻指出，科技创新、科学普及是实现创新发展的两翼，要把科学普及放在与科技创新同等重要的位置。《中华人民共和国科学技术进步法》第五条规定，国家发展科学技术普及事业，普及科学技术知识，提高全体公民的科学文化素质。国家鼓励机关、企业事业组织、社会团体和公民参与和支持科学技术进步活动。同时，为了实施科教兴国战略和可持续发展战略，加强科学技术普及工作，提高公民的科学文化素质，推动经济发展和社会进步，根据宪法和其他有关法律，国家制定了《中华人民共和国科普法》。可以说，我国科技

① 本文系北京市科学技术情报研究所腾飞计划项目“重大突发事件科技人员管理体系问题浅析——以新冠肺炎疫情为例”研究成果之一。

人员和科技机构开展科技创新和科学普及、科学传播是国家发展的需要和法律赋予的责任。但在我国政府科技主管部门的职责中，只有“拟订全国科学普及和科学传播的规划、政策”职责，科学普及和科学传播体系建设、管理均未涉及，日常工作开展没有单独内设机构。我国的体制优势没有在科学传播体系中充分展现。这就导致在此次新冠肺炎疫情暴发后，关于疫情的科学传播，是以媒体为主力军，辅以部分专家学者这种模式开展，主要依靠渠道层面肩负起了面向全社会的科学传播工作，这种模式的反应速度和舆论把控能力较好，但传播内容的科学性、专业性、体系化等方面，与科技系统本身作为科学传播主体之一的模式仍有差距。

1.2 新时代背景下我国科学传播体系急需进行供给侧改革

哲学家培根曾说过：知识的力量不仅取决于它自身价值的大小，更取决于它是否被传播及被传播的广度与深度。随着近年来国家科技创新战略深入人心和我国公众科学素质的提升，社会各界对科学话题越来越关注，科学传播需求日益高涨。新媒体时代的到来，特别是自媒体普及以来，公众获取信息的习惯和渠道发生明显改变，公众对信息发布的反应时间、信息获取便捷程度、信息内容丰富性和可读性等方面要求均大幅提升，这就导致在疫情等重大突发事件中，信息获取需求暴增。例如，在武汉封城以后，国内公众对新冠肺炎疫情的关注度不断增长，“新冠病毒”“肺炎”“武汉”“湖北”等词在互联网的搜索指数居高不下。在2020年2月传播指数提升最大的1 000个微信公众号中，至少55%的内容与疫情相关，有29篇阅读量千万级别、在看数超过10万的内容全部与疫情相关。此外，各种网络平台信息量之大，信息传播速度之快，导致伪科学传播难以遏制。例如新冠肺炎疫情暴发后，“飞机洒消毒药水”“喝高度酒精能杀死病毒”“熏醋可以预防新冠病毒”等谣言肆虐，传播效果甚至超过了官媒公布的正常信息。同时，对于科技工作者队伍本身，科学素质的提升、科学精神的培育和作为科技大国科技工作者的胸怀和担当等，也急需进一步提升。例如，国内顶级科学媒体《中国科学报》在2月21日的《大疫当前科学家请不要沉默》一文写到，为了一个疫情相关的科普话题联系了十位科学家，最后只有一位同意发声。这些都对传统的科学传播体系提出了重大考验。

1.3 科学传播体系转型升级仍在进行中

我国现有的科学传播体系可以理解为传统科学普及工作体系的升级版，仍然存在较严重的自上而下的单向传播特性。科技人员等科学传播者和公众作为传播主体的双向、平等交流的科学传播体系仍未建立，对科学传播理论的研究有待进一步深入。传播渠道以主流、权威媒体为主，但相对单一，传播形式趋同性较高且教化特征明显，传播作品层次性、个性化不足，这都使科学与公众的需求容易产生离析。为此，在此次疫情中全国科协等单位进行了应急科普的多方实践，推进了新的应急科普机制和系统的建设。2020年1月22日，全国科协在疫情暴发第一时间面向地方科协发布《关于开展新型冠状病毒感染肺炎疫情应急科普工作的通知》，要求科协系统做好当前和今后一个时期新冠肺炎疫情应急科普工作。2020年1月31日和2月11日，全国科协先后两次向全国科技工作者发出倡议，号召科技工作者为打赢疫情防控阻击战贡献智慧和力量。此次疫情中，科协系统等单位在组织专业技术人员开展原创应急科普内容创作，主动联系各类媒体开展科普宣传、组织科普人员深入基层开展应急科普、利用新媒体积极回应公众关注的问题并开展辟谣科普等方面取得了成功的经验，为现有科学传播体系的不断完善进行了有益尝试，但新科学传播体系的建设仍需进一步系统化、日常化。

1.4 科技人员开展科学传播缺乏组织和引导

我国科技人员主动开展科学传播趋势向好，宏观层面引导政策健全，但普遍缺乏基层组织引导。新冠肺炎疫情期间，顶级科技人员开展的科学传播受到社会广泛关注。前面也提到过，在疫情暴发前期，全国科协等机构已经发文倡导科技人员参与科协传播。截至2020年10月底，新浪微博中关于钟南山院士的微博阅读量超过10.4亿次。同时，随着开展科学传播准入门槛的进一步降低，很多科技工作者已自发开展科学传播。以医生为例，相关调查显示，超过四成的医生会在新媒体账号上发布健康科普信息，半数以上的医生在看到自己所在领域出现谣言后会主动辟谣，七成医生会主动转发自己认可的专业信息。但此类科学传播严重缺乏组织和引导，传播效果有限，尤其在应对重大突发事件时，个别科技工作者或团体的声音难以满足全社会科学传播需求，个人的传播内容缺乏公信力，传播内容的及时性、科学性、系统性、可持续性没有保障，科技人员开展科学传播的基层体系尚未搭建，科技人员直接管理机构缺位，科技人员管理体系有待完善。

2 关于完善重大突发事件科学传播体系的建议

科学的传播，不仅影响科学技术本身的作用，更是有着提高公众科学素质、促进学术交流和产业升级等诸多社会价值。当前，我国已处在中国特色社会主义进入新时代的关键时期，中国要强盛、要复兴，就一定要大力发展科学技术。而公众能否理解和支持科学决策，学术界能否培育出良好的科学氛围，产业发展能否及时获得科技的支撑，很大程度上都取决于国家科学传播体系作用的发挥，甚至会影响到国家能否实现最大程度的科技创新。特别是在新冠肺炎疫情这类重大突发事件中，科学传播体系更是关系到国家治理、超大城市应急管理、公共安全等方面。因此，我国迫切需要完善重大突发事件科学传播体系，推进对国家现有科学传播体系进行重构，助力创新型国家建设。

2.1 完善科学传播体系是关系到实现科技创新“三步走”战略目标的重要内容

2020年是具有里程碑意义的一年，我国将实现科技创新“三步走”战略第一步目标——进入创新型国家，这对整个中国“三步走”具有非常重要的意义。我国的现代化进程已把科技创新摆在核心位置，它是重要支撑和引领力量，也是发展的重要动力。同时，2020年也是新冠肺炎疫情在世界多国全面暴发，中国通过科学防控疫情实现全球经济逆势增长的一年。因此，国家从未像此时一样需要更加强力有效的科学传播体系，对外讲好中国科学管理和科技发展故事，对内做好与公众的交流互动，树立民族自信心，业内做好科学家交流和科学精神培育，为我国科技创新引领走入世界舞台中央提供科学传播支持。

2.2 重构科学传播体系是政府义不容辞的责任

科学传播和科技创新是不可分割的整体，是科技作用于社会的两种形式，缺一不可。政府科技主管部门应该成为完善重大突发事件科学传播体系建设和国家科学传播体系重构的主责，从体制和机制上确保科学传播体系建设等与科技创新管理体系的高度融合，在创新体系建设、科技体制改革、科技计划、人才管理等工作中增加科学传播内容和考核指标。通过中国特有的体制机制优势，更加充分地显示科学传播的政治属性和社会属性，引导科学与社会之间更好地交流和理解，构建新的、有中国特色的科学传播体系。

2.3 赋予科技组织和科研机构更多的科学传播职责

科技创新和科学传播是每个科技组织和科研机构生存发展的永恒主题，在国家科技创新体系建设中，应当赋予科技组织和科研机构更多的权力和义务，包括负责本系统或本单位的科学传播业务方向规划、科学传播队伍建设和管理服务、科学传播平台搭建、科学传播技术提升、科学传播活动开展等。鼓励以科技组织和科研机构为单位，组织本系统或本单位的科技人员主动设置科学、科普议题，开展科学传播活动，履行科学传播义务。

2.4 建设以科技人员和公众为主体的科学传播体系

联合国 1999 年通过的《科学与利用科学知识宣言》明确指出科学家必须主动向公众传播科学，并且公众有参与所有科学的权利。可见，科学传播并不仅仅是媒体人和科普人的职责，更应该是全体科技人员的职责和使命。《中国科技人力资源发展研究报告（2018）——科技人力资源的总量、结构与科研人员流动》显示，截至 2018 年底，我国科技人力资源总量达 10 154.5 万人，我国科技人员、科研人员数量双双超过美国，连续 6 年成为世界上拥有最多科技人员的国家。如此巨量的人才储备，应该尽量纳入科学传播体系重构过程中，让其在做好科技创新的同时，传播科技信息，向全社会更好地释放科学的声音，更深入和充分地与公众和社会各界进行科学交流。同时，引导科技人员参与科学传播，也是科技人员群体科学精神培育的方式，展现了科技人员的胸怀和担当。

2.5 建立科学传播选题规划和储备机制

德国社会学家乌尔里希·贝克在 1986 年提出了“风险社会”理论，它的一大特征就是多发突发公共安全事件。在面对突发公共卫生事件，特别是重大传染病疫情、群体性不明原因疾病时，疫区甚至非疫区公众处于恐慌与困顿之中，脆弱的心理与感性的情绪弥漫于这种特殊的时空，他们急需能迅速带来安全与健康的、科学与理性的权威指导建议。近年来，科学传播过程中热点唤醒特点显著，热点唤醒过程正是公众了解科学、科技顺势推广和作为的好时机，但应急生产科学传播的内容数量和质量难以保障。因此，需要在科学传播体系中建立科学传播选题的规划和储备机制，提前做好不同层次、不同维度的传播方向规划，储备充足的传播选题和内容，系统地把握好科学传播的真实性、专业性、时度效、可控性，提高平时和应急的科学传播效果，为重大突发事件建设科学传播“粮仓”。

3 结论

科学的传播不仅影响科学技术本身的作用，更是有着提高公众科学素质、促进学术交流和产业升级等诸多社会价值，关系到公共管理、科技创新发展、科学与社会关系等诸多方面。因此，完善重大突发事件科学传播体系，推进我国现有科学传播体系进行重构十分重要。本文针对此次新冠肺炎疫情这一重大突发事件期间暴露出的系列问题，重点分析了我国科学传播体系在整个科技管理体系中所处地位不当、新时代背景下急需科学传播体系进行供给侧改革、科学传播体系转型升级仍在进行中、科技人员开展科学传播缺乏组织和引导等方面问题。

针对以上问题，本文给出了将科学传播体系纳入科技创新“三步走”战略、突出政府是重构科学传播体系责任主体、赋予科技组织和科研机构更多的科学传播职责、建设以科技人员与公众为主体的科学传播体系、建立科学传播选题规划和储备机制等对策建议。

参考文献

[1] 李珍晖，黄京一. 重大突发公共事件的科学传播研究：以新冠肺炎疫情为例［J］. 教育传媒研究，2020（3）：23-27.

[2] 翟杰全. 科学（研究）、公众理解与科学传播：基于新冠肺炎疫情的反思［J］. 科普研究，2020，15（2）：13-18.

[3] 王志芳. 新冠肺炎疫情中科协系统应急科普实践研究［J］. 科普研究，2020，15（1）：41-46.

[4] 邹霞，邱沛篁. 新媒体环境下突发公共事件的正向科学传播［J］. 西南民族大学学报（人文社科版），2015，36（6）：169-173.

[5] 腾讯公司，中国科普研究所. 2016 年移动互联网网民科普获取及传播行为研究［R/OL］.（2017-03-03）［2020-02-10］. https://news. qq. com/cross/20170303/K23DV6O1. html.

[6] 刘华杰. 科学传播的三种模型与三个阶段［J］. 科普研究，2009，4（2）：10-18.

[7] 刘华杰. 论科普的立场与科学传播的信条［J］. 自然辩证法研究，2004（8）：76-80.

[8] 倪杰. 新媒体环境下突发公共卫生事件的科学传播刍议［J］. 科学教育与博物馆，2020，6（4）：265-269.